SERI 보고서로 읽는 **미래산업**

| 이 책에 실린 보고서들은
2009년 8월 14일을 기준으로 일부 내용을 수정·보완하였습니다.

SERI 보고서로 읽는 미래 산업

2009년 8월 28일 초판 1쇄 발행
2010년 3월 19일 초판 4쇄 발행

엮 은 이 | 삼성경제연구소
펴 낸 곳 | 삼성경제연구소
펴 낸 이 | 정기영
출판등록 | 제302-1991-000066호
등록일자 | 1991년 10월 12일
주　　소 | 서울시 서초구 서초2동 1321-15 삼성생명 서초타워 30층
　　　　　전화 3780-8153(기획), 3780-8084(마케팅)
　　　　　팩스 3780-8152
　　　　　http://www.seri.org　　seribook@seri.org

ISBN | 978-89-7633-400-8　03320

· 가격은 뒤표지에 있습니다.
· 잘못된 책은 바꾸어 드립니다.

삼성경제연구소 도서정보는 이렇게도 보실 수 있습니다.
인터넷 홈페이지에서 → SERI 북 → SERI가 만든 책

SERI 보고서로 읽는
미래산업

삼성경제연구소 엮음

삼성경제연구소

발간사

　글로벌 경제위기 이후 세계 경제 질서의 대변환이 점쳐지는 가운데 산업계에도 지각변동이 예상된다. 경제위기의 충격을 극복하지 못하고 파산 선고를 받은 100년 기업 GM의 몰락은 산업 질서의 대변환이 이미 시작되었음을 상징한다고 할 수 있겠다.

　기술의 눈으로 바라볼 때 이번 경제위기는 대량생산으로 대표되는 20세기 체제가 종언을 고하고 새로운 패러다임을 요구하고 있음을 의미한다. 따라서 위기 이후 펼쳐질 산업 판도는 과거와는 완전히 다른 형태의 지도를 그릴 것으로 전망된다.

　이 과정에서 새 시대의 패러다임을 앞서 찾아내고 그에 적응하는 기업이 미래 산업의 주도권을 잡고, 그 향방에 따라 국가경쟁력도 좌우될 것으로 보인다.

　《SERI 보고서로 읽는 미래산업》은 2007년부터 최근까지 삼성경제연구소에서 나온 기술 관련 보고서 중 새로운 패러다임하에서 핵심 경쟁력으로 부상할 미래기술과 미래산업에 관한 내용을 묶은 것이다.

　'1부 녹색성장'에서는 신재생에너지 등 녹색산업의 종류와 흐름을 고찰하고, '2부 신기술·신산업'에서는 바이오, 경비산업 등 미래유망산업에 대한 정보와 정책 방향을 제시했다. '3부 IT산업'에서는 우리 기업이 강점을 갖고 있는 IT산업의 현황을 점검하고 최신 트렌드를 분석했다.

　그간 한국 기업들은 조선, 제철 등의 전통산업은 물론 IT산업에서 눈부신성과를 보여왔다. 이는 특히 외환위기를 겪으면서 뼈를 깎는 구조조정과 체질개선을 감내한 후 이루어낸 값진 결과다. 이번 위기 또한 많은 기업에 시련과 기회를 동시에 안겨주고 있다고 할 수 있다.

이 책이 그간의 성과를 바탕으로 21세기 산업 재편 과정에서 승자로 도약하려는 한국 기업들에 도움이 되었으면 한다.

보고서 작성에 애쓴 연구원들과 편집에 수고한 출판팀에 감사를 전한다.

2009년 8월
삼성경제연구소 소장 정기영

차례

발간사 ··· 004

제1부 • 녹색성장
01 | 녹색성장시대의 도래 | 이지훈 외 ······································· 011
02 | 녹색뉴딜사업의 재조명 | 도건우 외 ··································· 035
03 | 저탄소 녹색성장과 금융산업의 진화 | 도건우 ····················· 059
04 | 풍력발전의 부상과 시사점 | 조용권 ···································· 071
05 | 고효율·친환경으로 각광받는 LED 조명 | 장성원 ··············· 083
06 | 급부상하는 자동차용 2차전지 | 임태윤 ······························ 095

제2부 • 신기술·신산업
07 | 국가가 주도해야 할 6大 미래기술 | 임영모 외 ·················· 109
08 | 신성장동력 육성의 비결, 정부R&D | 이원희 외 ················· 133
09 | 경비산업의 성장전략 | 김진혁 ·· 155
10 | 수처리 기술의 진화와 시사점 | 김현한 ······························ 167
11 | 美 배아줄기세포 정책의 변화와 시사점 | 최진영 ··············· 181
12 | 활용영역을 넓혀가는 바이오기술 | 고유상 외 ···················· 195
13 | 날로 심각해지는 산업기술 유출 | 박성배 ··························· 219

제3부 • IT산업

14 | 세계 IT업계의 실적과 구조재편 전망 | 임태윤 외 ·············· 233
15 | IT 컨버전스의 진화 | 이성호 ······································· 257
16 | 전자산업의 화두로 등장한 사용편의성 | 최병삼 ··············· 271
17 | 부상하는 위치기반서비스(LBS) | 이성호 외 ···················· 283
18 | 차세대 저장장치 SSD의 부상과 시사점 | 장성원 ············· 307
19 | 초선명 디스플레이의 개발 동향과 시사점 | 이치호 ········· 317
20 | PC시장의 새로운 트렌드, 넷북 | 정동영 ······················ 327
21 | e-book 신성장의 주역, 아마존 | 이정호 ······················ 337
22 | 게임산업의 신조류, 기능성 | 이원희 ···························· 349

SERI
보고서로 읽는
**미래
산업**

제1부 녹색성장

01 | 녹색성장시대의 도래 | 이지훈 외
02 | 녹색뉴딜사업의 재조명 | 도건우 외
03 | 저탄소 녹색성장과 금융산업의 진화 | 도건우
04 | 풍력발전의 부상과 시사점 | 조용권
05 | 고효율·친환경으로 각광받는 LED 조명 | 장성원
06 | 급부상하는 자동차용 2차전지 | 임태윤

녹색성장시대의 도래 │01

Ⅰ. 주목받는 녹색성장
Ⅱ. 녹색성장 관련 해외사례
Ⅲ. 한국의 녹색경쟁력 진단
Ⅳ. 시사점

CEO Information
≫≫≫ 2008. 10. 8.
이지훈, 신창목, 강희찬, 도건우

Summary

저탄소화 및 녹색산업화에 기반을 두고 경제성장력을 배가시키는 새로운 성장 개념인 녹색성장이 전 세계적으로 주목받고 있다. 저탄소화는 경제 활동에서 발생하는 CO_2 배출량을 감축시켜 기후변화에 대응하는 것이고(수비적 녹색화), 녹색산업화는 녹색기술, 환경친화적 비즈니스 모델을 통해 신시장을 창출함으로써 경제성장력의 원동력으로 삼는 것(공격적 녹색화)을 의미한다. 녹색성장의 부상 배경으로는 미국과 개도국 등에도 CO_2 감축 관련 규제논의의 본격화, 에너지원 고갈에 대한 우려와 국제에너지가격 급등, 그리고 녹색시장의 성장세 확대 등을 들 수 있다.

세계 주요국들은 초기 단계인 녹색시장에서 선도자의 이익을 확보하는 데 국력을 집중하고 있다. 생(省)에너지 강국 일본은 2007년 이후 '저탄소사회'를 비전으로 제시하고, 이를 달성하기 위해 에너지효율 및 신·재생에너지 관련 핵심기술 개발에 주력하고 있다. EU는 강력한 환경규제 등을 통해 녹색시장을 창출하고 글로벌 녹색시장의 주도권을 장악하고 있다. 특히 〈신·재생에너지법〉을 기반으로 EU 공동 기술개발을 위한 정책 지원을 가속화하고 있다. 미국은 차세대 기술 분야에 집중해 향후 시장주도권의 장악을 모색하고 있고, 오염생산국으로 알려진 중국은 거대한 자국시장을 활용해 신·재생에너지 분야를 집중 육성하고 있다. 한편 녹색시장이 급성장하면서 녹색산업에서 수익기회를 창출하려는 해외 선진기업의 발걸음도 빨라지고 있다. 가령 도요타는 환경오염의 주범인 자동차 부문에서 녹색사업을 지속적으로 추진하고 있고, Gazprom은 천연가스제품에 탄소배출권을 연계해 수출하는 등 탄소배출권을 수출상품화하고 있다.

　삼성경제연구소는 '녹색경쟁력지수'를 개발해 한국, 일본, EU, 미국 등 15개국의 녹색경쟁력을 진단했다. 녹색경쟁력지수는 저탄소화와 녹색산업화를 통해 녹색성장을 실현할 수 있는 국가경쟁력을 평가한다. 분석결과, 한국의 녹색경쟁력 수준은 11위로 매우 열악한 것으로 나타났다. 특히 '저탄소화지수'는 신·재생에너지 활용도와 에너지효율성이 매우 낮아서 최하위권인 13위를 기록했다. '녹색산업화지수'는 기업의 환경경영능력 및 환경산업에서의 수익창출역량 등이 상대적으로 강한 것으로 나타나 8위를 기록했다. 이는 한국이 녹색사업 관련 잠재력을 어느 정도 가지고 있다는 것을 시사한다.

　향후 한국은 녹색산업을 신성장 전략산업으로 육성할 필요가 있다. 녹색산업은 선진국뿐만 아니라 신흥개도국에서도 대규모 투자가 예상되어 시장이 확대될 것이고, 아직 초기단계여서 선도기업과의 격차도 크지 않아 한국 기업들이 시장의 주역으로 나서는 것도 가능하기 때문이다. 따라서 정부와 기업은 환경문제를 규제나 의무로만 여기지 말고 성장산업이라는 적극적인 관점에서 새로운 성장동력으로 발굴·육성할 필요가 있다. 정부는 먼저 법, 제도 등의 인프라를 정비한 다음 기술, 산업, 수출경쟁력을 세 축으로 하여 구체적인 녹색산업화 전략을 추진해야 한다. 기업은 자사의 역량을 최대한 활용해 녹색사업 기회를 발굴하고, 친환경적 이미지 부각 등 녹색마케팅을 강화해야 할 것이다.

I 주목받는 녹색성장

1. 녹색성장의 개념

저탄소화 및 녹색산업화에 기반한 경제성장력 배가

- '녹색성장(Green Growth)'이란 저탄소화 및 녹색산업화에 기반을 두고 경제성장력을 배가시키는 신성장 개념
  - 저탄소화란 경제활동 과정에서 발생하는 CO_2 배출량을 감축시킴으로써 지구의 기후변화에 대응하는 것(수비적 녹색화)
  - 녹색산업화란 녹색기술, 환경친화적 비즈니스 모델 등을 통해 신시장을 창출함으로써 경제성장의 원동력으로 삼는 것(공격적 녹색화)

| 녹색성장의 개념 |

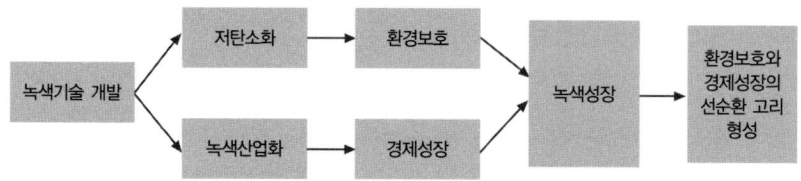

- 저탄소화와 녹색산업화가 원만하게 결합될 경우 환경보호와 경제성장의 선순환 고리가 형성 가능
  - 경제성장과 자연환경을 동시에 추구하는 것이 불가능하다는 논리는 낡은 사고방식
  - 녹색성장은 환경보호를 통해 성장능력을 확충한다는 점에서 환경과 성장이 조화를 이루어야 한다는 요지의 '지속가능 성장(Sustainable Growth)'을 포함한 보다 적극적인 개념

2. 녹색성장의 부상 배경

기후변화 관련 규제논의의 본격화

● 산업혁명 이후 석탄, 석유 등 화석연료 사용이 늘어나면서 CO_2 배출량이 급증하고 기후변화가 본격화

  ○ 산업혁명 이후 250여 년 만에 대기 중 CO_2 농도가 35% 이상 급증하면서 지구 평균기온이 0.80℃ 급등

  - CO_2 농도(ppm) : 280(1750년) → 379(2005년)

  - 지구 평균기온(℃) : 13.96(1750년) → 14.76(2005년)

  ○ 기후변화 문제를 방치할 경우 2100년까지 경제적 손실이 세계 GDP의 5~20%에 달해 1930년대 대공황에 맞먹는 충격을 받을 수도 있다는 전망이 제기될 정도[1]

● 기후변화 문제가 심각해지면서 그간 CO_2 의무감축에 소극적이던 미국과 개도국 등에도 감축을 강제하는 '포스트 교토의정서 체제'[2] 논의가 활발

  ○ 미국은 '개도국들의 참여가 전제되어야만 동참하겠다'고 주장하고, 개도국도 선진국 책임론[3]을 이유로 소극적인 상황

  ○ EU, 일본 등은 세계 CO_2의 절반 이상을 배출하고 있는 미국과 개도국의 참여를 촉구

  - 미국, 중국, 인도 등 의무감축을 하지 않는 국가의 CO_2 배출량은 178.1억 톤(2005년)으로 전 세계 배출량의 68.2%를 차지

---

[1] Stern, N. (2006), *The Stern Review on The Economics of Climate Change*, Cambridge University Press.
[2] 교토의정서 대상기간(2008~12년) 이후 선진국과 개도국을 모두 포함한 온실가스 감축체제를 지칭
[3] 산업혁명 이후 온실가스를 대량으로 배출한 선진국에 기후변화의 책임이 있다는 주장

○ 美 오바마 대통령은 후보 시절부터 온실가스 감축을 주요한 정책 어젠다의 하나로 제시하고 있으며, 선진국들은 상계관세의 도입 등을 무기로 개도국의 참여를 압박[4]

에너지원 고갈에 대한 우려

● 에너지원 고갈 등에 대한 우려가 커지면서 신·재생에너지가 부각

○ 원유의 경우 가채연수(可採年數)가 39년으로 2047년경 고갈될 전망

| 주요 에너지원의 가채연수(2008년 기준) |

에너지원	원유	천연가스	석탄
가채연수	39년	59년	114년

자료 : World Oil Supplies Are Set to Run Out Faster Than Expected, Warn Scientists, (2007. 6. 6.), The Independent.

○ 현재 미국, 스페인 등의 일부 국가에서는 풍력과 지열의 경우 거의 경제성 확보가 가능한 수준에 접근한 것으로 평가[5]

• 2006년 현재 기술발달에 힘입어 육상 풍력발전 단가(54유로/MWh)는 석탄화력발전 단가(60유로/MWh)보다 저렴하다는 분석도 제기[6]

---

[4] EU는 CO_2 의무감축에 참여하지 않는 국가에서 수입되는 철강, 알루미늄, 유리 등 에너지 집약산업 제품에 탄소관세를 부과하는 방안을 논의 중
[5] 지식경제부 (2007), "신·재생에너지 RD&D 전략 2030".
[6] HSBC (2007. 3.), Power for a New Generation.

녹색시장의 성장세 확대

● 기후변화와 에너지 위기가 동시에 진행되면서 탄소배출권시장, 신·재생에너지시장 등 녹색시장도 빠른 속도로 성장할 전망

  ○ 탄소배출권시장 규모 : 630억 달러(2007년) → 1,500억 달러(2010년)[7]

탄소배출권시장

■ 탄소배출권시장은 교토의정서 등 규제에 의해 형성된 것으로 미국이 참여할 것으로 보이는 '포스트 교토의정서 체제'에서 성장세가 더욱 두드러질 것으로 전망되며, '할당베이스시장'과 '프로젝트베이스시장'으로 대별

  □ '할당베이스시장'은 기업별로 온실가스 배출 허용량이 할당되면, 할당량 대비 잉여분 및 부족분을 거래하는 것

  □ '프로젝트베이스시장'은 온실가스 감축 프로젝트를 실시해 거둔 성과에 따라 획득한 배출권을 거래하는 것(CDM과 JI가 대표적)

    ※ CDM(Clean Development Mechanism) : 선진국 기업이 개발도상국의 온실가스 감축사업에서 획득한 배출권을 자신의 할당목표를 충족하는 데 사용하는 제도

    ※ JI(Joint Implementation) : 기술력 차이가 있는 선진국 간에 온실가스 감축사업을 통해 배출권을 획득하는 제도

  ○ 태양광, 풍력, 바이오에너지[8] 등 신·재생에너지시장 규모도 2018년 3,151억 달러로 2007년(758억 달러) 대비 4배 이상으로 확대될 전망[9]

● 선진국들은 '녹색선도시장(Green Lead Market)'[10]의 창출을 통해 선도자의 이익을 확보하는 데 국력을 집중하는 중

  ○ 선도시장은 '기술과 규제의 표준화가 중요한 시장'으로서 일단 표준이 설정될 경우 추후 다른 국가도 채택이 불가피

---

7 The World Bank (2009), State and Trends of the Carbon Market 2009.
8 동·식물 등의 생물체로부터 생성·배출되는 유기물에서 얻어지는 에너지
9 Makower, J., Pernick, R., & Wilder, C. (2009), Clean Energy Trends 2009, CleanEdge.
10 선도시장(Lead Market)은 기술 및 규제의 표준이 설정되는 시장을 의미하며 녹색선도시장(Green Lead Market)은 환경산업과 관련된 선도시장을 지칭

Ⅱ 녹색성장 관련 해외사례

1. 주요국의 정책동향

① 일본 : 저탄소사회 달성을 위한 녹색기술 개발에 주력

● 전통적인 생(省)에너지 강국 일본은 2007년 이후 '저탄소사회'를 비전으로 제시하고 이를 달성하기 위한 노력을 경주

  ○ 'Cool Earth'(2007년 5월), 'Clean Asia Initiative'(2008년 6월), '후쿠다 비전'(2008년 6월) 등이 저탄소사회를 향한 대표적 비전

   • '후쿠다 비전'에서 일본은 CO_2를 2020년까지 현재 대비 14% 감축, 2050년까지 60~80% 감축하는 것을 목표로 설정

● 특히 '후쿠다 비전'에서는 CO_2 감축목표뿐 아니라 이를 달성하기 위한 에너지효율 및 신·재생에너지 관련 핵심기술을 구체화

| 저탄소사회 달성을 위한 핵심기술(후쿠다 비전) |

분야	핵심기술
발전·송전	고효율 천연가스·석탄 화력발전, CCS(Carbon Capture and Storage), 태양광발전, 원자력발전, 고효율 전력전송 등
교통	연료전지자동차, 플러그인하이브리드·전기자동차, 바이오연료 등
산업	혁신적 재료·제조·가공기술, 혁신적 제철공정 등
민생	에너지절약형 주택·건축물, 차세대 고효율 조명, 고정형 연료전지 등
기타	고성능 배터리, 수소제조·수송·저장 등

주 : CCS는 발전 혹은 생산공정에서 발생하는 CO_2를 저장해 처리하는 기술
자료 : 정성춘 (2008), "일본의 低탄소사회 전략의 현황과 시사점", 대외경제정책연구원.

● 녹색산업 관련 차세대 기술의 R&D 투자와 산업화를 지원

  ○ NEDO[11]를 중심으로 중장기적인 R&D 투자 전략을 수립하고, 개발된 기술에 대한 사업성을 평가

---

[11] NEDO(New Energy Development Organization)는 일본 경제산업성 산하 조직으로 정부와 민간이 공동 참여하며 녹색산업 관련 차세대 기술개발 및 사업화를 지원

② EU : 강력한 규제 등을 통한 녹색시장 창출과 시장주도권 장악

◉ 강력한 환경규제와 법 제정을 통해 글로벌 녹색시장의 주도권을 장악

○ 온실가스 규제와 같은 환경규제를 통해 역내 산업의 경쟁력 강화와 외국기업의 진출 봉쇄

• 2009년 4월 EU 의회는 자동차 CO_2 배출량을 현재의 140g/km에서 2012년부터는 130g/km으로, 2020년부터는 95g/km으로 제한하는 규제를 도입

○ EU 공동 기술개발 관련 〈신·재생에너지법〉[12]을 기반으로 회원국들은 녹색산업의 경쟁력 강화를 위해 정책지원을 가속화

• 〈신·재생에너지법〉에 근거한 'Framework 프로젝트'[13]를 통하여 청정·재생에너지 관련 R&D 확대 등 다양한 프로젝트를 추진 중

◉ 특히 독일은 녹색산업의 글로벌경쟁력 확보를 위해 법 제정과 더불어 자국시장 확대정책을 구사

○ 2000년 〈재생가능에너지법〉을 제정해 10년 간격으로 신·재생에너지시장 확대 목표량을 제시하고, 2004년부터 'FIT(Feed-in-Tariff)'[14]를 통해 국내시장을 확대

○ 2004년 이후 독일의 신·재생에너지시장이 급속히 늘어나면서 2005년 태양광 발전 분야에서 일본을 추월

| 독일과 일본의 태양광 발전 설치량(누적) | (단위 : MW)

구분	2000년	2003년	2004년	2005년	2007년
독일	44.3	83.4	153.0	613.0	953.0
일본	121.6	184.0	228.3	272.4	286.6

자료 : IEA (2007), Trends in Photovoltaic Applications.

12 〈신·재생에너지법(Renewable Energy Directive)〉은 녹색산업 활성화를 위해 2003년 유럽의회에서 제정
13 청정·재생에너지 개발을 통한 수소경제사회로의 전환을 목표로 추진하고 있으며 현재 제7차 Framework 프로그램(2007~12년)이 진행 중(제6차 Framework 프로그램 예산은 21.1억 유로)
14 FIT는 신·재생에너지로 생산한 전력을 화석연료 발전 단가와의 차이를 감안해 높은 고정가격에 구매해주는 제도로 이탈리아, 중국, 인도, 한국 등에서도 시행 중

③ 미국 : 차세대 녹색기술 개발에 주력

● EU, 일본에게서 탄소시장 및 녹색산업의 주도권을 빼앗아오려고 노력

○ 2005년 미국 주도의 기후변화협약인 '아·태 파트너십(APP : Asia Pacific Partnership)'을 구성해 기술개발 등을 통한 자발적 감축을 주장하며 교토의정서와 차별화를 시도

| '교토의정서'와 '아·태 파트너십' 체제 비교 |

구분	교토의정서 체제	아·태 파트너십 체제
의무감축 여부	구속적 국가 감축목표 설정	자발적 국가 감축목표 설정
의무부담 방식	총량 감축(CO_2 총배출량 기준)	경제 규모 대비 감축(CO_2 원단위 기준)
감축방식	배출권 거래 활성화	저탄소기술 개발 및 개도국 기술이전
비고	미국, 중국 등 참여 여부 관건	EU 주도의 교토의정서와 갈등

● 차세대 기술 분야에 집중해 향후 시장주도권 장악을 모색

○ 실리콘계[15] 태양전지시장은 독일(2007년 세계 MS 51%), 일본(20%)이 이미 장악했다고 판단하고 차세대 분야인 비실리콘계[16] 태양전지에 대한 R&D 투자를 확대

• 2006년 '첨단에너지계획(Advanced Energy Initiative)'을 발표하고 2007년 예산을 전년 대비 2배 증가한 1억 4,800만 달러로 책정

○ 이외에도 대형 태양열발전[17], 목질계 바이오에탄올[18], IGCC[19], CCS 등에 대한 집중적인 연구개발을 통해 차세대 시장을 공략할 계획

---

15 실리콘계는 실리콘을 원료로 하는 것으로 단결정 및 다결정 태양전지로 구분
16 비실리콘계는 실리콘 사용을 줄이거나 사용하지 않는 기술(박막계 태양전지, 유기 태양전지 등)
17 태양열을 이용해 고온의 증기를 생성하고 이를 통해 전기터빈을 돌려 전기를 생산하는 기술
18 농업부산물 및 산림목재를 이용하여 바이오에탄올을 생산하는 기술
19 IGCC(Integrated Gasification Combined Cycle)는 석탄을 액화 및 가스화하여 얻어지는 에너지

④ 중국 : 자국시장 조성을 통해 글로벌기업 육성

◉ 오염생산국으로 알려진 중국은 신·재생에너지 분야를 집중 육성

○ 2006년 1월부터 시행된 〈재생가능에너지법〉을 통해 재생에너지의 개발 및 이용을 촉진하는 등 녹색성장 실현을 목표로 설정

- 건축물을 설계할 때 태양광 발전시스템 설치를 의무화하고, 풍력 자원 조사 및 풍력 발전설비를 설치할 경우 보조금을 지급

○ 특히 상용화기술 개발에 주력해 녹색산업을 활성화할 계획

- 제10차 국가계획(2001~05년)에서 신·재생에너지 분야의 상용화기술 투자예산은 2,800만 달러로 차세대기술 투자예산(340만 달러)의 8.2배[20]

◉ 거대한 자국시장의 이점을 활용해 선진기술을 빠르게 습득하여 일부 글로벌기업도 육성한 상태

○ 중국은 자국의 시장잠재력을 보고 진출하는 해외 선진기업에 대해 기술이전 등을 계약의 전제조건으로 제시

- 2007년 현재 중국은 태양전지 분야에서 세계 2위(Suntech), 풍력터빈 분야에서 세계 7위(Goldwind) 기업을 배출

Suntech와 Goldwind의 성공비결

■ Suntech는 2001년 설립 이래 공격경영, 안정적 폴리실리콘 조달 등의 전략을 추진

    □ 2006년 일본 모듈업체 MSK 인수, 미국시장 공략을 위한 Suntech America 설립 등을 추진하고 MEMC(美), REC(노) 등 폴리실리콘 업체들과 장기 공급계약을 통해 안정적인 원자재 조달에 성공

■ Goldwind는 1997년 풍력산업에 진출한 이후 거대한 자국시장을 배경으로 기술제휴 등을 통한 기술확보 전략으로 성장

    □ 풍력터빈 기술확보를 위해 2004년 REpower(獨)와 기술 라이선스를 체결하고 Vensys(獨)와 2.5MW급 풍력터빈을 공동개발 중

---

[20] 중국국가개혁위원회 (2006. 3.), The Outlines of 11th Five Year Plan.

2. 선진기업 동향

① 도요타 : 녹색사업을 자동차 부문에 적용

● 환경오염의 주범인 자동차 부문에서 1990년대 초반부터 친환경경영을 실천

  ○ 1992년 환경과 조화를 이루는 성장을 실천하기 위해 배출가스 감축, 환경 관련 신기술개발 등을 골자로 하는 〈도요타 지구환경헌장〉을 제정하고, 1993년 석유고갈 등에 대비해 하이브리드카[21] 개발에 착수

  ○ 특히 2007년 11월 창립 70주년을 맞아 하이브리드카, 바이오연료, 연료전지 등의 개발을 포함한 '도요타 글로벌 비전 2020'을 발표

    • 전 차종에 하이브리드기술 채용, 고성능 소형 2차전지와 연료전지 개발, 바이오연료와 바이오플라스틱[22] 기술확립 등이 목표

● 1997년 하이브리드카 '프리우스'를 세계 최초로 상용화한 이래 현재까지 12종이 출시되었고 누적판매량 150만 대 돌파

  ○ 연비는 출시 당시 25.5km/L에서 2007년 33km/L로 향상되었으며, 배터리 성능은 33kW급에서 2007년 165kW급으로 향상

  ○ 2010년대 초반까지 도요타 연간 총생산량의 약 10% 수준인 100만 대 판매를 목표

● 특히 전기자동차의 조기 상용화를 위해 최근 전지업체 파나소닉과 제휴하여 배터리 용량 및 효율 향상에 대한 투자를 가속화

  ○ 하이브리드카와 전기자동차의 중간 단계인 '플러그인하이브리드카'[23]를 2009년에 출시할 계획

---

[21] 내연기관을 가동할 때 발생하는 전기를 배터리에 저장했다가 운행에 이용하는 자동차
[22] 합성수지 및 철을 대체하는 소재로 식물원료 케나프를 이용하여 생산하며, 생산에 필요한 에너지가 합성수지의 1/3, 철의 1/2 수준이며 범퍼, 차체 등에 폭넓게 이용 가능
[23] 가정 내 전원을 통해 충전 가능하며, 전기만으로도 약 50km 주행 가능

② Gazprom[24] : 탄소배출권을 수출상품화

● Gazprom(러, 세계 제1위의 천연가스회사)은 탄소시장이 부상하는 것에 대응해 2006년부터 유럽 탄소배출권시장에 본격 진출

  ○ '탄소중립'이란 기치하에 천연가스제품에 탄소배출권을 연계시켜 수출하는 전략을 구사

   ※ 탄소중립(carbon neutral) : 기업활동에서 발생하는 CO_2 배출량에 상응하는 탄소배출권 구매, 신·재생에너지 투자, 나무심기 등을 통해 CO_2 배출량을 제로(0)로 만드는 것

   • 자사가 CO_2 배출을 감축해 확보한 20억 파운드 규모의 탄소배출권을 유럽 발전회사들에게 천연가스와 함께 판매

   • 2008년 2월 마루베니(日)와 12월 인도물(引渡物) 탄소배출권 선도판매계약을 체결

  ○ 2008년 5월 이래 탄소배출권시장의 성장 가능성을 확신하고 노르딕 탄소배출권시장(Nord Pool)[25]에도 참여

● 국내외 CO_2 감축사업에 대한 투자확대를 통해 수출용 탄소배출권 확보에 주력

  ○ 2008년 4월 브라질의 신·재생에너지 발전소 프로파워로부터 6년간 탄소배출권을 구입하기로 계약

  ○ 2008년 1월 러시아와 동유럽의 에너지효율화 사업 등에 투자하여 150억 파운드 규모의 탄소배출권을 확보할 것으로 기대

---

24 1989년 국영 석유·가스회사에서 가스 분야를 분리해 설립한 회사로 1993년 민영화. 주력사업인 천연가스를 비롯해 석유 등 에너지, 은행, 보험, 투자금융, 매스미디어, 건설 등 다양한 분야로 사업을 확장하였으며, 전 세계 시가총액 기준으로 엑슨모빌, 페트로차이나에 이어 세계 3위
25 핀란드, 노르웨이 등 북유럽 국가의 전력 거래시장으로 전력 파생상품과 탄소배출권을 거래. 21개국 410여 회원사로 구성되어 있으며, 유럽에서 유럽기후거래소 다음으로 큰 탄소배출권시장(www.nordpool.com)

③ **Vestas : 위기를 기회로 활용해 업종 전환에 성공**

◉ Vestas(덴마크)는 제1차 오일쇼크를 맞아 에너지가격 변동에 취약한 자사의 사업구조를 신·재생에너지 분야로 발 빠르게 전환

　○ 선박, 자동차 및 건설장비 부품 등을 주력 분야로 출발했으나, 제1차 오일쇼크를 계기로 신·재생에너지의 성장 가능성에 주목해 과감히 업종을 전환

　　• 기존의 철강기술을 기반으로 1979년 세계 최초로 상업용 풍력터빈 제조에 성공

　○ 협소한 국내시장을 극복하기 위해 해외시장을 적극 공략하는 한편, 발상의 전환을 통해 해상풍력시스템 개발에 열중

　　• 해외시장을 겨냥해 중국에 7개 공장을 두고 가동 중

　　• 2002년부터 육지보다 바람이 강하고 공간적 제약이 적은 바다로 진출 (英 배로우, 덴마크의 호른스 레우 풍력단지 등이 대표적)

◉ 부동의 세계 제1위의 풍력터빈 생산업체로서 2007년 현재 세계시장의 23%를 점유(연간 매출 약 67억 달러)

　○ 1979~2007년 중 세계 63개국에 3만 5,000여 기의 풍력터빈을 설치

　　• 2008년 6월 현재 한국 내 풍력발전기의 약 80%(73기)가 동사 제품

| Vestas의 경영실적 |

(단위 : 억 달러)

구분	2003년	2004년	2005년	2006년	2007년
매출	18.7	29.4	44.6	48.4	66.6
순이익	1.7	1.5	1.0	5.8	11.3

자료 : Vestas (2008), *Vestas Annual Report 2007*.

Ⅲ 한국의 녹색경쟁력 진단

국가별 녹색경쟁력 평가지표가 필요

● 향후 녹색성장시대가 본격화될 것에 대비해 한국의 녹색경쟁력 수준을 파악할 필요

　※ 녹색경쟁력 : 저탄소화와 녹색산업화를 통해 녹색성장을 실현할 수 있는 국가경쟁력

　○ 이를 위해서는 국가별 녹색경쟁력 수준을 평가하고 비교할 수 있는 객관적인 지표개발이 선결과제

　　• 기존 세계경제포럼에서 발표하고 있는 '환경지속성지수(ESI)'[26]나 '환경성과지수(EPI)'[27] 등은 국가별 환경오염 수준 평가에 초점

● 삼성경제연구소에서 제안하는 '녹색경쟁력지수'는 '저탄소화지수'와 '녹색산업화지수'의 합성지수

　○ '저탄소화지수'는 경제활동 과정에서 발생하는 온실가스를 어느 정도 감축하고 있는지를 평가

　　• CO_2 총배출량, CO_2 원단위(原單位)[28], 에너지 원단위, 신·재생에너지의 전력생산량 등 4개 지표로 구성

　○ '녹색산업화지수'는 녹색기술 및 친환경제품의 비즈니스 모델을 창출할 수 있는 정부와 기업의 잠재적 능력을 평가

---

26 ESI(Environmental Sustainability Index)는 지속가능 성장을 위한 국가역량을 계량화한 지수로, 146개국을 대상으로 환경오염 부하량, 환경위해 취약성, 사회·제도적 대응능력, 국제적 책임공유 등 5개 분야 76개 변수로 구성
27 EPI(Environmental Performance Index)는 정부정책 등에 힘입어 환경변수가 개선된 정도를 평가한 것으로 149개국을 대상으로 대기질, 수자원, 생물 다양성, 자연자원 등 6개 분야 25개 변수를 집계
28 CO_2 총배출량과 CO_2 원단위를 모두 포함시킨 것은 온실가스 감축의무 기준을 총배출량으로 해야 한다는 EU 등의 논리와 경제 규모를 감안해 CO_2 원단위로 해야 한다는 미국의 견해를 모두 반영하기 위함

- 정책일관성[29], 환경정책 효율성, Local Agenda 21 Initiatives, 과학기술, 환경기술혁신, EcoValue 21, ISO 14001 등 7개 지표

| '녹색경쟁력지수'의 부문별 구성지표 |

부문	지표명	지표설명	자료원(시점)
저탄소화	CO₂ 총배출량	한 국가의 CO_2 총배출량(백만 톤)	IEA(2005년)
	CO₂ 원단위	실질GDP 1,000달러당 CO_2 배출량(톤)	IEA(2005년)
	에너지 원단위	실질GDP 1,000달러당 에너지 투입량(TOE)	IEA(2005년)
	신·재생에너지의 전력생산량	태양광, 풍력, 지열과 바이오매스 등 4가지를 활용한 전력생산량(10억kWh)	EIA(2005년)
녹색산업화	정책일관성	정책의 일관성, 정치적 독립성 등을 평가	The World Bank (2002년)
	환경정책 효율성	환경정책의 강도, 기술개발의 유인 정도 등을 설문조사	WEF(2004년)
	Local Agenda 21 Initiatives	인구 100만 명당 Local Agenda 21 추진건수	ICLEI(2001년)
	과학기술 수준	R&D 투자액, 美 특허출원 수 등을 기초로 과학기술 수준을 평가	WEF(2004년)
	환경기술혁신	기업의 환경기술혁신 정도를 설문조사	WEF(2004년)
	EcoValue 21	기업의 환경경영능력, 환경산업에서의 수익창출 역량 등을 평가한 결과	Innovest(2004년)
	ISO 14001	실질GDP(PPP 기준) 10억 달러당 ISO 14001 인증기업 수	Reinhard Peglau (2003년)

주 : 1. 1 TOE(Tonnage of Oil Equivalent) : 원유 1톤에서 얻을 수 있는 열량
  2. Local Agenda 21 Initiatives : 지방정부가 지속가능한 지역사회발전을 위해 추진하는 환경사업
  3. ISO 14001 : 환경경영을 기업경영 방침으로 설정한 후 이를 달성하기 위해 구체적인 목표와 수단을 정해 환경개선을 이루어나가는 기업에게 부여하는 국제표준
  4. IEA : International Energy Agency
    EIA : Energy Information Agency
    ICLEI : International Council for Local Environmental Initiatives
    WEF : World Economic Forum
    Reinhard Peglau : 獨 환경부 ISO 14001 담당조직

[29] 환경정책 효율성과 함께 정책일관성을 포함시킨 것은 녹색기술이 IT, BT, NT 등 다른 기술과의 융·복합기술로 환경뿐만 아니라 전반적인 정책일관성에도 의존하기 때문

● 11개의 구성변수값이 클수록 높은 경쟁력을 뜻하도록 속성을 조정하고, 표준화 작업을 거쳐 무가중치 방식에 의해 종합지수를 산출

  ○ 분석대상은 세계경제에서 일정 규모 이상을 차지하는 국가 중 해당 변수들을 IEA 등 공신력 있는 국제기관에서 획득 가능한 15개국

    • 경제 규모 경상GDP 5천억 달러 이상, 무역 규모(수출+수입) 3천억 달러 이상으로 설정

    • 개별국가의 환경통계는 집계방식과 기준의 상이함 등으로 인해 국가별 직접적인 비교가 어렵기 때문에 비교의 일관성을 위하여 IEA, The World Bank 등 공신력 있는 국제기구가 발표한 자료를 사용

'녹색경쟁력지수'의 산출 과정

■ 이상치(異常値, outlier)의 존재로 인한 왜곡을 방지하고 지표값이 클수록 보다 높은 녹색경쟁력을 나타내도록 하기 위하여 지표의 변환을 수행

  □ 이상치로 인해 왜도(歪度)의 절대값이 2보다 큰 신·재생에너지의 전력생산량과 Local Agenda 21 Initiatives는 자연로그 변환

  □ CO_2 총배출량, CO_2 원단위 및 에너지 원단위는 역수를 취해 변환

■ 각 지표들의 측정단위의 상이함에서 비롯된 변동폭의 차이가 합성지수에 큰 영향을 미치는 것을 방지하기 위해 각 지표들이 평균 0, 표준편차 1의 값을 갖도록 표준화

■ 지표들의 결합 시 자의적인 가중치 부여를 배제하기 위하여 무가중치 방식을 사용(각 지표를 산술평균하여 합성지수를 계산)

  □ 단, 15개국 평균값을 100(기준치)으로 만들기 위해 다음과 같이 스케일 조정

  □ 합성지수 = $\{(Z - Z^*) / S_z\} \times 10 + 100$
    (단, Z^*와 S_z는 각각 표준화된 Z의 평균과 표준편차)

한국의 녹색경쟁력은 15개국 중 11위

● 한국의 녹색경쟁력지수는[30] 97.4로 조사대상 15개국 중 11위 수준

  ○ 15개국 평균인 기준치(100)를 하회하고 있을 뿐만 아니라 한국을 제외한 OECD 평균(104.3)에도 못 미치는 실정

  • 녹색경쟁력은 일본(112.8) 〉 네덜란드(111.1) 〉 독일(109.6) 〉 영국(109.0) 등의 순서(일본과 EU가 녹색강국으로 판명)

  ○ 한국의 저탄소화지수는 88.2로 15개 국가 중 13위로 최하위권인 반면, 녹색산업화지수는 102.3으로 중위권인 8위를 기록

| 주요국의 녹색경쟁력지수 |

구분	일본	네덜란드	독일	영국	미국	한국	중국	OECD
녹색경쟁력 지수	112.8 (1)	111.1 (2)	109.6 (3)	109.0 (4)	103.2 (7)	97.4 (11)	81.9 (14)	104.3
저탄소화 지수	114.0 (1)	110.3 (2)	105.2 (6)	108.3 (3)	101.4 (9)	88.2 (13)	81.1 (15)	104.3
녹색산업화 지수	110.9 (1)	110.4 (3)	110.8 (2)	108.5 (4)	103.8 (7)	102.3 (8)	84.1 (14)	103.8

주 : 1. OECD(한국 제외)의 경우 조사대상 15개 국가 중 해당 국가 지수들의 평균
    2. 괄호 안은 조사대상 15개 국가 내 순위

저탄소화 부문 : 신·재생에너지 활용과 에너지 효율성이 최대 약점

● 저탄소화 부문은 신·재생에너지의 전력생산량과 에너지 원단위 지표가 조사대상 중 각각 15위와 13위로 최하위권

---

[30] 전체 조사대상 15개국의 녹색경쟁력지수는 〈별첨〉을 참조

○ 2005년 한국의 신·재생에너지 전력생산량(수력 제외)은 4.2억kWh로 1위를 차지한 미국(996.8억kWh)의 0.4% 수준

- 심지어 14위를 기록한 중국(23.8억kWh)보다도 크게 낮은 수준

○ 2005년 에너지 원단위도 0.34(TOE/실질GDP 1,000달러)로 1위를 기록한 일본(0.11)의 3배 이상으로 효율성이 매우 저조

○ 2005년 CO_2 원단위도 0.70(톤/실질GDP 1,000달러)로 1위인 일본(0.24)에 비해 효율성이 크게 낮은 상황

| 주요국의 저탄소화지수 구성지표(원자료) |

구분	일본	독일	영국	미국	한국	중국	OECD
신·재생에너지의 전력생산량 (억kWh)	233.0 (3)	428.5 (2)	150.2 (6)	996.8 (1)	4.2 (15)	23.8 (14)	232.2
에너지원 단위 (TOE/실질GDP 1,000달러)	0.11 (1)	0.18 (4)	0.14 (2)	0.21 (7)	0.34 (13)	0.91 (14)	0.21
CO_2 원단위 톤/실질GDP 1,000달러	0.24 (1)	0.41 (5)	0.33 (3)	0.53 (9)	0.70 (12)	2.68 (14)	0.47

주 : 1. OECD(한국 제외)의 경우 조사대상 15개 국가 중 해당 국가 지수들의 평균
　　 2. 괄호 안은 조사대상 15개 국가 내 순위
　　 3. 각 구성지표들의 표준화된 수치는 〈별첨〉 참조

녹색산업화 부문 : 과학기술과 환경경영 분야에서 강점 보유

● 녹색산업화지수의 구성요소 중 과학기술 수준과 기업의 환경경영능력은 상대적으로 강한 것으로 평가

○ 한국의 과학기술 수준은 4.69[31]로 미국(6.44)과 일본(5.49)에 이어 3위

---

[31] 1~7 사이의 값을 가지며, 값이 클수록 높은 과학기술 수준을 의미

○ 기업의 환경경영능력을 나타내는 EcoValue 21은 0.94[32]로 4위이며, 실질 GDP 10억 달러당 ISO 14001 인증기업 수도 1.85개로 7위를 기록

○ 인구 백만 명당 Local Agenda 21 추진건수도 7위(3.61건)로 지방정부의 환경사업 추진에 있어 어느 정도 경쟁력은 확보

● 한편, 정책일관성의 경우 개선의 여지가 많으며, 기업의 환경기술도 상대적으로 경쟁력이 미약

○ 한국은 정책일관성(0.84)[33]과 환경정책 효율성(43.08)[34] 모두 15개국 중 11위에 그치고, 환경기술혁신(12.43)[35]도 10위로 매우 부진

| 주요국의 녹색산업화지수 구성지표(원자료) |

구분	일본	네덜란드	독일	미국	한국	중국	OECD
과학기술 수준	5.49 (2)	4.04 (7)	4.36 (5)	6.44 (1)	4.69 (3)	1.97 (15)	4.16
EcoValue 21	1.55 (1)	1.54 (2)	0.94 (4)	0.45 (7)	0.94 (4)	-0.68 (14)	0.54
ISO 14001	4.03 (2)	2.47 (3)	1.86 (6)	0.34 (14)	1.85 (7)	0.86 (11)	2.08
Local Agenda 21 Initiatives	0.87 (9)	6.19 (6)	24.75 (1)	0.30 (11)	3.61 (7)	0.02 (14)	6.01
정책일관성	1.07 (9)	2.14 (1)	1.76 (5)	1.70 (6)	0.84 (11)	0.18 (12)	1.51
환경정책 효율성	51.21 (6)	56.96 (2)	59.74 (1)	51.17 (7)	43.08 (11)	35.39 (14)	50.27
환경기술혁신	14.24 (1)	13.09 (4)	13.91 (2)	12.61 (8)	12.43 (10)	10.60 (13)	12.70

주 : 1. OECD(한국 제외)의 경우 조사대상 15개 국가 중 해당 국가 지수들의 평균
2. 괄호 안은 조사대상 15개 국가 내 순위

---

32 기업의 환경경영능력을 수량화한 지표(기준값 0)로 15개국의 지표값의 범위는 -1.29~1.55
33 정책일관성의 정도를 수량화해 표준화한 지표(기준값 0)로 15개국의 지표값의 범위는 -0.40~2.14
34 환경정책의 효율성에 대한 설문조사 결과를 주성분 분석하여 수량화(지표값 범위는 31.35~59.74)
35 기업의 환경기술혁신 수준에 대한 설문조사 결과를 주성분 분석하여 수량화(범위는 9.04~14.24)

Ⅳ 시사점

녹색산업을 '미래의 성장산업'으로 인식할 필요

● 한국이 녹색산업을 신성장 전략산업으로 육성할 경우 성공 가능성이 충분

  ○ 녹색산업은 미국, EU, 일본 등 선진국뿐만 아니라 중국 등 신흥개도국도 향후 대규모 투자할 것으로 예상되어 시장이 확대될 것은 확실

  ○ 녹색산업은 아직 초기 단계로 선도기업과의 격차가 크지 않기 때문에 한국기업들이 시장의 주역으로 나서는 것이 불가능한 일은 아님

● 따라서 정부와 기업은 환경문제를 단순히 규제나 의무로만 여기지 말고 '미래의 성장산업'이라는 적극적인 관점에서 인식하고 이를 성장동력으로 발굴·육성할 필요

  ○ 녹색경쟁력을 분석한 결과, 기업의 환경경영능력과 환경산업에서의 수익창출역량 등 녹색사업 관련 잠재력도 상대적으로 우수한 상태

  ○ 녹색산업화 부문의 경쟁력을 강화할 경우 현재 한국의 취약점인 저탄소화 부문의 경쟁력도 제고되는 一石二鳥의 효과를 기대

● 이명박 대통령도 2008년 8·15 경축사에서 '저탄소 녹색성장'을 국정운영의 새로운 비전으로 제시

  ○ 녹색기술과 청정에너지로 신성장동력 및 일자리 창출 등 녹색성장을 신 국가발전 패러다임으로 삼겠다는 의지

  ○ 정부는 2008년 9월 11일 '저탄소 녹색성장'에 대한 목표와 전략을 담은 '그린에너지산업 발전전략'[36]을 발표

---

36 태양광, LED(Light Emitting Diode), CCS, 풍력, 수소연료전지 등 9大 분야를 2030년까지 집중 육성해 그린에너지산업 분야의 세계시장 점유율을 13%까지 끌어올린다는 계획

선 인프라 정비, 후 구체적인 녹색산업화 전략 추진(정부 차원)

◉ 녹색성장 달성을 위한 구체적인 정책방안을 마련하되, 법·제도 등 인프라를 우선 정비

  ○ 녹색성장을 위한 R&D와 산업화 등을 함께 아우르는 구체적인 중·장기 로드맵을 제시하여 산업계 및 민간의 참여와 협력을 유도

   • 日 NEDO와 같이 R&D에서 비즈니스까지 연결할 수 있는 포괄적인 추진기구도 설치할 필요

  ○ 규제를 통해 녹색시장이 형성되는 특성을 고려할 경우, 법·제도 등 인프라 정비와 구축이 중요

   • CO_2 감축목표 설정, 배출권거래소 신설, 녹색산업에 대한 세제지원, 산업단지 육성 등 법 및 제도 마련이 시급한 과제

◉ 기술, 산업, 수출경쟁력을 세 축으로 하여 구체적인 녹색산업화 전략을 수립

  ○ 차세대 기술 분야에 대한 과감한 투자를 통해 기술경쟁력을 확보

   • 정부는 제품화 이전 단계인 차세대 기술 R&D에 집중하여 기업의 투자리스크를 덜어주는 역할을 담당

  ○ 산업경쟁력 확보를 위해서는 특정 부문만을 육성하기보다는 가치사슬 전 부문을 육성할 필요

   • 풍력시장에서 터빈, 기어박스, 제품설계 등 가치사슬의 전 부문을 육성시킨 독일과 스페인은 지속적인 경쟁력을 유지했으나, 특정 부품만을 수출했던 핀란드와 스웨덴 등은 결국 시장지배력이 약화되었음을 주목

  ○ 수출경쟁력 확보를 위해서는 내수시장도 적절히 활용

   • 내수시장을 보급 차원이 아닌 차세대 기술의 Test Bed로 활용

녹색산업을 차세대 수종사업으로 육성(기업 차원)

● 자사의 역량을 최대한 활용하여 녹색사업 기회를 발굴

  ○ 한국기업이 강점을 지닌 IT 등의 기술을 활용한 융·복합 녹색기술을 개발함으로써 녹색산업을 수출산업화

  ○ 특히 신·재생에너지 부문은 현재 주력업종과 시너지 효과가 큰 분야를 적극 발굴

   • 전자업종은 태양전지, 화학은 태양광 소재, 기계 및 철강은 풍력발전기, 조선은 해상풍력장치, 그리고 자동차 및 에너지업종은 수소연료전지 등 강점을 가진 분야를 중점 공략하는 식이 바람직

● 온실가스 감축사업으로 탄소배출권을 획득하고, 탄소배출권시장에도 적극 참여하여 재무적 수익을 창출

  ○ 국내외 CDM 사업 투자[37] 등을 통해 배출권을 확보하되, 배출권 가격변화에 따라 상당한 손실이 발생할 수도 있으므로 리스크 헤징 방안도 마련

● 기업의 친환경적 이미지 부각 등 '녹색마케팅'을 통해 환경에 관심이 커진 소비자를 공략

  ○ 환경친화적 이미지를 확립할 수 있는 슬로건을 제정하고, 자발적으로 온실가스 감축목표 및 에너지 효율화 목표를 설정해 추진하며, 탄소성적표지[38] 등 친환경상품에 대한 각종 인증을 획득

---

37 2008년 8월까지 국내에서 추진되고 있는 CDM 사업은 총 50개이며, 국내기업의 해외추진 사업은 약 10개
38 탄소성적표지(Carbon Label)는 제품 전 과정에서 발생하는 CO_2 총배출량을 나타낸 탄소발자국(Carbon Footprint)을 제품에 라벨 형태로 표기하는 제도

〈별첨〉 녹색경쟁력지수

구분	CO2 총배출량	CO2 원단위	에너지 원단위	신·재생에너지의 전력생산량	저탄소화 지수	정책 일관성	환경정책 효율성	Local Agenda 21 Initiatives	과학기술 수준	환경기술 혁신	EcoValue 21	ISO 14001	녹색 산업화 지수	녹색 경쟁력 지수
일 본	91.1	119.6	122.5	106.8	114.0	99.2	105.2	98.9	113.5	114.3	114.6	115.8	110.9	112.8
네덜란드	125.4	101.9	102.6	99.4	110.3	111.7	112.3	107.6	101.4	106.1	114.5	104.9	110.4	111.1
독 일	94.1	103.7	105.8	111.4	105.2	107.3	115.7	113.8	104.1	111.9	107.3	100.7	110.8	109.6
영 국	98.9	109.8	111.5	103.5	108.3	110.4	107.4	108.3	102.0	106.6	112.1	100.8	108.5	109.0
스페인	106.6	99.7	101.3	106.8	105.1	104.6	96.5	109.2	96.6	93.8	97.8	126.3	104.4	105.0
프랑스	104.0	115.5	103.5	97.0	107.0	106.2	107.0	100.2	100.4	101.6	99.3	97.9	102.2	104.1
미 국	86.3	98.8	101.3	117.7	101.4	106.6	105.2	94.1	121.4	102.6	101.4	90.1	103.8	103.2
이탈리아	101.3	104.4	107.7	103.1	105.8	97.3	98.9	108.5	95.5	104.7	88.8	102.0	99.2	101.5
호 주	104.6	92.8	97.5	90.9	95.0	108.2	107.4	109.3	100.7	104.6	96.2	98.2	104.4	101.3
캐나다	98.5	95.1	93.8	100.5	95.8	108.7	100.9	95.9	104.8	103.9	101.7	97.1	102.3	100.1
한 국	101.5	94.4	93.6	76.7	88.2	96.5	95.2	105.2	106.8	101.4	107.3	100.6	102.3	97.4
브라질	107.5	100.1	94.6	105.0	102.5	84.1	93.3	92.5	86.5	96.9	96.3	92.9	89.8	93.7
멕시코	104.0	96.4	96.4	100.1	98.9	88.4	88.4	82.0	86.5	86.2	94.2	90.9	85.2	89.1
중 국	86.4	84.6	85.2	89.7	81.1	88.8	85.8	82.0	84.1	88.3	87.9	93.7	84.1	81.9
러시아	89.8	83.2	82.7	91.2	81.4	82.0	80.8	92.3	95.7	77.1	80.6	88.0	81.6	80.2
OECD	101.4	103.4	104.0	103.4	104.3	104.4	104.1	102.5	102.4	103.3	102.5	102.2	103.8	104.3
EU	105.1	105.9	105.4	103.5	106.9	106.3	106.3	107.9	100.0	104.1	103.3	105.4	105.9	106.7

주 : 1. OECD는 일본, 네덜란드, 독일, 영국, 스페인, 프랑스, 미국, 이탈리아, 호주, 캐나다, 멕시코 등 11개국 평균(한국 제외)
　　 EU는 네덜란드, 독일, 영국, 스페인, 프랑스, 이탈리아 등 6개국 평균
2. 러시아, 이탈리아 등 6개국 평균

녹색뉴딜사업의 재조명 02

I. 경제위기와 뉴딜사업
II. 세계 각국의 녹색뉴딜 경쟁
III. 한국형 녹색뉴딜의 특징
IV. 시사점 및 제언

CEO Information
≫≫≫ 2009. 2. 11.
도건우, 이지훈, 신창목

Summary

　지속가능한 새로운 방식을 활용해 경기부양을 하자는 '녹색뉴딜'이 경제위기, 고용위기, 환경위기 등 3重苦 극복을 위한 해결책으로 급부상하고 있다. 국제연합환경계획(UNEP)은 경제위기 극복의 해법으로 녹색뉴딜에 주목하면서 우선 사업 분야로 청정에너지 및 청정기술 등 5가지를 제시했다. 세계경제포럼 등도 일자리 창출과 경제위기 극복을 위해 녹색뉴딜의 중요성을 강조하고 있다. 세계 각국도 위기극복을 위해 '녹색뉴딜 경쟁'에 나서고 있다. 미국은 2008년 12월 친환경 SOC 투자 및 녹색산업 육성 등을 골자로 한 8,250억 달러의 경기부양 예산안을 의회에 제출했다. 영국도 2009년 1월 녹색산업 육성을 통한 일자리 창출을 위해 2020년까지 100억 파운드를 투입하는 녹색뉴딜 정책을 발표했으며, 세계 최초로 '기후변화법'을 제정(2008년 10월)하는 등 인프라 구축에도 주력하고 있다. 프랑스는 친환경 SOC 및 에너지절약사업에 역점을 두고 있으며, 일본은 녹색산업 육성에 초점을 맞춘 녹색뉴딜을 추진하고 있으나 구체적인 실행으로 연결되지는 않은 상황이다. 한국도 2009년 1월 녹생성장전략과 일자리 창출을 연계한 '녹색뉴딜사업' 계획을 발표했는데, 이는 미국과 유사하게 친환경 SOC와 녹색산업 투자를 병행하는 것이다.

　한국형 녹색뉴딜의 특징은 ① 취약계층에 대한 사회안전망 성격을 지닌다. 녹색뉴딜사업은 재정소요액 대부분을 녹색건설 및 토목사업에 배정하여 단기적인 경기부양 효과뿐만 아니라 취약계층의 신규 일자리 공급에 주력하고 있다. 건설 및 토목 근로자의 경우 당장은 한시적인 일자리이나, 중장기적으로는 녹색산업의 성장에 따라 그린칼라로 전환될 가능성도 있다.

② 2009~12년간 총 50조 원의 사업비가 투입될 예정이지만 재정건전성에 큰 부담은 없는 사업이다. 2000년 이후 통합재정수지 흑자 지속 등 재정여건이 여타 국가들에 비해 상대적으로 양호하고, 2009~10년 중 재정확대계획도 경상GDP 대비 6.2%로 미국(6.0%), 일본(14.5%), 중국(16.0%) 등에 비해 과도한 수준은 아니다. ③ 환경보전과 상호보완적인 사업으로 경기침체 극복을 위한 유효수요 창출뿐만 아니라 향후 잠재성장률 제고도 기대할 수 있다. ④ 신규사업뿐만 아니라 기존 사업들을 친환경적 관점에서 재편했다. 이는 불황극복과 환경보전이라는 전략적 일관성을 유지하면서 사업 간 시너지 효과를 제고하고 재원낭비를 최소화할 수 있기 때문이다.

  녹색뉴딜의 성공을 위해서는 우선 타당성 여부를 둘러싼 소모적 논쟁을 자제하고 사업내용 개선 및 효과 극대화에 논의의 초점을 모아야 할 것이다. 둘째, 녹색뉴딜사업에 대한 의문과 불신을 조기에 해소하고 국민적 공감대를 확보해야 한다. 셋째, 개별사업의 우선순위를 설정해 선택과 집중을 해야 한다. 일자리 창출 속도, 산업연관 효과 등을 기준으로 총 9개 핵심사업에 대한 우선순위를 평가한 결과, '4大江 살리기', '녹색 숲 가꾸기', '녹색교통망 확충' 등의 순으로 분석되었다. 넷째, 예산 조기집행의 실효성 확보 등 정책의 실행력을 높여야 한다. 특히 다년도 핵심사업의 경우 계속비 사업으로의 추진도 검토할 필요가 있다. 마지막으로 기업의 녹색일자리 창출을 자극할 수 있도록 각종 인센티브를 마련하고, 기업도 녹색뉴딜사업을 신사업 발굴의 기회로 삼을 필요가 있다.

I 경제위기와 뉴딜사업

현재 세계경제는 경제위기, 고용위기, 환경위기 등 3重苦에 직면

◉ 미국發 금융위기를 기화로 촉발된 글로벌 경기침체가 2008년 하반기부터 본격화

  ○ 2009년에는 미국 등 주요 국가들의 마이너스 경제성장이 예상

   • IMF의 주요국 2009년 경제성장률 전망(%) : 美(-1.6), 英(-2.8), 佛(-1.9), 日(-2.6), 韓(-4.0), 中(6.7)[1]

   • OECD국가들이 대부분 마이너스 성장을 기록하는 것은 1930년대 대공황 이후 처음

◉ 글로벌 불황과 맞물려 실업자가 급증하고, 신규 일자리가 크게 줄어드는 등 고용상황도 점점 심각해지는 분위기

  ○ 2008년 한국의 공식적인 실업률은 3.2%로 전년과 비슷하나, 불완전 취업자를 포함한 체감실업률[2]은 7.4%로 전년 대비 0.9%p 상승

   • 특히 구직단념자, 취업준비자까지 포함할 경우 실업자는 333만 명(경제활동인구의 13.8%)에 달하는 것으로 추산

| 주요국의 실업률 |

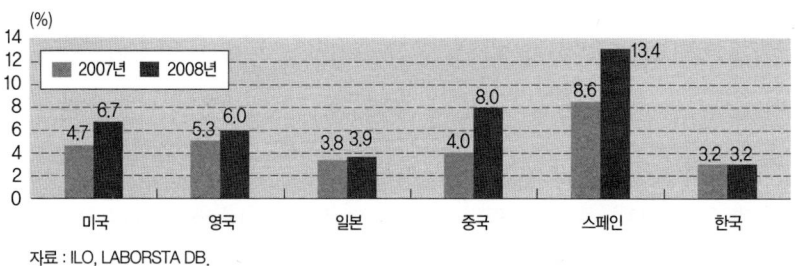

자료 : ILO, LABORSTA DB.

---

1 IMF (2009), *World Economic Outlook*.
2 주당 근로시간 18시간 미만인 단시간 근로자의 근로시간은 법정근로시간을 크게 하회하여 실제 취업 상태로 보기 어렵기 때문에 이들을 기존의 공식 실업자수에 포함시켜 계산한 실업률

- 산업화의 진전으로 지구온난화가 심각해지자 1992년 기후변화협약에서 시작됐던 온실가스 규제 논의가 2005년 2월 교토의정서 발효를 계기로 본격화
  - 2005년 세계적으로 대형 기상재해에 따른 피해 규모는 2,120억 달러로 1990년 대비 4.8배 증가[3]
  - 본격적인 환경 규제는 생산비용 증가, 무역장벽 강화 등 경제성장의 걸림돌로 작용하기 시작

뉴딜사업은 위기극복을 위한 효과적인 정책

- 대공황이 시작되었던 1929년에 3.2%이던 실업률이 1933년에는 24.9%로 급상승하자, 1933년 美 루스벨트 대통령은 취임 직후 뉴딜정책을 추진
  - 빈곤 및 실업구제(Relief)뿐 아니라 산업질서 및 경제회복(Recovery), 제도개혁(Reform) 등 3R을 기본방향으로 설정(일종의 복합정책)
    - 전기 뉴딜(1933~34년) : 민간기업과의 긴밀한 협력을 통하여 경제를 회복시키고, 실업자를 구제하는 데 중점
    - 후기 뉴딜(1935~41년) : 일자리 창출과 소비진작을 도모하고, 와그너법[4], 사회보장법 등 제도개혁에 치중

뉴딜정책에서의 일자리 창출

- 공공사업촉진청(WPA : Works Progress Administration)을 중심으로 일자리 창출을 위해 빌딩, 도로, 공항 및 학교 등을 건설
- 테네시강유역개발공사(TVA : Tennessee Valley Authority)를 설립하여 26개 대형 댐을 건설
- 17~28세까지의 청년층을 고용해 벌목, 산불 진압 및 감시 업무를 맡김

---

[3] 삼성지구환경연구소 (2008), 《믿기 싫은 현실, 기후 대재앙》.
[4] 1935년 뉴딜정책의 일환으로 제정된 미국의 노동조합보호법. 근로자의 단결권 및 단체교섭권을 보호하기 위해 부당노동행위제도와 교섭단위제도를 설정

● 뉴딜정책에 힘입어 1934년 이후 미국경제는 회복세로 전환되었고, 경제적 파급효과도 가시화

  ○ 경제성장률(%) : -14.6(1933년) → 13.1(1935년) → 8.1(1937년)
    실업률(%) : 24.9(1933년) → 20.1(1935년) → 14.3(1937년)

● 테네시강 유역 개발은 美 남부의 홍수 방지, 전력 개발, 공장 유치, 수운, 관개, 관광 등에 긍정적 효과를 창출

  ○ 대표적인 홍수 범람 지역이었던 테네시강 유역은 1935년 이후 큰 홍수가 발생하지 않음

뉴딜 이후 신사업기회 등장

● 뉴딜을 통해 위기를 잘 넘기면 새로운 사업기회가 등장한다는 것이 역사적 교훈(뉴딜은 일종의 버팀목 역할)

  ○ 미국은 뉴딜정책을 통해 대공황의 위기를 극복할 수 있었기 때문에 제2차 세계대전으로 등장한 군수산업이란 신사업기회를 포착

    • 1997년 말 아시아 금융위기 이후에는 IT산업, 2001년 IT버블 붕괴 이후에는 금융산업이라는 신사업기회가 등장

  ○ 한국경제도 현재의 위기상황을 극복할 경우 신사업기회가 많을 것으로 예상(현재로서는 환경 분야가 유력)

현재의 위기극복을 위한 해결책으로 '녹색뉴딜' 이 급부상

● 2008년 7월 영국의 NEF[5]는 'A Green New Deal' 이라는 보고서를 통해 "세계가 금융위기, 기후위기, 에너지위기 등 3重苦에 직면하고 있다"고 지적하면서 이에 대한 해결책으로 '녹색뉴딜' 을 제시

---

5 NEF(The New Economics Foundation) 산하의 경제, 환경, 에너지 등의 전문가로 구성된 'The Green New Deal Group' 이 녹색뉴딜 관련 연구를 담당

○ 정부에 탄소세 부과와 함께 신재생에너지 개발, 에너지효율 향상 등 녹색산업에 집중 투자할 것을 제안

※ 녹색뉴딜(Green New Deal)은 英 NEF 보고서에 사용된 이래 UN 및 각국에서 널리 쓰이는 단어로 지속가능한 새로운 방식을 활용하여 경기부양을 하자는 개념

- 'Green'은 지속가능 성장을, 'New'는 새로운 방식(제도개혁 포함)을, 'Deal'은 나눔(빈민구제)을 의미

● UNEP[6]도 2008년 10월 경제위기를 극복하기 위한 해법으로 '녹색뉴딜'에 주목하면서 우선 사업 분야로 '청정에너지 및 청정기술' 등 5가지를 제시

UNEP가 제시한 5大 녹색뉴딜사업

① 자원 재활용을 포함하는 청정에너지 및 청정기술 분야

② 재생가능하고 지속가능한 바이오매스 등 농촌 에너지 분야

※ 바이오매스 : 동식물 등 생물체로부터 생성·배출되는 유기물에서 얻어지는 에너지

③ 유기농업을 포함하는 지속가능한 농업 분야

④ 개발도상국의 산림훼손 방지사업 분야

⑤ 도시계획, 교통, 친환경빌딩 등 지속가능한 도시사업 분야

자료 : UNEP (2008. 10. 22.), Press Releases.

○ 2009년 1월 스위스 다보스에서 개최된 '세계경제포럼'에서도 녹색뉴딜의 중요성이 강조

- "세계 각국은 신재생에너지와 친환경기술 개발에 적극 투자해 신규 일자리를 창출하고 경제위기를 극복해야 한다."(반기문 UN 사무총장)

---

6 UNEP(United Nations Environment Programme)는 환경 분야에 있어서 국제협력 촉진, 국제적 지식 증진, 지구환경 상태 점검 등을 목적으로 설치된 UN 산하기관

Ⅳ 세계 각국의 녹색뉴딜 경쟁

◉ 세계 각국은 위기극복을 위한 핵심 분야로 '환경'을 설정하고, 친환경 SOC 확충 및 녹색산업 육성에 대대적인 투자를 단행할 계획

  ○ 대다수 국가들은 최대 현안인 경제위기 극복을 위해 경기부양 및 일자리 창출 효과가 큰 SOC 투자를 사업부문에 포함

   • 신재생에너지 등 녹색산업 육성에만 집중할 경우 조속한 경기부양 및 일자리 창출 효과는 기대하기 어렵기 때문

| 세계 주요국의 녹색뉴딜 정책 |

국가	주요내용
미국	• 2009~10년 중 경기부양책의 일환으로 친환경 SOC 투자에 290억 달러를, 녹색산업 육성에 540억 달러를 투자 • 2009~18년 중 청정에너지, 그린카, 그린홈 등에 1,500억 달러 투자
영국	• 2008~20년 중 철도, 신재생에너지, 전기자동차 등에 100억 파운드 투입
프랑스	• 2007~20년 중 철도, 에너지 절약형 건물 등에 4,000억 유로 투자
일본	• 2015년까지 녹색산업 시장 규모를 100조 엔 수준으로 확대할 계획이나, 아직 구체화 되지는 않은 상황
한국	• 2009~12년 중 4大江 살리기, 녹색교통망 구축, 신재생에너지 등에 50조 원을 투자

1. 미국 : 친환경 SOC와 녹색산업 투자를 병행

◉ 2009년 2월 美 의회는 민주당이 제출한 친환경 SOC 투자 및 녹색산업 육성 등이 포함 된 7,870억 달러 규모의 경기부양 예산안 확정(2009~10년 중 집행)

  ○ 수자원 보호, 홍수방지·환경복원 투자(190억 달러), 혼잡방지 및 에너지 절감을 위한 통근시설 개선(100억 달러) 등 친환경 SOC 투자에 290억 달러를 투입할 계획

○ 녹색기술 개발(320억 달러), 공공건물 에너지 효율화(160억 달러), 서민 주택의 냉난방설비 지원(60억 달러) 등 녹색산업에 총 540억 달러를 투입할 계획

◉ 오바마 행정부는 2009~18년 중 청정에너지, 그린카, 그린홈 등 개발에 1,500억 달러를 투자해 500만 개의 고소득 일자리를 창출한다는 목표를 제시

○ 청정에너지 개발을 위한 기초연구 및 핵심기술 상용화에 대한 투자도 확대할 계획

- 연방정부의 청정에너지 관련 R&D 지원 규모를 60억 달러에서 120억 달러로 늘리고, 유망기술 상용화 등을 위한 '청정기술개발 벤처캐피털 기금'을 조성

○ 2020년까지 CO_2 10% 감축을 의무화하는 '저탄소 연료 기준'을 설정해 민간부문의 기술투자와 혁신을 유도

- 2020년까지 연방정부 소비전력의 30% 이상을, 2025년까지 미국 내 전력소비의 25%를 신재생에너지로 공급할 방침

- 2015년까지 그린카 및 그린홈 보급과 스마트 그리드 정책도 추진

그린카, 그린홈 및 스마트 그리드 정책

- 그린카 정책 : 2015년까지 하이브리드카, 바이오에탄올 차량 등을 100만 대 보급
- 그린홈 정책 : 매년 신재생에너지 설비 등을 갖춘 에너지고효율 주택을 100만 호 건설
- 스마트 그리드 정책 : 전력 IT를 통해 건물과 주택의 에너지 사용을 최적화할 계획
  □ 전력 IT는 아날로그 기기가 주종인 전력산업에 IT 기술을 접목, 실시간 통신을 통해 운전, 제어, 감시 등을 가능하게 하는 지능화 기기 및 시스템을 의미

2. 영국 : 정책인프라 구축을 통한 녹색산업 육성

● 2009년 1월 고든 브라운 총리는 2020년까지 100억 파운드를 투입하여 일자리 16만 개를 창출하겠다는 '녹색뉴딜' 정책을 발표

   ○ 철도노선 확대, 노후 학교 및 병원의 디지털 인프라 구축 등 친환경 SOC 투자를 추진할 계획

     • 노후 학교 및 병원의 디지털 인프라 구축을 통해 3만 개의 일자리 창출을 기대

   ○ 또한 풍력 및 조력발전, 전기자동차 개발 등 녹색산업 육성에도 주력

     • 특히 풍력 분야에 있어 세계 최고를 목표로 2020년까지 7,000기의 대형 풍력발전기를 국내외에 설치할 계획

● 기후변화법 제정 등 녹색성장을 위한 정책인프라 구축에도 역점

   ○ 온실가스 감축목표를 명시한 〈기후변화법〉을 2008년 10월 세계 최초로 법제화

   ○ 정책인프라를 구축함으로써 기업들의 녹색산업에 대한 적극적 투자와 녹색상품 및 서비스 개발을 유도

영국의 〈기후변화법(Climate Change Act 2008)〉

■ 2050년까지 CO_2 배출량을 1990년 대비 80% 감축하고, CO_2 감축을 위한 5년 단위의 탄소예산제도 수립

■ 독립 전문기관으로 '기후변화위원회'를 창설 → 매년 정부에 CO_2 배출량을 권고하고, 진행상황에 대한 보고서를 의회에 제출

■ 2012년 4월까지 민간업체의 CO_2 감축 기여도 보고 의무를 규정

3. 프랑스 : 세계 최초로 녹색뉴딜을 시작

● 2007년 10월 사르코지 대통령은 2020년까지 4,000억 유로를 투자하여 50만 개 일자리를 창출하는 '녹색뉴딜(Ecological New Deal)'을 발표

  ○ TGV 2,000km 및 파리 외곽 전철 1,500km 신설, 내륙수로 건설 등에 970억 유로를 투자할 계획

  ○ 기존 건물을 에너지 절약형으로 바꾸는 녹색건설사업에 2,050억 유로를 투자

    • 에너지효율 제고를 위한 주택개량사업 등에 105억 유로를, 에너지절약형 학교 및 병원 신개축 등에 65억 유로를 투입

  ○ 2008~11년 중 탄소저감(低減)기술 개발을 위해 총 10억 유로를 투입하고, 폐기물 감축정책도 추진할 방침

● 녹색뉴딜의 정책적 환경을 조성하기 위해 2009년 1월 〈환경보호법안(National Engagement for the Environment)〉도 입안

  ○ 기후변화에 대한 대응, 에너지 효율화 등이 목표

4. 일본 : 녹색산업 육성에 초점

● 일본은 2008년 6월 저탄소사회를 향한 대표적 비전인 '후쿠다 비전'을 선포하는 등 일찍부터 녹색산업에 관심을 기울임

  ○ 특히 발전·송전, 교통 등의 분야에서 에너지효율 및 신재생에너지 관련 핵심기술을 제시

● 그러나 화려한 비전 제시에도 불구하고, 아직까지 구체적인 실행으로 연결되지는 못한 실정

  ○ 2009년 1월에도 아소 다로 총리가 "2015년까지 녹색산업 시장 규모를 100조 엔으로 확대하고 관련 분야 일자리를 80만 개 창출하겠다"고 발표했으나 아직 구체화되지는 못함

- 녹색산업 투자에 대한 무이자 융자 등으로 기업투자를 유도하고 전기자동차 등 차세대 친환경제품에 대한 구매장려 등을 통해서 신수요를 창출하겠다는 복안

5. 한국 : 친환경 SOC와 녹색산업 투자를 병행(미국과 유사)

◉ 정부는 2008년 8월 '저탄소 녹색성장' 비전을 선포한 후 2009년 1월 녹색성장전략과 일자리 창출을 연계한 '녹색뉴딜사업'을 발표

  ○ 2008년 4/4분기 경제성장률 -3.4%, 실업자 75.7만 명(전년동기 대비 2.3만 명 증가)에 이르자, 일자리 창출이 최대 이슈로 부상

  ○ 녹색뉴딜사업의 주력 분야는 친환경 SOC, 저탄소·고효율 산업기술, 친환경·녹색생활

| 녹색뉴딜사업의 범위 |

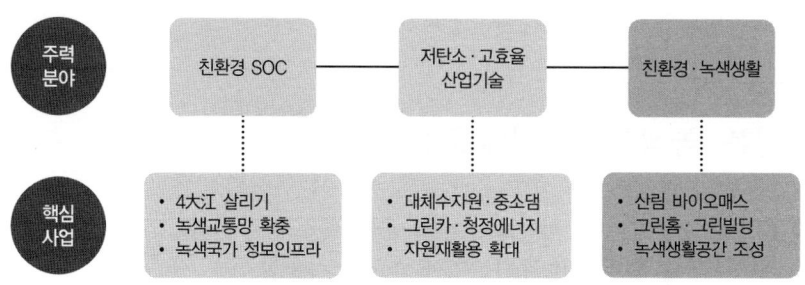

주 : 친환경 SOC는 정부발표에서 녹색 SOC로 지칭
자료 : 기획재정부 등 (2009. 1.), "일자리 창출을 위한 「녹색 New Deal 사업」 추진방안", 국무회의 보고자료.

◉ 2009년부터 4년간 총 50조 원을 투입해 95.6만 개의 일자리를 만들겠다는 것이 정부의 목표

○ 4大江 살리기, 녹색교통망, 녹색 숲 가꾸기, 그린홈 및 그린스쿨[7] 등 9개 핵심사업에 39.4조 원을 투입(→ 70.3만 개의 일자리 창출 기대)

○ 재해예방 및 훼손산림 복원, 재해위험지구 정비, 바이오매스 에너지화 등 27개 연계사업에 10.7조 원 투입(→ 25.3만 개의 일자리 창출 기대)

| 핵심 및 연계사업의 재정소요 및 일자리 창출 규모 |

(단위 : 억 원, 만 개)

사업명		재정소요 규모			일자리 창출 수
		旣반영 (2009년)	추가소요 (~2012년)	계	
합 계		43,626	456,866	500,492	95.6
핵심사업 9개	4大江 살리기	4,881	139,895	144,776	20.0
	녹색 숲 가꾸기	3,131	21,043	24,174	17.1
	녹색교통망 확충	18,349	78,187	96,536	13.8
	그린홈, 그린스쿨 사업	-	80,500	80,500	13.4
	폐기물자원 재활용	506	8,794	9,300	1.6
	雨水유출시설, 중소댐	1,845	7,577	9,422	1.6
	그린카 및 청정에너지 보급	3,209	17,318	20,527	1.4
	Eco River 조성 등	52	4,786	4,838	1.1
	국가공간정보 통합체계 구축	250	3,467	3,717	0.3
연계사업 27개	재해예방, 훼손산림 복원	786	6,541	7,327	5.3
	재해위험지구 정비사업	5,137	19,901	25,038	4.2
	바이오매스 에너지화	362	10,858	11,220	2.4
	수변지역 녹색화	331	7,669	8,000	2.0
	클린코리아 실천사업	437	1,666	2,103	1.5
	공공시설 LED조명 교체사업	-	13,356	13,356	1.0
	그린IT기술 테스트베드 구축	-	1,100	1,100	1.0
	기타	4,350	35,208	39,558	8.0

주 : 기타는 사용종료매립지 재개발, 환승시설 구축, 전자문서 활용촉진, 전국 자전거도로 네트워크, 해수담수화(海水淡水化) 기술개발 등 총 20개 사업
자료 : 기획재정부 등 (2009. 1.), 앞의 자료.

[7] 생태녹지공간, 빗물이용시설, 실내공기의 질 제고, 에너지 절약 등을 위해 친환경 건축기법을 적용한 환경친화적 학교를 의미

Ⅲ 한국형 녹색뉴딜의 특징

특징 1. 취약계층에 대한 사회안전망 성격

● 녹색뉴딜사업의 재정소요액 대부분이 녹색건설 및 토목사업인 관계로 일자리 창출이 노무직에 집중

  ○ 2009~12년의 일자리 창출 95.6만 명(정부 예상치) 중 녹색건설 및 토목사업 관련이 전체의 97.6%인 93.4만 명

● 녹색뉴딜은 단기적인 경기부양 효과뿐만 아니라 생활여건이 어려워진 취약 부문에 신규 일자리를 공급하는 '사회안전망 역할'을 수행

  ○ 건설업의 신규 취업자수는 2008년 12월 중 전년동월 대비 4.5만 명 감소(全산업의 3.8배)했을 뿐 아니라, 1년 내내 감소세가 지속

  ○ 직업별로는 노무자의 신규 취업자 감소가 16만 명으로 가장 심각

    • 특히 건설업의 경우 반장 이하 노무자의 월급여총액은 160.7만 원(全산업은 201.4만 원)으로 이들 대부분이 저소득층[8]

| 2008년 중 신규 취업자 수(전년동월 대비 기준) | (단위 : 천 명)

구분	1월	3월	5월	7월	9월	10월	11월	12월
全산업	235	184	181	153	112	97	77	-12
건설업	-5	-35	-32	-26	-47	-38	-30	-45
노무자	34	-87	-80	-63	-65	21	-95	-160

주 : 노무자는 기능·기계조작·조립·단순노무종사자를 포함
자료 : 통계청, KOSIS DB.

● 건설 및 토목근로자의 경우 당장은 한시적 일자리이나, 중장기적으로 녹색산업의 성장에 따라 그린칼라[9]로 전환될 가능성도 존재

---

[8] 노동부, 《임금구조기본통계조사》 각 호.
[9] 미국의 환경운동가 반 존스는 저서 《그린칼라 이코노미》에서 '그린칼라'를 단순한 생산직 근로자가 아니라 보다 환경친화적이도록 업그레이드된 블루칼라로 정의

특징 2. 재정건전성에 큰 부담은 없는 사업

● 2009~12년간 녹색뉴딜사업에 총 50조 원의 사업비가 투입될 예정이어서 재정건전성에 대한 우려가 대두

  ○ 경기침체에 따른 세수 감소 등으로 인해 2009년 재정수지가 1999년 이후 처음으로 적자를 기록할 것으로 예상되는 점이 우려를 증폭

● 그러나 한국의 재정은 상대적으로 양호하고, 녹색뉴딜사업을 포함한 재정지출 규모도 재정악화를 초래할 정도까지는 아닌 것으로 판단

  ○ 한국의 재정은 2000년 이후 통합재정수지 흑자가 지속되는 등 여타 국가들에 비해 상대적으로 양호

    • 2008년 11월 현재 통합재정수지는 16.9조 원 흑자

    • 2007년 기준 경상GDP 대비 대외채무도 39.4%로 세계은행이 정한 輕채무국(48~80% 미만)[10]에도 속하지 않을 정도

  ○ 한국의 경우 2009~10년 중 56조 원(경상GDP의 6.2%)의 재정확대를 계획[11]하고 있으나 이는 여타 국가들에 비해 과도한 수준은 아니며, 경기가 회복될 경우 세수 기반도 다시 확충될 것으로 예상

| 주요국의 재정확대 계획(2009~10년) |

구 분	미국	일본	중국	한국
재정확대 규모	약 8,500억 달러	74.9조 엔	4조 위안	56조 원
경상GDP 대비 비중	6.0%	14.5%	16.0%	6.2%

주 : 일본은 당초 11.7조 엔(2008년 8월 계획)에서 지출계획을 12월에 6배 이상 확대
자료 : 각국 보도자료 취합

---

10 경상GDP 대비 대외채무가 48~80% 미만이면 輕채무국, 80% 이상이면 重채무국
11 한국의 재정확대 계획은 여타 국가의 기존 사업범위 및 계획기간과 동일 기준으로 기획재정부가 재산정한 금액

특징 3. 환경보전과 상호보완적

● 일각에서는 환경보전과 경제성장이 상충적인 관계라고 주장하고 있으나 '환경보전과 경제성장은 상호보완적'이라는 견해가 대세

  ○ 미래의 발전을 위해 무분별한 자원남용과 환경파괴를 억제하는 동시에 현 세대에 필요한 개발을 추구하자는 '지속가능 발전(Sustainable Development)'[12] 개념이 대표적

   • 브라질의 경우 CO_2 배출량 증가율이 1997년 6.1%에서 2006년 1.8%로 하락했음에도, 2000~06년 중 두 자릿수의 경제성장을 지속[13]

  ○ 환경문제의 심각성을 고려할 때, 환경을 도외시한 지속성장은 불가능

   • 기후변화 문제를 방치할 경우 2100년까지 세계 GDP의 약 5~20%의 경제손실이 예상되어 1930년대 대공황 재연 가능성도 제기될 정도[14]

  ○ 특히 글로벌화가 급속히 이루어지는 상황에서 대외의존도가 매우 높은 한국으로서는 환경문제에 대한 대응이 시급한 상황

   • 자원고갈, 환경규제 강화 등이 한국경제의 지속성장에 장애요인으로 작용할 가능성을 선제적으로 차단할 필요

● 녹색뉴딜사업은 경기침체 극복을 위한 '유효수요'를 창출할 뿐 아니라 '잠재성장률'도 높일 수 있는 효율적인 정책수단

  ○ 신재생에너지 등 녹색산업은 향후 한국경제의 새로운 성장동력으로 부상할 가능성

---

[12] 1987년 '환경과 개발에 관한 세계위원회(WCED)'가 발표한 "우리의 미래(Our Common Future)"라는 보고서에서 공식화된 용어
[13] EIA DB. ; IFS DB.
[14] Stern, N. (2006), *The Stern Review on The Economics of Climate Change*, Cambridge University Press.

특징 4. 기존 사업들을 친환경적 관점에서 재편

● 불황극복과 환경보전이라는 목표를 달성하기 위해서는 전략적 일관성을 갖고서 기존 사업들을 녹색뉴딜사업으로 그룹핑할 필요

  ○ 친환경 SOC 사업과 녹색산업을 녹색뉴딜이라는 큰 우산 아래에서 추진할 경우 사업 간 시너지 효과가 제고되고 재원낭비도 최소화

  ○ 미국, 영국, 프랑스 등 세계 각국이 철도 등 기존 친환경 SOC 투자를 녹색뉴딜사업에 포함시킨 것도 같은 이유

● 한국도 신규사업뿐 아니라 이미 추진하고 있거나 과거에 계획되었던 사업들을 친환경적 관점에서 녹색뉴딜사업으로 재편

  ○ 4大江 살리기, 고속전철 사업, 雨水유출시설·중소댐, 신재생에너지 보급 등이 이미 추진하고 있던 대표적 사업

   • 4大江 살리기의 경우 2011년 완료를 목표로 2008년부터 시작된 사업

● 경기부양의 성격이 강한 녹색뉴딜사업이 2009년 예산에 반영되지 않았다면 예산확보 문제로 사업추진 자체가 불가능했을 것임

  ○ 사업 시행을 위해서는 예산확보가 전제되어야 하므로 신규사업의 경우 본격적인 사업 추진까지는 다소의 시차가 발생

  ○ 2009년 중 예정된 녹색뉴딜사업의 재정소요액(4조 3,626억 원) 중 약 57%는 2009년 SOC 예산에 반영되어 있음

  ○ 4大江 살리기(4,881억 원), 녹색교통망 확충(1조 8,349억 원) 및 雨水유출시설·중소댐(1,845억 원) 사업 등

Ⅳ 시사점 및 제언

소모적인 논쟁은 자제해야 할 시점

● 불황극복을 위한 세계 각국의 노력을 감안할 때, 정부가 추진하려는 녹색뉴딜사업의 필요성만큼은 인정해야 할 것으로 판단

● 현 상황에서 녹색뉴딜은 경제위기, 고용위기, 환경위기 등의 3重苦를 극복할 수 있는 최선의 정책(대안 부재)

  ○ 현실적으로 녹색뉴딜 이상으로 경기부양 및 일자리 창출효과가 크고, 차세대 성장동력을 발굴할 수 있는 사업을 모색하기는 어려운 상황

    • 사회안전망 차원에서 저소득층의 생활고를 고려할 경우 친환경 SOC 사업은 불가피(중산층 이상을 겨냥한 경기부양책이 아님)

● 2009년 예산에 이미 반영된 4大江 살리기 사업 등의 타당성 여부를 둘러싼 소모적 논쟁을 자제하고 사업내용 개선 및 효과 극대화에 논의의 초점을 모아야 할 시점

  ○ 특히 경기부양을 겨냥한 사업들은 지연될수록 정책 효과가 반감되고, 비용만 확대

국민과의 의사소통이 급선무

● 녹색뉴딜사업에 대한 의문과 불신을 조기에 해소하고 국민적 공감대를 확보하는 것이 정책 추진의 선결과제

  ○ 저탄소 녹색성장, 한국형 뉴딜, 녹색뉴딜, 신성장동력 등 각종 정책들이 연이어 발표되면서 많은 국민들이 혼란스러워하고 있는 것이 현실

◉ 대통령을 비롯한 정책담당자들은 국민들의 이해와 공감을 얻기 위해서 '현장에서 쓰러지겠다'는 각오로 녹색뉴딜사업의 필요성을 전파할 필요

  ○ 청계천 복원사업 당시 이명박 서울시장이 사업에 반대하던 상인들을 4천 번 이상 찾아가 '오히려 주변 상권이 살아난다'며 설득했던 것이 주효했음을 상기

우선순위 설정(선택과 집중)이 중요

◉ 녹색뉴딜사업 등 재정지출 효과를 극대화하기 위해서는 사업의 우선순위를 설정해 선택과 집중을 할 필요

  ○ 개별사업의 우선순위 설정과 지자체와의 협의 등 전체 프로세스를 총괄하고 컨트롤타워 역할을 수행할 수 있는 범정부기구의 설립도 적극 고려
    • 녹색뉴딜사업의 경우 여러 부처가 관련되어 있고, 실행단계에서는 지자체의 역할이 특히 중요

  ○ 과거 일본의 경우 우선순위를 무시하고 재정지출만을 확대한 결과 기대했던 정책 효과가 발휘되지 못했던 사례를 反面敎師로 삼아야 함

우선순위를 무시한 일본의 재정정책

■ 일본은 1990년대 장기불황 시기에 12차례에 걸쳐 129조 엔 규모의 경기부양책을 구사했으나 우선순위를 잘못 설정했던 결과 정책 효과가 미흡

  □ 경제적 타당성은 따지지도 않은 채 도로, 공항, 항만건설 등에 투자한 결과 "지방 도로에 곰과 다람쥐만 다닌다"는 말이 나올 만큼 낭비적 투자가 만연

  □ 결국 경기부양 효과는 거의 없고 국가채무만 확대되는 결과를 초래

자료 : 차학봉 (2006), 《일본에서 배우는 고령화 시대의 국토》, 삼성경제연구소.

◉ 일자리 창출 속도가 빠르고, 산업연관 효과가 큰 사업부터 우선적으로 집행(→ 즉각적인 고용창출 및 경기부양 효과를 기대)

  ○ 일자리 창출 속도, 산업연관 효과, 인력확보 및 투자조정 용이성 등을 기준으로 총 9개 핵심사업에 대한 우선순위를 평가한 결과, '4大江 살리기', '녹색숲 가꾸기', '녹색교통망 확충' 등의 순으로 분석

| 녹색뉴딜사업에 대한 평가 |

사업명	평가				
	일자리 창출 속도	산업연관 효과	인력확보의 용이성	투자조정의 용이성	평균 (순위)
4大江 살리기 등	9	10	10	8	9.25 (1)
녹색교통망 확충	8	9	8	2	6.75 (3)
국가공간정보 통합체계 구축	3	4	7	5	4.75 (7)
雨水유출시설, 중소댐	7	5	4	7	5.75 (4)
그린카 및 청정에너지 보급	4	7	2	4	4.25 (8)
폐기물자원 재활용	6	3	5	6	5.00 (6)
녹색숲 가꾸기	10	6	9	10	8.75 (2)
그린홈, 그린스쿨 사업	2	8	3	3	4.00 (9)
Eco River 조성 등	5	2	6	9	5.50 (5)

주 : 1. 각 평가항목은 10점 만점 기준
    2. 점수 산정은 각종 문헌과 전문가 의견을 참조

  ○ 특히 '4大江 살리기', '녹색숲 가꾸기' 등은 경기회복 시 투자조정이 용이해 중장기적인 재정건전성 관리에도 바람직한 유형

    • 하천정비, 산림조성 및 복원 등의 공공투자사업이 대표적

◉ 연관성이 높은 개별사업들을 패키지화하여 시너지 효과를 극대화

  ○ '그린홈, 그린스쿨 사업', '녹색교통망', '그린카 및 청정에너지' 등의 개별사업들은 '녹색도시 건설' 사업으로 패키지화하는 것도 방법

- 각각의 개별사업들을 병행하되, 시범적으로 환경친화적 녹색도시 건설사업을 추진하는 식

녹색뉴딜사업의 성패는 정책의 실행력에 의해 좌우

◉ 신속한 사업추진을 통해 단기간 내 일자리 창출과 경기침체 방지 등의 성과를 가시화하는 것이 중요(성공사례의 축적이 관건)

ㅇ 사업추진을 가로막는 제반 법령을 신속하게 정비

- 예를 들어 현행 자동차관리법 제3조에 의하면 전기차는 자동차에 포함되지 않아 도로주행이 불가능한 실정(전기차 개발의 장애요인)

◉ 녹색뉴딜사업을 중기재정계획인 '국가재정운용계획'에 포함시키고, 중요사업의 경우 계속비 사업으로 추진(예산확보의 중요성)

ㅇ 4년간 추진하기로 되어 있는 녹색뉴딜사업의 경우 단년도 예산편성보다는 사업별 우선순위에 따른 '4년간 재원조달계획'을 수립·집행하는 것이 바람직

ㅇ 특히 사업차질을 방지하기 위해서는 다년도 핵심사업의 경우 계속비 사업으로 추진하는 것을 적극 검토

※ 계속비(繼續費) : 다년도에 걸친 사업경비를 미리 일괄해 국회의결을 받고, 이를 변경할 때 외에는 다시 의결을 받을 필요가 없는 경비(예산 단년도주의의 예외사항)

◉ 사업추진 과정에서는 예산 조기집행의 실효성을 확보(모니터링 강화)

ㅇ 과거 경기부양을 위해 중앙부처에서 예산을 조기집행했음에도, 실제로 지자체나 공기업에서는 집행이 지연되었던 사례가 비일비재

> **예산 조기집행과 실제 집행 간의 괴리**
>
> ■ 2002~05년 중 정부는 매년 예산을 조기집행했으나(그 이후에는 중단), 교부된 국고금의 집행이 지체되어 정책 효과가 반감된 경우가 다수
>
>   □ 2005년 상반기에 중앙에서 교부된 국고보조금이 도에서는 77%, 시·군에서는 36%만이 실제 집행된 것으로 판명(5개 도 대상)
>
>   □ 중앙부처도 사업시행기관에 교부한 국고금의 실제 집행실적에 대해서는 무관심
>
> 자료 : 각종 보도자료 종합

○ 예산 조기집행 목표설정 및 실적평가의 기준을 국고금 출금액에서 사업시행기관의 집행액으로 전환(→ 실제 집행률을 제고)

  • 조기집행 실적이 우수한 지자체에 재정적 인센티브를 제공

기업들의 자발적인 참여를 유도

◉ 녹색뉴딜사업의 성공을 위해서는 중앙정부, 지자체 등 정책당국뿐만 아니라 민간기업의 역할도 매우 중요

○ 공공근로나 R&D 부문을 제외한 4大江 살리기, 녹색교통망 확충 등 대부분 사업에 있어 기업은 사업수행 및 고용의 주체

  • 특히 환승시설 구축 등은 50% 이상이 민자유치사업으로 기업의 참여가 매우 중요

○ 기업 입장에서도 녹색뉴딜사업은 환경 분야에 있어 새로운 사업기회를 발굴하는 계기

  • 폐기물의 에너지화 등 친환경적 신기술·공법개발과 신재생에너지 기술개발 등

- ● 기업의 녹색일자리 창출을 자극할 수 있도록 세제혜택, 제도개선 등의 인센티브를 마련하고 정책일관성을 유지

  - ○ 녹색뉴딜사업에 참여하는 기업에 대해서는 사회보험료(고용보험) 중 일부를 경감(고용창출에 대한 인센티브)

  - ○ 그린홈, 그린빌딩 등에 대한 기업의 투자활성화를 위해 수요자들에게 장기·저리융자 제공 등 금융지원책 마련

- ● 기업이 녹색뉴딜사업에 참여하는 단순 인력을 대상으로 체계적인 직업훈련 및 교육을 실시할 수 있도록 적극 장려하고 이를 지원

  - ○ 기업으로부터 암묵지(暗默知) 등 현장지식을 전수받거나 새로운 전문기술을 체계적으로 교육받을 경우 그린칼라로 육성 가능

  - ○ 교육을 실시하는 기업에 대해서는 사업계약 시 가산점을 부여하거나 사업완료 시 세제혜택 등의 방안을 검토

저탄소 녹색성장과 금융산업의 진화 03

I. 저탄소 녹색성장과 금융의 역할
II. 발전하는 녹색성장 관련 금융
III. 시사점

SERI 경제포커스
》》》 2009. 4. 28.
도건우

Ⅰ 저탄소 녹색성장과 금융의 역할

저탄소 녹색성장은 세계적인 추세

◉ 지구온난화로 인한 기후변화 문제가 심각해지면서 세계적으로 환경에 대한 관심이 증대되고, 선진국들을 중심으로 온실가스 배출을 규제하기 시작

  ○ 기후변화 문제를 방치할 경우 2100년까지 경제적 손실이 세계 GDP의 5~20%에 달해 1930년대 대공황에 버금가는 충격을 받을 수도 있다는 전망이 제기될 정도[1]

  ○ 선진국들의 온실가스 감축을 의무화하는 교토의정서가 2005년 발효되었고, 이에 따라 감축이행의 신축성을 위한 교토유연성 체계가 도입

    • 배출권 거래제, 공동이행(JI), 청정개발체제(CDM) 등이 핵심이며, 에너지효율 향상, 온실가스 흡수원 및 저장원 보호, 신재생에너지 개발 등 온실가스 감축을 위한 정책과 조치도 의무화

  ○ CO_2 배출량 세계 9위인 한국은 현재 교토의정서상 의무감축국은 아니지만 세계적인 온실가스 감축 노력에 동참할 것을 요구받고 있는 상황

◉ 정부는 2008년 8월 저탄소화와 녹색산업화를 양대 축으로 하는 '저탄소 녹색성장'을 새로운 국가비전으로 제시

  ○ 저탄소 녹색성장은 지구온난화로 인한 환경위기와 미국발 금융불안으로 인한 세계적인 경제위기를 동시에 타개하기 위한 수단

  ○ 저탄소화란 경제활동 과정에서 발생하는 CO_2 배출량을 감축함으로써 기후변화 문제에 대처하는 것이며, 녹색산업화란 녹색기술, 환경친화적 비즈니스 모델 등을 통해 신시장을 창출함으로써 경제성장의 원동력으로 삼는 것

---

[1] Stern, N. (2006), *The Stern Review on The Economics of Climate Change*, Cambridge University Press.

저탄소 녹색성장을 뒷받침하는 인프라로서의 금융산업

● 금융 분야는 새로운 친환경 녹색산업의 육성을 지원하는 기능과 저탄소화를 위한 제도적 인프라 기능을 수행함으로써 녹색성장을 지원

  ○ 대부분의 녹색산업[2]은 성장 초기단계이므로 사업 위험이 크기 때문에 투자가 원활하게 이루어지기 위해서는 금융 분야의 지원 및 협조가 선행되어야 함

    • 은행을 비롯한 간접금융시장을 통한 여신 지원과 주식, 채권 등 직접금융시장을 통한 투자 활성화로 대별

  ○ 2009년 2월부터 시행된 〈자본시장과 금융투자업에 관한 법률〉은 녹색성장과 관련된 새로운 파생금융상품이 대거 등장할 수 있는 계기로 작용

    • 포괄주의 원칙(네거티브 방식)에 따라 파생상품 기초자산의 범위가 거시경제변수, 탄소배출권, 일조량, 날씨 등으로 대폭 확대 가능

  ○ 온실가스 감축의무를 이행하기 위한 배출권 거래시장(탄소시장)의 개설은 새로운 금융시장의 등장 및 금융산업 발전의 기회

● UNEP FI(유엔환경계획 금융 이니셔티브)[3]는 녹색금융의 개념을 두 가지 방향으로 나누어 정리

  ○ 경제활동 전반에 걸쳐 자원 및 에너지의 효율을 높이고 환경을 개선하는 상품 및 서비스의 생산에 자금을 제공함으로써 저탄소 녹색성장을 지원하는 활동

  ○ 환경을 파괴하는 활동에 자금이 공급되는 것을 효과적으로 차단하기 위한 자율적 심사·감시 메커니즘을 만드는 활동

---

2 경제활동 전반에 걸쳐 에너지와 자원의 효율을 높이고 환경을 개선할 수 있게 하는 재화 및 서비스 지원 등의 저탄소 녹색성장을 이루기 위한 모든 산업(저탄소 녹색성장 기본법안 제2조)
3 United Nations Environment Programme Finance Initiative. 친환경 및 지속가능한 성장에 대한 금융기관들의 인식 제고를 목적으로 UNEP와 HSBC, ABN AMRO, Deutsche Bank, Citygroup 등 160여 글로벌 금융기관들이 1991년 조직한 전략적 파트너십

Ⅱ 발전하는 녹색성장 관련 금융

1. 녹색성장 관련 금융지원의 현황

녹색산업에 대한 은행권의 금융지원책 등장

◉ 은행권을 중심으로 친환경 관련 금융상품 및 제도를 마련하고 녹색산업을 지원하는 등의 움직임이 활발

  ○ 기업 운영, 제품 개발 및 사업 개발 등의 녹색정보를 이용하여 친환경기업에 여신 우대, 수수료 감면 등의 서비스를 제공

    • 기업의 사회적 책임경영의 실천방안으로 추진하는 측면도 있음

  ○ 신재생에너지 및 저탄소 대체기술 개발, 탄소배출권 획득사업 등 녹색산업에 자금 지원을 강화

은행권의 녹색성장 지원 현황

■ 국민은행은 녹색성장 분야에서 새로운 사업기회를 발굴하고 친환경기업으로 도약하기 위해 2009년 2월 '녹색금융·경영추진단'을 발족

  □ 대출이익의 0.5%를 녹색성장 발전기금으로 기부하는 'KB Green Growth 론', 친환경상품 제조기업에 우대금리(연 0.3%p)를 제공하는 '사업자 우대적금' 등을 출시

■ 신한은행은 녹색성장 관련 기업과 연계한 자금 지원을 확대하고 여신심사 시 기업의 환경친화도를 중요한 판단 기준으로 활용

  □ 태양광발전소 건설에 소요되는 자금을 지원하는 '신한솔라파워론', 에너지절약 서약 실천 시 우대금리를 적용하는 '신한 희망愛너지 적금' 등을 판매 중

자료 : 각 은행의 홈페이지를 참고하여 작성

◉ 현재까지는 환경 관련 산업의 경제성 분석이나 기업의 환경성 평가 기능을 체계적으로 수행한다기보다는 여신 위주의 단순 상품을 출시하는 수준

정부의 제도적 지원도 병행되고 있는 상황

◉ 정부의 〈저탄소 녹색성장 기본법〉 제정안⁴은 금융서비스 관련 조항을 포함하고 있음

  ○ 저탄소 녹색성장을 촉진하기 위한 금융시책(제28조 및 제31조), 녹색산업 투자회사 설립과 지원(제29조), 총량제한 배출권 거래제 도입(제46조) 등

◉ 정부는 여신심사 시 친환경성을 평가항목에 포함시키는 친환경 여신관리 프로세스 구축을 지원

  ○ 환경부는 2006년 10월 환경리스크를 감안한 기업 및 사업 평가를 위하여 '프로젝트 파이낸스 환경심사 가이드라인'을 금융기관에 보급

    • 심사 시 산업 및 주변환경의 위험 여부, 고객의 환경프로필, 환경경영 실적 등을 고려

◉ 신용보증기금은 2009년 2월 녹색산업 영위기업에 연말까지 1조 원 규모의 신용보증 지원 방안을 마련

  ○ 성장잠재력이 큰 저탄소 녹색산업을 미래성장의 핵심동력으로 키우고 고용창출 및 내수증진이 목적

  ○ 보증 대상은 그린에너지 산업 분야와 저탄소 고효율 신성장동력산업 분야

    • 그린에너지 분야 : 태양광, 풍력, 수소연료전지 등 신재생에너지, 화석연료 청정화, LED, 전력IT 등

    • 신성장동력 분야 : 그린카를 비롯한 그린수송시스템, 융합신산업, 바이오산업, 지식서비스산업 등

---

4 정부는 〈저탄소 녹색성장 기본법안〉을 2009년 2월 27일 국회에 제출하였으며, 현재 국회 기후변화대책특별위원회에서 동 법안을 심의 중임

2. 포스트 교토체제에 대비한 탄소배출권 거래제 도입

세계적으로 탄소배출권 거래 규모가 급증

◉ 배출권 거래제[5]는 배출권을 할당하는 방식에 따라 총량제한 방식(Cap and Trade)과 기준인정 방식(Baseline and Credit)으로 구분

  ○ 총량제한 방식 : 배출량 한도를 정하고 그만큼의 배출권을 할당해 이를 서로 거래하도록 한 것으로 EU-ETS[6], CCX[7]가 대표적(할당량 시장)

  ○ 기준인정 방식 : 기준배출량을 설정하고 이보다 적게 배출한 만큼을 저감량 인정분으로 서로 거래하도록 한 것으로 CDM[8], JI[9]가 대표적(프로젝트 시장)

| 온실가스 배출권 거래 구조 |

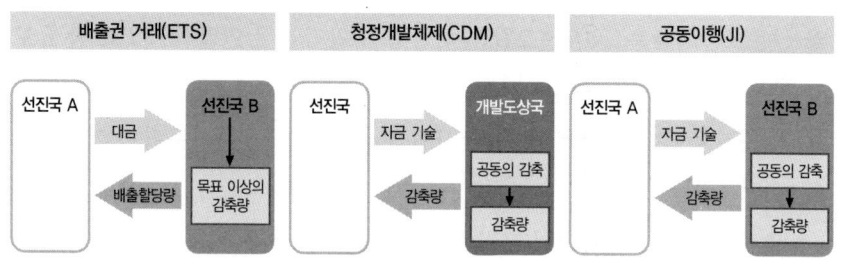

자료 : 케이, 기타무라 (2009), 《탄소가 돈이다》 (황조희 옮김), 환경재단 도요새.

---

5 배출권 거래제(Emissions Trading)는 온실가스 감축목표를 효과적으로 달성하기 위해 도입된 것으로 온실가스를 배출할 수 있는 권리를 사고 팔 수 있는 제도
6 EU Emission Trading Scheme. EU가 역내 배출권을 거래할 수 있도록 2005년부터 가동한 세계 최대의 탄소시장
7 Chicago Climate Exchange. 자발적으로 참여하는 기업이 법적 의무가 수반되는 배출허용량을 설정 받아 배출권 거래를 실시(2003년 개설)
8 Clean Development Mechanism. 선진국이 개발도상국에 투자하여 감축한 온실가스의 일정량을 자국의 실적으로 인정하는 제도로, 개발도상국이 자체적으로 사업을 시행하여 선진국에 배출권을 판매할 수도 있음
9 Joint Implementation. 선진국이 다른 선진국의 감축사업에 투자하여 획득한 배출권의 일정량을 자국의 실적으로 인정하는 제도

- 2007년 말 현재 전 세계적으로 총 10개의 탄소배출권 거래소가 운영되고 있으며, 세계 탄소시장의 거래 규모는 640억 달러

  ○ 2004년에 비해 약 128배 성장하였으며, 2006년보다 거래량은 약 71%, 거래액은 약 2배 이상 증가

  ○ EU-ETS는 거래량 20억 CO_2t, 거래액 500억 달러 규모로 각각 전체 탄소시장의 69%, 78%를 차지

| 세계 온실가스 배출권 시장현황 |

구분	2006년		2007년	
	거래량 (백만CO_2t)	거래 규모 (백만 달러)	거래량 (백만CO_2t)	거래 규모 (백만 달러)
할당량 시장 계	1,134	24,699	2,109	50,393
EU-ETS 전체	1,104	24,436	2,061	50,097
기타(호주, 미국)	30	263	48	296
프로젝트 시장 계	611	6,536	874	13,641
CDM(CER)	562	6,249	791	12,877
JI(ERU)	16	141	41	499
기타	33	146	42	265
총계	1,745	31,235	2,983	64,034

자료 : World Bank (2008), *State and Trend of Carbon Market 2008*.

탄소배출권 거래제에 따른 새로운 금융상품의 등장

- 탄소배출권 거래가 활발하게 이루어지는 탄소시장은 금융상품을 거래하는 시장과 유사하게 발전하고, 파생금융상품도 대거 등장

  ○ 런던에 소재한 유럽기후거래소(ECX : European Climate Exchange)는 EU-ETS 거래의 87%를 차지하면서 탄소시장의 허브로 성장

  ○ 선물, 옵션 등 탄소배출권에 대한 파생상품 및 위험관리 서비스 등 새로운 금융산업이 발전 중

- 현재 거래되는 배출권 중 EU-ETS에서 거래되는 유럽탄소배출권(EUA : European Union Allowance)이 금융상품에 가장 가깝게 발전

  ○ 배출권의 가격변동이 심한 편으로, 수익을 얻을 기회가 많은 만큼 투자 위험도 큼

    • EU-ETS의 제1차 기간(2005~07년)에는 배출 허용량을 각 기업들에 많이 분배했기 때문에 최종 연도인 2007년에는 가격이 폭락

| 빈티지별로 달라지는 배출권 가격 |

(단위 : 유로/CO_2t)

구분	2008. 4. 11. 종가	2008. 4. 17. 종가
2008년치 EUA	24.38	24.69
2009년치 EUA	25.01	25.35
2010년치 EUA	25.70	26.07
2011년치 EUA	26.44	26.81
2012년치 EUA	27.43	27.80

주 : 유럽탄소배출권은 각 연도의 배출량 감축에 유효한 배출권이 각각 따로 거래됨
자료 : 케이, 기타무라 (2009), 앞의 책.

- EU 역내의 헤지펀드들은 배출권과 석유, 석탄 등의 상품과 재정거래(arbitrage)를 통해 수익을 창출

  ○ 시장의 가격형성 과정에서 불균형을 찾아 그것이 이론가격으로 돌아오기까지의 기간에 재정거래를 통해서 이익을 얻는 것을 목표로 함

  ○ 금융공학기법을 이용해 배출권가격 예측 모델을 만들어 석유, 석탄 등 상품가격과 강수량, 기온 등 기상 데이터와의 상관관계에서 배출권 가격의 이론치를 분석한 후 프로그램 매매를 통하여 이익을 실현

의무감축국이 아닌 한국의 탄소시장은 걸음마 수준

● 현재 한국은 국내외에서 CDM 사업을 통해 획득한 배출권(CER : Certified Emission Reduction)의 공급자 역할만 담당

- 한국은 교토의정서상 의무감축국이 아니므로 할당량 기반의 배출권 거래시장이 개설되지 않았으며, CDM 사업에서 발생한 배출권을 선진국에 판매하는 정도

- 의무감축량이 할당되거나 강제로 기업에게 감축의무를 부과해 탄소시장 및 파생금융의 활성화를 기대할 수 있음[10]

● 최근 국내에서도 의무감축국 지정에 대비하여 탄소배출권 거래소 개설이 활발한 움직임을 보이고 있으며, 탄소배출권 거래 전문회사가 설립됨

- 부산, 광주·전남, 경북, 대구 등 여러 지방자치단체들이 탄소배출권 거래소 유치를 위해 경쟁에 돌입

- 2008년 10월 자본금 50억 원 규모로 설립된 한국탄소금융주식회사가 탄소배출권 거래 및 온실가스 감축사업에 대한 투자를 시작

- 주요 거래 대상은 CDM 사업을 통해 발생하는 배출권과 지식경제부가 주관하는 온실가스 등록사업에 따라 발생하는 배출권(KCER)

● 미국과 EU의 투자은행들은 탄소배출권에 투자하여 이미 수익을 획득

- 투자자들로부터 자금을 모아 태양광이나 풍력발전사업 등에 투자하여 사업 자체에서 얻은 이익과 획득한 배출권 매각에서 발생하는 이익을 동시에 추구

- 배출권에 특화시킨 투자은행으로 유명한 영국의 CCC(Climate Change Capital)는 목표수익을 15%로 설정한 '배출권 공모 투자펀드'를 운영 (8.3억 달러)

---

10 미래에셋증권은 2009년 2월 〈자본시장과 금융투자업에 관한 법률〉 시행 이후 국내 최초로 유럽기후거래소에서 거래되는 탄소배출권의 선물가격을 기초자산으로 하는 100억 원 규모의 파생결합증권을 개발하여 판매하였으나 매출이 부진

3. 자본시장을 통한 녹색산업 투자 활성화

● 현재 국내의 녹색산업 투자는 태양광 및 풍력발전 등 신재생에너지사업에 대한 간접투자상품이 주류

    ○ 녹색성장주가 주식시장의 새로운 테마주로 자리매김함에 따라 최근 관련 주식에 집중 투자하는 녹색펀드가 잇따라 출시[11]

        • 온실가스 감축, 에너지효율 제고, 융합기술 등 녹색기술을 응용하는 사업부문으로도 투자가 확대

    ○ 기업의 환경성과 및 정보 그리고 환경 관련 사회공헌 활동 등이 투자 여부 판단의 기준으로 작용하기도 함

사회적 책임 투자(SRI : Socially Responsible Investing)

■ 기업의 환경적(Environmental), 사회적(Social) 성과와 지배구조(Governance) 등 이른바 ESG 요소를 재무적 성과와 함께 고려해 장기적으로 투자하는 기법

    ▫ 1990년대 이후 선진국을 중심으로 기업 환경보고서 등이 의무화되면서 기업의 환경영향평가를 통해 사회적 위험을 측정해 투자 포트폴리오를 구성하는 것이 SRI의 일반적 방식이 되고 있음

    ▫ 국민연금은 2009년 3월 현재 6,600억 원을 SRI 방식으로 운용하고 있으며, 사학연금도 200억 원을 사모로 운용 중

    ▫ 한국거래소는 2009년 10월까지 투자의 판단기준이 되는 사회책임투자지수를 도입할 계획

    ○ 녹색산업 주가지수와 같은 녹색산업에 대한 구체적 판단기준이 없어 투자대상 선정이 곤란

---

[11] 미래에셋자산운용은 태양광, 풍력, 원자력, 발광다이오드(LED), 바이오연료 등 녹색성장 관련 주식에 투자하는 '미래에셋녹색성장펀드'를, 산은자산운용은 국내 녹색기술 관련 기업에 자산의 60% 내외를 투자하는 '산은그린코리아주식형펀드'를, 하이자산운용은 환경, 에너지 등 녹색 테마주 외에 우주, 해양 등 미래산업 관련주에도 투자하는 '하이그린퓨처증권펀드'를 출시

- 녹색산업 투자회사 설립이 제도화되면 녹색기술 및 녹색산업에 대한 투자가 확대될 전망
  ○ 공기업 및 연기금의 출자가 가능하게 되면 녹색산업에 대한 투자 규모가 커지고, 민간의 투자도 따라서 증가
  ○ 투자기간이 긴 녹색산업의 특성을 감안할 때 현 시점에서 대규모 투자를 단행할 경우 경기회복 시기에 녹색산업이 성장동력의 역할을 할 가능성

III 시사점

금융산업과 녹색산업 간의 시너지 효과 추구

- 금융산업은 경기침체기에 녹색산업의 자금원 역할을 수행함으로써 기업의 녹색산업 투자 및 녹색성장을 지원
  ○ 단기적인 일자리 창출은 물론 장기적으로는 그린칼라 육성 기능을 수행함으로써 중산층의 저변 확대가 가능
  ○ 한편으로는 녹색성장 관련 금융상품의 개발을 통해 금융산업이 고부가가치 서비스산업으로 발전하는 계기가 될 수도 있음
- 녹색산업 지원을 위한 금융의 역할이 강화되기 위해서 기업의 환경정보 공개를 제도화할 필요
  ○ 이 경우 은행은 기업의 환경정보를 반영한 여신시스템 구축이 용이하고, 금융투자회사는 환경기술에 대한 정확한 평가를 통해 투자 결정이 가능
  ○ 녹색기업에 대한 인증제도 도입, 녹색산업 주가지수 개발 등의 녹색금융 인프라 확충도 녹색산업에 대한 투자를 활성화하는 방안이 될 수 있음

- ○ 상장기업에 대해 기업의 환경성과에 대한 공시를 의무화하는 방안도 검토

● 건전한 녹색투자자 및 전문인력의 육성이 선결 과제

- ○ 녹색산업에 내재하는 위험 관리에 적합한 투자자의 저변을 확대할 수 있도록 제도적 장치 마련 방안 검토

- ○ 환경적 요소와 금융을 연계할 수 있는 환경심사역 등의 전문인력을 육성할 필요

온실가스 의무감축국 지정을 금융산업 발전의 기회로 활용

● 포스트 교토체제에서 의무감축국으로 지정될 경우 탄소배출권 거래제가 도입되어야 하므로 이에 대한 철저한 사전 준비가 필요

- ○ 국제적 수준의 온실가스 배출통계 정보시스템을 구축하고, 배출권 검·인증기관을 조속히 설립

- ○ 외국 탄소거래소와 전략적으로 제휴해 경쟁력 있는 탄소배출권시장을 개설하여 아시아 탄소시장 허브로 육성하고, 급팽창하는 국제탄소시장의 주도권을 확보할 필요

● 에너지 다소비산업 보호와 금융산업 발전의 준비를 위해 의무감축국으로 지정되는 시기를 최대한 늦추는 방향으로 협상을 진행

- ○ 녹색성장 기본법안은 '총량제한 배출권 거래제 등의 도입'을 규정(제46조)하고 있으나 산업계의 반발[12]이 큰 상황

---

12 대한상공회의소 등 17개 경제단체는 공동으로 발표한 의견서에서 주력산업이 에너지 다소비형 제조업 중심이므로 온실가스 감축 여력이 적어 총량제한은 산업경쟁력 저하와 산업의 해외 이전으로 이어질 수밖에 없다는 우려를 제기

풍력발전의 부상과 시사점 04

I. 풍력발전의 부상과 배경
II. 풍력발전시장과 산업구조
III. 국내 풍력발전산업 현황과 시사점

SERI 경제포커스
≫≫ 2007. 8. 6.
조용권

I 풍력발전의 부상과 배경

고성장세의 풍력발전

◉ 최근 풍력발전이 화석연료에 대한 대체에너지로 부각되며 고성장세 지속

  ○ 2005년 이후 4년간 신규 발전용량은 연평균 34.7%로 고성장

   • 2000~04년의 연평균 성장률 21.5%보다 1.6배 증가

  ○ 지난 4년간의 발전능력 확대에 힘입어 총발전용량은 2008년 121GW[1]로 증가

   • 전체 발전용량의 약 61%가 지난 4년 동안에 설치

  ○ 2013년 총발전용량은 332.1GW로 증가할 전망[2]

   • 2013년 신규로 설치되는 풍력발전설비는 56.3GW로 연평균 15.7% 성장(2008~13년)

| 세계 풍력발전용량 신규 설치 추이 |

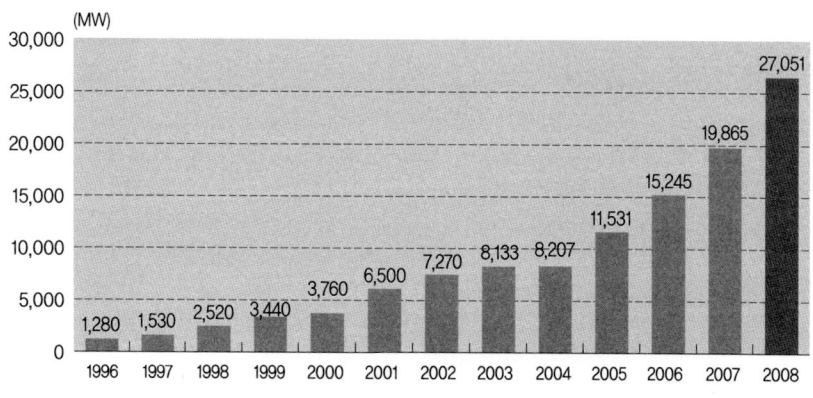

자료 : GWEC(Global Wind Energy Council) (2009), Global Wind 2008 Report.

---

[1] GW(Gigawatt) : 10억 watt
[2] GWEC(Global Wind Energy Council) (2009), Global Wind 2008 Report.

경제성 확보와 교토의정서 발효가 최근 부상의 배경

◉ 기술의 발전으로 풍력에 의한 발전단가가 하락

○ 풍력발전기술의 성숙으로 발전단가는 54유로/MWh[3]의 수준

- 일반 석탄화력발전보다 낮으며, 효율이 높은 복합발전보다는 높은 수준
- 해상 풍력의 발전단가(79유로/MWh)는 초기 설치비로 인해 높은 수준

| 주요 기술별 발전단가 | (단위 : 유로/MWh)

기존 및 화석에너지		신·재생에너지	
기술	단가	기술	단가
원자력	38	풍력(육상)	54
석탄화력	60	지열	53
가스화복합발전	50	바이오매스	71
가스화단일발전	76	태양광	265

자료 : HSBC (2007. 3.), Power for a new generation.

○ 풍력발전의 경우 발전소요면적도 타 발전기술에 비해 낮은 편

- 풍력 1,335㎡/GWh[4], 석탄 3,642㎡/GWh, 태양광 3,237㎡/GWh[5]

◉ 온실가스 감축을 의무화한 교토의정서가 2005년 2월에 공식 발효

○ 교토의정서는 지구온난화 방지를 위한 국제적인 기후변화협약의 구체적 이행방안으로 1997년 채택

- EU, 일본 등 선진 38개국은 2008년부터 2012년까지 전체 온실가스 배출량을 1990년보다 평균 5.2% 줄일 것을 의무화

---

[3] 유로/MWh(Megawatt-hour) : 1백만 watt-hour의 전기를 발전하는 데 소요되는 비용(유로)
[4] ㎡/GWh : 1기가 watt-hour의 전기를 발전하는 데 소요되는 면적
[5] 한국에너지기술연구원(굿모닝신한증권(2007.1.), "신재생에너지원 대표주자 풍력" 재인용)

○ 풍력발전은 바람을 에너지원으로 이용하는 기술로 온실가스 배출이나 방사능 누출 등의 환경오염 문제가 전무

- 풍력발전으로 400MWh 발전 시(200kW급 풍력발전 1년간 운영), 석탄 120~200톤을 대체하는 효과

| 환경오염 감축 효과 | (단위 : 톤)

	아황산가스(SO_2)	질소산화물(NO_x)	이산화탄소	슬래그와 분진
감축량	2~3.2	1.2~2.4	300~500	16~28

자료 : 한국에너지기술연구원(굿모닝신한증권 (2007.1.), 앞의 글 재인용)

○ 풍력발전으로 얻어진 온실가스 감축실적을 배출권 거래제[6]를 통해 판매가 가능한 것도 추가적인 이점

- 풍력발전에 의한 온실가스 감축실적 거래를 UN이 승인

Ⅱ 풍력발전시장과 산업구조

2018년 1,391억 달러의 시장 형성

◉ 풍력발전설비 시장은 2018년 1,391억 달러로 연평균 10.5% 성장 전망[7]

○ 풍력발전설비 시장은 2008년 514억 달러로 2007년 대비 70.8% 성장

- 2005년 이후 급격한 수요증가로 풍력발전기 가격이 급상승

○ 최근엔 고성장에 따른 신규업체의 진입확대, 금융위기에 따른 시장위축 등으로 풍력발전기 가격이 안정화

- 풍력 시황은 세계경제의 회복 속도에 밀접하게 영향받을 전망

---

[6] 배출권 거래제(Emission Trading) : 온실가스 감축의무가 있는 국가에 배출쿼터를 부여한 후, 국가 간 배출쿼터의 거래를 허용하는 제도
[7] CleanEdge (2009. 3.), Clean Energy Trends 2009.

● 유럽, 북미, 아시아 등이 풍력발전의 주요 시장

○ 누적 풍력발전용량은 상위 10개국이 104GW로 전체의 86.2%를 차지

- 미국 〉 독일 〉 스페인 〉 중국 등의 순

○ 2008년 신규 설치한 풍력발전용량도 상위 10개국이 23.8GW로 전체의 87.8%를 차지

- 미국 〉 중국 〉 인도 〉 독일 등의 순

○ 유럽시장의 비중은 줄어들고, 북미와 아시아시장의 비중이 점차 확대

- 미국, 중국, 인도 등의 수요가 크게 확대
- 비중은 크지 않으나, 멕시코, 브라질 등의 중남미시장도 확대될 전망

| 국가별 풍력발전 설치 비중 |

순위	풍력발전용량			2008년 신규 설치용량		
	국가	MW	%	국가	MW	%
1	미국	25,170	20.8	미국	8,358	30.9
2	독일	23,903	19.8	중국	6,300	23.3
3	스페인	16,754	13.9	인도	1,800	6.7
4	중국	12,210	10.1	독일	1,665	6.2
5	인도	9,645	8.0	스페인	1,609	5.9
6	이탈리아	3,736	3.1	이탈리아	1,010	3.7
7	프랑스	3,404	2.8	프랑스	950	3.5
8	영국	3,241	2.7	영국	836	3.1
9	덴마크	3,180	2.6	포르투갈	712	2.6
10	포르투갈	2,862	2.4	캐나다	526	1.9
나머지		16,693	13.8		3,285	12.2
Top 10		104,104	86.2		23,766	87.8
전체		120,798	100.0		27,051	100.0

자료 : GWEC (2009)

가치사슬의 통합으로 산업구조가 단순화되는 추세

◉ 풍력발전산업은 '부품·기자재-발전기-설치·시공-발전서비스' 등의 부문으로 이루어진 구조

  ○ 부품·기자재는 발전기 제작에 필요한 구성품이나 부품의 생산, 발전소 건립에 필요한 기자재를 생산하는 분야

  ○ 발전기 부문은 구성품을 조립하여 발전기를 제작하는 것으로 가장 핵심이 되는 분야

  ○ 설치·시공은 발전소 건립을 위한 엔지니어링, 건설 등을 수행하는 분야이며 발전서비스는 발전소를 운영, 발전하여 전력을 제공하는 부문

◉ 선도기업은 부품·발전기 제작에서 설치·시공까지 발전서비스를 제외한 모든 부문을 내제화하며 통합화를 추진하는 추세

  ○ 시장 선도기업은 발전기 제조업체로 기본적으로 설치·시공 역량을 보유

  ○ 선도기업은 발전기 핵심 구성품에 대해 내부 제조역량을 확보하는 등 수직계열화를 강화

| 주요 발전기 제조업체의 부품 자체 제작역량 보유 현황 |

	Vestas	GE Wind	Gamesa	Suzlon
Nacelle 조립	V	V	V	V
Gearbox	·	V	V	V
Generator	V	V	V	V
Controler	V	V	V	V
Rotor Blade	V	V	V	V
Tower	V	V	V	V

자료 : 각 사 자료.

90년대 중반 이후 M&A를 통해 과점화가 진전

◉ 소수 상위업체에 의해 과점화되어 있으며 덴마크, 미국, 스페인 등의 기업이 시장을 주도

○ 상위 6개 업체가 전체 시장의 71%를 차지

- Vestas, Gamesa, Enercon 등의 풍력발전기 전문업체와 GE, Siemens 등 종합에너지업체로 양분

○ 풍력발전의 주요 시장인 유럽과 미국의 기업이 시장을 주도

- Vestas(덴마크), GE Wind(美), Enercon(獨), Gamesa(스페인), Siemens(獨)

| 주요 기업의 시장점유율(2007~08년), MW 기준 |

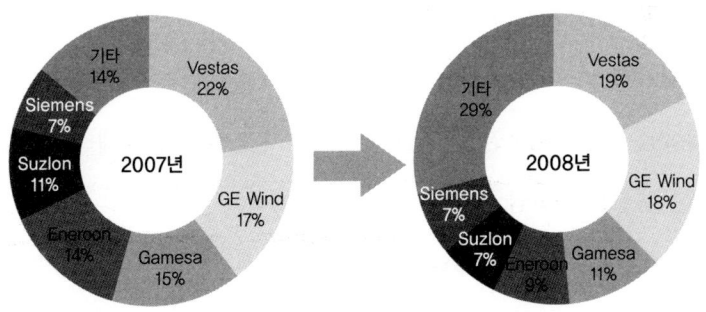

자료 : Emerging Energy Research (신영증권 (2009. 3.), "풍력에너지 : 미풍 지속" 재인용)

◉ 90년대 중반 이후 M&A가 활발히 진행

○ 96년 이후 15개 기업이 M&A되어 8개 기업으로 통합

○ M&A가 기업 성장의 주요 도구로 활용

- Vestas는 2004년 세계 3위 NEG Micon과 합병, 점유율을 크게 확대
- GE Wind는 2001년 Enron을 인수하여 세계 2위로 도약

| 주요 풍력업체의 M&A 추이 |

업체	주요 M&A 사례
Vestas	NEG Micon(2004년)
GE Wind	Enron(2001년)
Gamesa	Made(2003년)
Siemens (Wind Power)	Bonus(2004년) Winergy(2006년)
REpower	Jacobs Energie(2001년) BWU(2001년)
Suzlon	Hansen(2006년)
Nordex	Babcock(1996년) Subwind(1998년)

자료 : HSBC (2007. 3.).

대용량화와 해상 풍력기술개발이 주요 이슈

◉ 발전단가를 낮추기 위해 풍력발전기의 규모를 늘리는 데 집중

  ○ Rotor 직경[8]이 124m인 5MW급 풍력발전기가 개발, 실증테스트 중

  • 현재는 2~3MW급 풍력발전기가 주력제품

  ○ 발전효율을 높이기 위해 날개(Blade) 재질이나 회전구조 등도 연구

◉ 향후 성장가능성이 높은 해상 풍력발전 관련 발전기 개발에 주력

  ○ 현재는 설치비가 저렴한 육상 풍력발전이 대부분

  • 해상 풍력발전용량은 1,077.8MW에 불과(2007년 말 기준)

---

[8] 풍력발전기의 회전날개(Rotor Blade)가 회전 시 그리는 원의 직경

○ 2020년 해상 풍력 70GW가 설치되어 세계 전력의 12%를 담당할 계획[9]

- 해상 풍력발전은 최적 조건의 입지선정에 따른 효율적인 발전, 소음 문제의 해소 등의 측면에서 육상 풍력발전보다 유리

| Rotor 직경에 따른 발전용량 추이 |

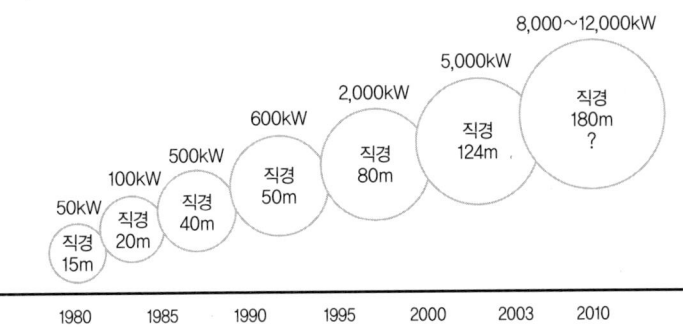

자료 : European Commission (Credit Suisue (2007. 3.), Alternative/Renewable Energy 재인용)

III 국내 풍력발전산업 현황과 시사점

국내 풍력발전산업은 초기 단계

● 2008년 말 국내 풍력발전용량은 278MW로 국내 전체 발전용량의 0.4% 수준[10]

○ 제주와 강원 지역을 중심으로 풍력발전단지가 조성

- 강원(98MW), 영덕(39.6MW), 제주한경(6MW), 전북새만금(4.5MW) 등

○ 2030년 국내 풍력발전용량을 7,301MW으로 확대하는 것이 목표[11]

---

9 EWEA(European Wind Energy Association) 전망
10 지식경제부(2009. 4.), 《신재생에너지 백서 2008》.
11 제1차 국가에너지기본계획(2008~2030)

- ● 풍력발전기의 국산화가 늦어 주로 수입에 의존
  - ○ 2007년 이후부터 국내 풍력발전기가 개발
    - 초기엔 750kW급이 개발되다가 2008년 이후 MW급의 풍력발전기를 개발
  - ○ 국내에서 운영 중인 풍력발전기의 대부분이 수입에 의존
    - 운영 중인 설비 중 수입설비가 97%를 차지(Vestas가 약 80%)

고성장기의 풍력발전 분야에서 새로운 사업기회 모색이 필요

- ● 기존 수요 지역에서의 비중 확대, 신흥시장의 출현 등 고성장이 지속될 현 시점이 신규 진입의 기회
  - ○ 풍력발전의 최대 수요처인 유럽 외에도 미국, 인도, 중국, 캐나다 등에서 풍력발전의 비중을 지속적으로 확대
  - ○ 기존 사업자들의 시장지배력이 큰 유럽시장보다는 새롭게 부상하는 북미, 아시아시장에 주목할 필요
- ● 자체 기술개발뿐만 아니라 제휴나 M&A 등도 고려
  - ○ 국내 풍력발전 분야는 초기단계로 산업 기반이나 기술 기반이 취약
  - ○ 빠른 시장진입을 위해서 제휴나 M&A 등도 적극 고려
  - ○ 향후 빠르게 성장할 해상 풍력발전 분야에 대한 기술개발도 필요

풍력발전을 수출산업으로 육성하기 위한 정책적 지원이 절실

- ● 국내 풍력발전산업이 성장하기 위해서는 가치사슬의 전 부문이 고르게 발전할 수 있는 종합적 지원이 필요

- ○ 특히 선도업체와의 격차가 큰 풍력발전기 제조 및 설치·시공 부문의 육성이 시급
  - 대규모 풍력단지 조성으로 실증 및 상용화 기반을 마련하여 풍력발전소 건립 및 운영·유지보수 등의 노하우를 습득할 수 있는 장을 마련
- ○ 풍력발전의 핵심부품인 블레이드, 기어박스 등의 국산화를 위한 제도적 지원도 마련
  - 세제지원, 설비자금 융자, R&D 지원, 국내부품 설치 의무화 등의 제도 마련

● 국내 풍력발전업체들의 글로벌시장 진출을 위한 제도적 지원이 시급

- ○ 풍력발전사업은 기업의 실적(Track Record)이 무엇보다 중요
  - 20년의 운영이 요구되는 사업으로 기술 및 품질의 보증이 중요
- ○ 국내 풍력발전업체가 실적을 확보할 수 있는 풍력단지 시범사업 등의 지원이 절실
  - 국내업체가 MW급 제품을 개발하였으나, 실적이 없어 수요처 발굴에 어려움
- ○ 뿐만 아니라 선도기업과의 기술격차를 줄이기 위한 지속적인 R&D 지원도 필요

고효율·친환경으로 각광받는 LED 조명

05

Ⅰ. LED 조명시장의 확대
Ⅱ. LED 조명산업의 현황
Ⅲ. 시사점

SERI 경제포커스
≫≫≫ 2008. 8. 18.
장성원

I LED 조명시장의 확대

고효율·친환경 조명의 필요성이 확대

◉ 백열등, 형광등 등 기존 조명은 전력소비와 환경오염의 문제를 내포

　○ 세계 조명기구의 연간 소비전력은 2조 1,000억 KWh로 전체 전력의 12~15%를 소비하고 있고, 이로 인해 연간 17억 톤의 CO_2를 배출[1]

　○ 수은 사용(형광등)과 짧은 램프 수명으로 인해 환경오염을 유발

◉ 고효율 조명기구 개발에 대한 요구가 한층 높아지고 있는 상황

　○ 조명 효율을 25% 향상시키면, 연간 2,500억 KWh의 전력이 절감되고 1억 5,000톤의 CO_2를 절감 가능[2]

　○ 백열등과 형광등은 기술적 개선에 한계를 보이고 있고, 환경 및 고유가 문제로 인해 새로운 광원 이용의 필요성이 증대

LED 조명의 부상

◉ LED 조명은 뛰어난 에너지 절감과 친환경적 효과로 인해 각광받고 있음

　○ 백열등 판매금지안이 일부 국가에서 확정되는 등 전 세계적으로 환경규제가 강화되고 있어 LED 조명 이용에 유리한 환경이 조성 중

　　• 호주는 2010년, EU 소속 27개국은 2012년, 미국은 2014년부터 백열등 사용금지 또는 판매금지를 계획

---

[1] 윤만순 (2008), "조명산업의 현황과 미래", 《전기전자재료》, 21(1), pp. 21~26.
[2] 윤만순 (2008), 위의 글.

○ LED 조명은 그동안 장식용 등 일부 용도에 한정되었지만 기술발전과 가격하락으로 일반조명용으로 이용이 확대될 전망

• LED 조명과 형광등의 가격차가 20배 이상에서 최근 약 10배로 좁혀짐

LED 조명 교체 효과

■ 2015년까지 국내 조명의 약 30%를 LED 조명으로 교체할 경우, 매년 약 160억 KWh의 전력절감과 약 680만 톤의 CO_2 저감 기대

　□ 이는 100만 KWh급 원자력발전소 2기의 전력 생산량에 해당

자료 : 지식경제부 (2008. 5. 23.), "LED산업을 21세기 新성장동력산업으로 육성키로", 보도자료.

◉ 차세대 조명으로 주목받는 LED 조명은 향후 급격한 시장성장이 예상

○ 세계 조명시장은 2008년 현재 약 1,000억 달러 규모로 백열등과 형광등이 대부분을 차지

○ 2008년 조명시장의 3%를 차지하고 있는 LED 조명은 연평균 45% 고성장하여 2015년에는 그 비중이 28%로 확대될 전망

• 2015년 이후 백열등을 제치고 형광등시장에 육박할 것으로 예상

| 세계 조명시장 전망 |

(단위 : 억 달러, %)

구분	2008년	2010년	2012년	2015년	연평균성장률
형광등	375	453	532	695	9
백열등	678	662	629	497	-4
LED	34	110	221	463	45
계	1,087	1,225	1,382	1,655	6

자료 : Phillip, W. (2007. 11. 2.), OIDA Market Forecast for Solid State Lighting, WRT Associates.
〈http://wrtassoc.com/2007/11/02/oida-market-forecast-for-solid-state-lighting/〉

Ⅱ LED 조명산업의 현황

LED가 조명 분야에 본격 활용

● LED(발광다이오드, light emitting diode)는 光색 제어, 에너지 절감, 친환경 측면의 이상적인 광원

  ○ LED는 전기에너지를 광에너지로 전환하는 반도체 발광소자로서, 디지털 제어 성능과 고효율, 장수명 등이 장점

  ○ 청색 LED의 개발(1993년) 이후 LED가 신개념 광원으로 등장

   • 청색 LED는 적색 및 녹색 LED와 함께 백색 LED를 구현(1996년)

조명산업의 60년 주기 기술혁신

■ 조명의 역사를 보면 약 60년 주기로 커다란 기술혁신이 일어남

■ 1879년 에디슨이 백열전구 발명, 59년 후인 1938년에 형광등 탄생, 58년 후인 1996년 백색 LED가 탄생과 함께 각광

자료: 山崎良兵 (2006. 7. 24.), "技術フロンティア: LED照明", 《日經 ビジネス》, pp. 132~134.

● LED는 디스플레이, BLU(back light unit), 자동차, 휴대폰 등 다양한 분야에 이용되고 있고 일반조명 분야로도 확대

  ○ 현재 LED는 LED 디스플레이를 비롯하여 LCD 패널용 BLU, 자동차용 표시등·전조등, 휴대폰 키패드·플래쉬 등 다양

  ○ LED 일반조명은 2007년 전체 LED 시장의 12%를 차지하고 있고, 이용이 점차 증가하여 2011년에는 그 비중이 17%에 이를 전망

| 응용 분야별 LED 시장 비중 | (단위 : %)

구분	2007년	2008년	2009년	2010년	2011년
휴대폰	13	11	9	7	6
노트북	0.6	0.8	0.8	0.6	0.5
모니터	0.2	0.9	0.9	0.7	0.6
LCD TV	0.1	2	4	4	4
자동차	9	9	10	12	12
일반조명	12	13	14	16	17
기타	65	63	61	60	60

자료 : 한국전자정보통신산업진흥회 (2008. 6.), "LED 시장동향".

● 조명시장에서 LED는 고발광 효율 및 장수명을 특징으로 백열등, 형광등 등 기존 조명과 경쟁

　○ LED 조명은 광전환 효율이 최고 90%, 수명은 최대 10만 시간에 이르는 등 기존 광원을 능가

　○ 현재 LED 조명은 유통업체, 사업장 및 공공부문에서 기존 조명을 교체하기 시작했으며, 일반주택 및 사무실용으로도 이용이 확대될 전망

| 기존 조명과 LED 조명의 특징 비교 |

구분	기존 조명	LED 조명	비고
제어	On/Off	다색 및 다단계 밝기	지능·감성조명
응답속도	1~3초(형광등)	~10나노초	
광전환 효율	백열등 5%, 형광등 40%	최고 90% 잠재효율	고효율광원, CO_2 저감
수은	사용(기체광원)	무(고체광원)	친환경
발광대역	집중 불가	집중화	특수조명 활용 (가전·의료·농수산)
수명	3천~7천 hr	5만~10만 hr	유지관리 용이
내열성	우수	열에 취약	별도 방열설계
가격	저렴(형광등 약 3천 원)	고가(3만~30만 원)	보급 애로

자료 : 지식경제부 (2008. 5. 23.), "LED산업을 21세기 新성장동력산업으로 육성키로", 보도자료.

- 대형마트나 패션몰 등 전력을 많이 사용하는 유통업체, 주차장이나 공장 등 사업장, 민원실이나 우체국 등 공공부문의 보급을 주도

저가격화로 4~5년 후 형광등 대체 가능

◉ LED가 일반조명시장에서 보급이 활성화되기 위해서는 저가격화가 과제

○ LED 조명가격이 대폭 인하되기는 했지만 아직까지 기존 조명기구와 비교하면 3배 정도 비싼 수준

- 광원 가격은 LED가 백열등의 약 20배, 형광등의 약 10배 정도

◉ 현재 누계 코스트 측면에서는 LED 조명기구가 백열등에 우위

○ 조명기구의 누계 코스트는 전기요금 및 광원 교환비용에 조명기구의 초기비용을 추가한 코스트[3]

○ 현재 LED 조명은 고효율·장수명에 의해 4~5년 사용하면 누계 코스트가 백열등에 비해 경쟁력이 있음[4]

- 누계 코스트에서 형광등을 역전하기까지는 아직 10년 이상 필요

◉ LED가 형광등을 대체하려면 발광효율 제고에 의한 저가격화가 필요

○ LED 조명기구가 누계 코스트에서 4~5년 이내에 형광등을 역전하기 위해서는 백색 LED의 가격을 현재의 절반 수준까지 인하할 필요

- 백색 LED는 LED 조명기구의 부자재 코스트 중 약 1/3을 차지
- 광원별 부자재 코스트는 형광등 기구가 약 10%, 백열등 기구가 약 5%

○ LED 발광효율을 보다 향상시키는 것이 저가격화 실현에 중요

- 발광효율이 향상되면 발열량이 감소하고 밝기가 향상될 뿐만 아니라 부품 개수를 줄일 수 있게 되어 코스트가 낮아짐

---

3 BNP PARIBAS (2007. 10. 15.), Korea LED.
4 大久保聰 (2008. 5. 19.), "LED照明にエコの追い風", 《日經 エレクトロニクス》, pp. 69~78.

각국에서 조명산업 육성정책 지원

◉ 미국, 일본 등은 유가상승, RoHS(유해물질사용제한지침) 규제 등에 따라 LED 조명에 대한 국가 프로젝트를 진행

  ○ 미국은 'Next Generation Lighting Initiative'를 통해 2020년까지 발광효율 200lm/W[5]의 LED 개발, 세계 조명시장 50% 점유를 목표

  ○ 일본은 '21세기 빛 프로젝트'를 통해 백색 LED 보급 확산과 120lm/W LED 개발로 2010년까지 조명에너지 20% 절감을 목표

  ○ 대만은 '차세대 광원 기술개발 및 보급전략'을 통해 2010년 백열전구 생산금지, 2012년 전구 사용금지를 추진

◉ 한국은 LED 산업을 21세기 신성장동력산업으로 육성하여 2012년 세계 3대 LED 생산국을 목표

  ○ 'LED 조명 15/30 보급 프로젝트'를 통해 LED 조명을 2015년까지 조명시장의 30% 보급할 계획

    • 공공기관 및 대형 신도시 개발 시 LED 조명 시범사용, 대형 프랜차이즈 사업장의 LED 조명 사용 유도, LED 조명 보급 촉진 펀드 등 추진

  ○ 국내 LED 분야 생산은 2007년 12억 달러에서 2012년 90억 달러로 증대될 것으로 전망

---

5 lm/W(lumen per watt)는 광원의 출력량 측정 단위

선발업체는 수직계열화 추진

● 세계 조명시장이 LED 광원으로 재편 움직임을 보이고 있는 가운데, 글로벌 기업들은 LED 조명의 수직계열화에 나섬

  ○ 시장 접근성 확대 및 시장 선점, 모든 단계에서의 특허 확보, LED 조명 시스템 제공능력 확보 등이 목적

● 세계 조명시장의 약 60%를 점유하고 있는 3대 메이저는 LED 업체의 M&A를 통해 수직통합을 추진

  ○ 오스람(獨)은 Osram Opto Semiconductor에서 에피[6]·칩·패키지를 담당하며 조명기구는 자사가 담당

  ○ GE(美)는 GE Lumination(舊 Gelcore)을 통해 LED 조명기구시장에 진출했고, 에피·칩·패키지는 니치아(日)와 전략적 제휴

  ○ 필립스(和)는 Lumileds에서 에피·칩·패키지, Color Kinetics에서 시스템, Genlyte에서 조명기구 디자인 및 제조를 담당

| LED 조명의 공급망과 주요 업체의 수직통합구조 |

모회사	에피·칩	패키지	콘트롤	기구
오스람	Osram Opto Semiconductor		Osram	Osram
GE	Nichia		GE Lumination	GE Lumination
필립스	Lumileds		Genlyte	Color Kinetics
크리	Cree	Cotco	LLF	LLF

자료 : 홍정모(2008. 5. 13.), "LED 산업", 키움증권 산업분석.

---

6 에피텍셜(eptaxial)은 실리콘 박막성장 공정

● 기타 조명업체들도 인수·합병을 통해 LED 조명사업을 적극 확장

  ○ 크리(美)는 에피·칩에 집중해오다 2008년 인수한 Cotco(홍콩), LLF(美)를 통해 패키지와 조명기구로 사업영역을 확장

  ○ 도요타고세이(日)는 조명기구업체인 Zumtobel(오스트리아)의 자회사인 TridonicAtco와 50 : 50의 조인트벤처를 설립

● 국내 조명업체의 LED 시장 참여는 상대적으로 늦었지만 최근 활발히 추진

  ○ 내수시장이 협소하고 규모가 큰 조명사업자(수요처)가 부족하여 LED 조명사업 진출이 상대적으로 부진

    • 국내 조명기기시장은 세계시장의 2% 수준(순위로는 27위 정도 규모)[7]

  ○ LED가 차세대 조명으로 부상하면서 백열등·형광등·가로등 업체 대부분이 LED 조명기구 생산에 돌입했고, 전기전자·IT 기업들도 참여

    • 삼성 LED, LG 이노텍, 서울반도체 등 100여 개의 관련업체들이 대규모 투자와 연구개발 및 사업 확대를 진행 중

| 국내 주요 LED 업체의 조명사업 동향 |

주요 업체	사업 동향
삼성 LED	삼성전자와 삼성전기 합작으로 설립, BLU·자동차·조명용 확대
LG 이노텍	2008년 LED 조명 전담조직 신설, 170W급 LED 가로등 개발
서울반도체	120lm/W급 조명용 고효율 제품 개발, 니치아와의 특허분쟁 일단락
루미 마이크로	자동차 실내외용 조명사업으로 사업영역 확대 계획
알티전자	LED 패키징 사업에 이어 조명사업(LED 가로등 등)을 준비
이츠웰	빛 방향 조절, 천장용 센서 등기구에 적용가능한 LED 조명등 출시

자료 : 각종 보도자료 참고.

---

[7] 윤만순 (2008), 앞의 글.

Ⅲ 시사점

전후방 산업 육성

● LED 에피·칩·패키지는 물론 부품·소재에서 기구·시스템까지 포함한 전후방 산업의 공동발전 방안이 필요

  ○ LED의 고유기능인 고효율·장수명을 위해서는 방열기술과 컨버터의 수명문제가 관건이기 때문에 방열·컨버터 기술개발 및 표준화가 시급

   • LED 광원의 80%로 소모되는 열을 방출하는 기술을 확보하지 않고서는 5만 시간 이상의 장수명을 보장할 수 없음

   • 대부분 LED용 컨버터의 수명이 짧아 LED 수명을 따라가지 못함

  ○ 조명업체 중심의 'LED 표준화 컨소시엄'을 부품·소재부터 최종 완제품 업체까지 전후방 산업이 모두 참가하는 협의체로 확대

특허침해 소지 제거

● 상호 라이선싱, 방어특허 확보 등으로 LED 특허침해 소지를 제거해야 함

  ○ 국내 LED 산업은 칩·패키지 등 핵심기술을 미국, 일본, 대만 등에 의존

일본의 LED 특허 공세

■ 도요타고세이(日)는 국내 LED 업계를 대상으로 자사의 '실리케이트' 형광체에 대한 특허 공세를 시작

  □ 니치아(日)의 특허 공세로 인해 'YAG(Yttrium Aluminum Garnet)' 형광체 사용이 어려워지자 많은 국내업체들이 실리케이트로 대체

■ 국내 중소·대기업 LED 업체까지 특허 분쟁이 확대될 가능성이 큼

- 조명 판가에서 LED 칩이 차지하는 비율은 통상 30~40%

○ LED 업체들은 상호 라이선싱을 통한 권리를 부여받고, 방어특허를 확보해 침해의 소지를 없애는 것이 중요

- 특허 문제 해결이 선행되면 투자여력은 있지만 라인 보강에 소극적이던 기업들의 투자가 활발해질 전망

전략적 제휴 및 네트워크 구축

● 선진업체와의 전략적 제휴 및 네트워크 구축을 적극 추진

○ LED 조명 선두업체의 수직적 통합은 후발업체에 불리하게 작용할 전망

- 조명시장은 브랜드파워가 크게 작용하기 때문에 LED 칩·패키지 조달이 선두업체에 집중되어 후발업체들의 고객 기반은 상대적으로 약화

○ 미국, 일본, 유럽 등 산학연과의 활발한 협력을 통해 LED 관련 기술교류와 폭넓은 업계동맹을 구축

- LED 패키지와 애플리케이션 분야의 표준확보를 위한 협력강화, 글로벌시장 확대를 위한 네트워크 구축 등도 필요

소비자 마케팅 강화

● LED 조명의 본격적인 보급을 위한 소비자 마케팅 강화

○ 소비자 감성에 어필하고 주위 환경에 어울리는 디자인 개발이 중요해짐

- 소비자의 기분이나 주위 분위기에 따라 조명의 색을 바꾸거나 밝기를 조절하는 시대가 곧 도래할 전망

○ 새로운 광원에 대한 소비자의 거부감을 없애기 위한 대책을 마련

- LED 조명의 점광원은 많은 알맹이처럼 보이거나 눈부시게 보일 수 있어 이를 보완하는 부품개발이 필요

급부상하는 자동차용 2차전지 06

I. 급부상하는 자동차용 2차전지
II. 자동차용 2차전지를 둘러싼 주도권 경쟁
III. 시사점 및 제언

SERI 경영노트
≫≫≫ 2009. 7. 23.
임태윤

Ⅰ 급부상하는 자동차용 2차전지

◉ 친환경 자동차용 2차전지가 차세대 성장산업으로 부상

　○ 2차전지는 한 번 쓰고 버리는 것이 아니라, 충전을 통해 반복 사용이 가능한 전지

　○ 현재는 주로 휴대폰 등 모바일 IT 기기의 전원으로 사용되고 있지만, 대용량화 기술이 발전함에 따라 향후 자동차, 에너지 저장 등으로 용도가 확대될 전망

　　• GM이 2010년에 판매할 전기자동차 '볼트'에 탑재될 2차전지의 용량은 휴대폰용 전지 4,000~5,000여 개에 해당

| 2차전지의 3大 용도 |

용도	주요 특징
IT제품	• 현재 2차전지의 대표적인 사용처 　- 장시간 연속사용과 소형, 경량화가 중요
자동차	• 하이브리드 자동차, 전기자동차 등 친환경 자동차에 탑재 　- 고출력(노트북용 전지의 50배 이상), 내구성(15년 이상의 수명), 　　안전성(폭발위험 해소)이 필수요건
에너지 저장	• 풍력, 태양광 발전 등으로 생산한 잉여전력을 저장 　- 고정형이기 때문에 자동차용처럼 엄격한 요구조건이 불필요

자료 : 지식경제부·한국전지연구조합 (2008. 9. 5.), "유비쿼터스 시대의 이차전지산업 발전전략".; 삼성SDI 홈페이지 〈http://www.samsungsdi.co.kr/front/products/ regeneration/car/p_3_2_1t_1.jsp〉

◉ 범세계적으로 이루어지고 있는 환경규제 강화 움직임은 친환경 자동차의 시장형성을 가속화시키는 요인으로 작용

　○ 미국은 현재보다 42% 강화된 연비규제(35.5마일/갤런)를 2016년부터 실시할 예정이며, 중국은 2015년 실시를 목표로 미국보다 더 엄격한 42.2마일/갤런의 규제안을 마련 중[1]

---

[1] 최상원 (2009), "글로벌 금융위기와 친환경차 개발 경쟁 동향" (CEO Report 2009-07), 한국자동차산업연구소.

○ 실제로 최근 들어 친환경 자동차에 대한 소비자들의 관심이 증가[2]

- 하이브리드차인 '인사이트'(혼다), '프리우스'(도요타)[3]가 4월, 5월 각각 일본 내 월간 판매대수 1위에 등극

○ 도요타 '프리우스'가 독주하던 친환경 자동차시장에 혼다, GM, BMW, 현대자동차 등 글로벌 경쟁자들이 가세

| 친환경 자동차 출시 동향 |

기업	출시 및 발표 동향(계획 포함)
도요타	• 3세대 '프리우스', 렉서스 하이브리드 'HS250h'(2009)
혼다	• 하이브리드차 '인사이트'(2009), 하이브리드 스포츠카 'CR-Z'(2010)
미쓰비시	• 전기자동차 '아이미브(iMiEV)'(2009)
GM	• 플러그인 하이브리드차 '시보레 볼트'(2010)
BMW	• 전기자동차 'MINI E'(2008년 공개)를 미국시장 판매(2009)
현대자동차	• '아반떼 LPi 하이브리드'(2009), 중형급 하이브리드(2010), 플러그인 하이브리드(2012)

자료 : 각사 발표 및 언론보도 종합.

● 글로벌 경제위기에도 불구하고, 자동차용 2차전지의 성장잠재력을 확신한 기업들의 투자가 지속적으로 증대

○ 파나소닉, 히타치, 삼성SDI 등이 투자를 확대

- 파나소닉은 총 1,000억 엔이 투입되는 공장건설에 착수했으며, 히타치도 2015년까지 생산능력을 현재의 70배인 연간 70만 대 수준으로 확대

- 삼성SDI는 보쉬와의 합작사인 SB리모티브를 통해 미국 자동차용 전지업체인 코바시스를 인수

---

[2] 글로벌 경제불황으로 유가가 하락하였으나, 경기회복 후 고유가 상황의 재연은 명약관화하기 때문에 친환경 자동차에 대한 인기는 지속될 전망
[3] 2009년 5월에 출시된 3세대 '프리우스'로 가격은 205만 엔으로 기존 모델보다 28만 엔 저렴

○ 워렌 버핏이 중국 전지업체 BYD에 투자하고, IBM이 기존 제품의 성능을 뛰어넘는 차세대 자동차용 2차전지 개발에 착수

IBM의 차세대 2차전지 개발계획

- ■ 기존 전지 성능보다 10배 이상 개선되어 한 번 충전으로 최대 800km까지 주행가능한 고효율 전지개발이 목표
    - □ 리튬이온전지보다 효율과 안정성이 우수하다고 알려진 리튬-공기(Li-air) 전지를 개발하기 위해 美 국립연구소, 대학 등과 협력을 진행
    - □ IBM은 전지의 직접 제조·판매가 아닌 기술 라이선스 사업을 전개할 방침

● 2차전지는 향후 저가격·고효율화가 진행[4]되면서 자동차산업은 물론 21세기 산업 전반에 커다란 변화를 가져올 것으로 예상

○ 전기자동차는 일종의 '와해성 기술(Disruptive technology)'[5]로 자동차 산업의 미래를 크게 변화

- 연료탱크 대신 전지가 탑재될 경우 자동차는 전기제품에 가깝게 되고 구조도 단순해져 진입장벽이 크게 낮아질 가능성[6]
- 자동차가 석유 기반에서 전지 기반으로 전환되면서 정유, 에너지 등 다양한 산업과 주요 인프라에도 변화를 초래

○ 풍력, 태양광 발전을 통해 만든 전력을 2차전지에 저장했다 사용하는 것이 가능해짐에 따라 분산전력시스템이 급속히 확산

○ 차세대 유망산업인 로봇, 개인용 이동수단 등의 동력원 역할을 수행

---

4 현재 자동차용 전지는 소형차에 맞먹는 가격과 한번 충전으로 주행할 수 있는 거리가 짧다는 것이 한계
5 와해성 기술은 기존 기술을 무력화시키고 산업을 획기적으로 혁신시키는 기술로 크리스텐슨 교수가 《성공기업의 딜레마(The Innovator's Dilemma)》에서 전기자동차를 예로 들어 설명
6 향후 자동차산업은 전기자동차시장이 확대되면서 현재의 PC산업처럼 수평분화될 가능성

II 자동차용 2차전지를 둘러싼 주도권 경쟁

1. 업종 : 다양한 업종의 기업들이 경쟁에 가담

● 차세대 2차전지 산업을 둘러싸고 전자, 자동차, 화학, 에너지 등 다양한 업종의 기업들이 경쟁(업종의 벽이 붕괴)

  ○ 파나소닉의 경우 산요 인수, 공장 신설 등에 가장 적극적으로 나서는 등 특히 IT·전자업체들이 2차전지를 차세대 성장사업으로 지목

  ○ 도요타, 닛산, 미쓰비시 등 자동차업체들은 친환경 자동차의 핵심부품인 전지의 안정적 조달을 위해 전지업체와 합작사를 설립함으로써 차세대 전지 개발에 몰두

  ○ LG화학이 GM 전기자동차 '볼트'의 전지 공급업자로 선정되는 등 화학, 에너지업체들도 소재 등의 노하우를 바탕으로 시장공략에 나섬

  ○ 그 외 A123시스템스, Ener1 등 전지 벤처기업들이 시장에서 경쟁

미국이 주목하는 벤처기업 : A123시스템스

■ 2001년 설립된 A123시스템스는 아시아기업들이 주도하는 2차전지시장에서 두각을 나타내는 미국의 벤처기업

  □ 열 상승 억제와 수명연장에 도움이 되는 나노인산염 기술을 특허로 갖고 있으며, 상하이자동차(SAIC)에 하이브리드차용 리튬이온전지를 공급

  □ 미국 미시간주에 대규모 양산공장 건설을 추진

■ GE, P&G, 퀄컴 등이 투자를 하는 등 미국 벤처캐피탈과 산업계가 주목

  □ '전지업계의 구글이 될 가능성을 갖고 있다'는 것이 중평

자료 : ""負け組"が台頭 自動車業界を揺さぶる「電池」開発 競争." (2008), 《WEDGE》, 20(4), pp. 36~38

---

2. 경쟁의 형태 : 합작, 전략적 제휴를 통한 네트워크 경쟁

◉ 자동차업체와 전지업체 간 합작, 전략적 제휴 등이 활발

  ○ 자동차업체의 입장에서는 전지의 안정적 조달이 가능하고, 전지업체의 입장에서는 대형고객 확보로 주도권 확보가 가능(Win-Win 구도)

  ○ 일본에서는 합작 형태의 협력이 많은 반면(아래 그림 참조), 미국에서는 전략적 제휴를 선호하는 경향

    • 2012년 플러그인 하이브리드차를 출시할 예정인 포드는 전지개발을 존슨 컨트롤스-사프트(美)와 공동으로 진행

| 자동차업체와 전지업체 간 합작 사례 |

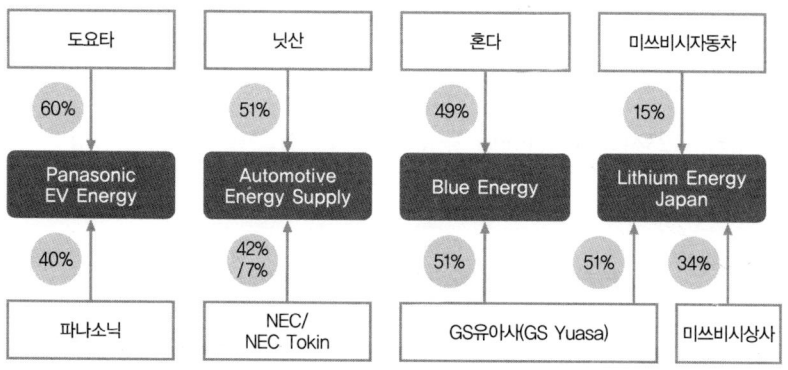

자료 : 각사 발표 및 언론보도 종합.

◉ 자동차부품업체와 전지업체도 합작을 통해 시너지 모색

  ○ 보쉬(세계 최대 자동차부품업체) + 삼성SDI(리튬이온전지 세계 2위) → SB리모티브(韓)

  ○ 존슨 컨트롤스(美) + 사프트(佛 산업용 전지업체) → 존슨 컨트롤스-사프트(JCS)

3. 경쟁의 레벨 : 국가 간 경쟁으로 확산

● 2차전지를 둘러싼 경쟁구도는 아직까지는 기업 레벨에 머물고 있으나, 향후 국가 간 경쟁으로 확산될 것이 거의 확실시

  ○ 현재 2차전지의 주 용도가 IT제품이기 때문에, 아직까지는 세계시장을 韓, 中(대만 포함), 日 등 동아시아 3국이 주도하는 상황[7]

  ○ 그러나 향후 2차전지의 용도가 자동차 등으로 확장되면, 미국 등 선진국들이 주도권을 잡기 위해 치열한 경쟁을 펼칠 것

① 미국 : 정부 및 민간 차원에서 전지사업 경쟁력 강화를 위해 노력

● 오바마 행정부는 2015년까지 플러그인 하이브리드차 100만 대 보급을 목표로 하고 있으며, 이를 위해 첨단전지 개발에 24억 달러를 지원[8]

  ○ 자동차산업 몰락으로 타격받고 있는 미시간주는 2차전지산업 육성을 통해 재기를 모색[9]

    • 기업들에게 각종 세제 혜택을 주고 있으며 JCS, A123시스템스 등 4~5개사가 전지공장 건설을 추진

  ○ 3M, 존슨 컨트롤스 등 14개사가 '첨단 수송용전지 제조사 연합'[10]을 결성하고 공동 R&D 및 수탁제조공장 건설을 추진하는 등 민간기업 차원에서도 전지산업 육성을 위해 협력

---

[7] IT용 2차전지시장의 주류인 리튬이온전지 세계 시장은 일본이 1/2, 한국과 중국이 각각 1/4 정도를 차지
[8] 지난 5월 사업 신청을 접수한 결과 GM, 다우케미컬, A123시스템스 등 165개사가 신청
[9] 미시간 주지사 Jennifer Granholm은 지난 6월 라디오 연설에서 미시간주가 세계 전지산업의 수도가 되기를 원한다고 공표
[10] NATTBatt(National Alliance for Advanced Transportation Battery Cell Manufacturer)

② 일본 : 차세대 전지 개발에 국가적 차원의 역량 결집

● 자동차업체, 전지업체, 대학·연구소 등 22개 기관이 참여하는 이른바 'all-Japan 체제'의 차세대 전지 개발 프로젝트 발족

  ○ 일본 정부는 전기자동차 주행거리를 2020년까지 현재의 3배로 늘리는 것을 목표로, 향후 7년간 총 210억 엔의 예산을 지원할 방침

| 차세대 전지 공동개발 참여기관 |

	기업·기관
자동차(5개)	도요타, 닛산, 미쓰비시, 혼다기술연구소, 도요타중앙연구소
전지(7개)	GS유아사, 산요전기, 파나소닉, 히타치막셀, 신코베전기, 미쓰비시중공업, 히타치
대학(10개)	교토大, 도호쿠大, 도쿄工大, 와세다大, 큐슈大, 리츠메이칸大, 高에너지가속기연구기관, 산업기술총합연구소 등

자료 : "「オール日本」で次世代電池開発" (2009. 6. 11.), 《日本經濟新聞》

③ 중국 : 선진국과의 기술격차 축소 및 자원 확보 추진

● 정부 차원의 기술개발과 로컬 전지기업의 경쟁력 강화를 지원

  ○ 국가 기술개발 프로젝트인 '836계획'에 자동차용 2차전지를 포함시켜 국가 차원에서 기술개발을 독려

  ○ 2000년대 초반 중국 내에서 생산되는 IT제품에 중국산 2차전지의 탑재를 권고하는 정책을 시행해 중국 전지업체들의 경쟁력 강화를 간접 지원

● 2차전지의 핵심원료인 리튬자원의 선제적 확보를 추진

  ○ 리튬 매장량이 세계 3위임에도 불구하고, 볼리비아(전 세계 매장량의 50%) 등 중남미 자원외교를 적극 전개(장기적으로 경쟁국 압박을 겨냥)

Ⅲ 시사점 및 제언(성공전략)

◉ 차세대 2차전지산업에서의 주도권 확보를 위해선 기술혁신이 가장 중요

  ○ 친환경 자동차용 2차전지의 최대과제인 고효율, 안정성, 저가격화를 실현하기 위해서는 주요 소재의 국산화 및 기반기술 확보가 필요

　　• 현재 2차전지의 4大 재료인 '양극재, 음극재, 전해질, 분리막' 등은 니치아화학, 히타치화성, 우베홍산, 아사히화성 등 일본업체들이 거의 장악한 상태

  ○ 중국의 경우처럼 핵심자원인 리튬을 사전에 확보해두는 것도 중요

　　• 향후 자동차용 전지 수요가 대폭 증가하면서 '리튬 확보'가 중요한 과제로 부상할 가능성이 농후[11]

리튬의 최대 매장국, 볼리비아

■ 리튬 최대 매장국인 볼리비아 정부의 환심을 사기 위한 국가 간 경쟁이 치열

　□ 일본 : 스미토모, 미쓰비시상사 등이 광산기술 제공을 약속

　□ 중국 : 모랄레스 볼리비아 대통령 고향에 학교 건설자금 지원, 배 2척을 포함한 군용차량 50대 제공 등

　□ 구미 : 최근 전기자동차 '블루카'를 출시한 볼로레(佛)가 개발계획서 제출

◉ 글로벌 자동차업체와의 전략적 제휴를 통해 대형 수요처를 확보

  ○ 자동차업체와 협력관계를 맺지 못할 경우 경쟁에서의 도태가 불가피

　　• 소니에 이어 두 번째로 리튬이온전지 상용화에 성공했던 도시바의 경우, 대형고객 확보에 실패하면서 결국 2004년 시장에서 철수[12]

---

[11] 향후 리튬 매장량 부족 사태가 발생할 것이라는 우려가 있지만, 전 세계 매장량은 전기자동차 12억 대 분량에 해당될 만큼 충분(ThinkEquity (2009), Think Advanced Materials : Battery Technology.)

[12] 시장 철수 후에도 R&D를 계속해오던 도시바는 최근 자동차용 2차전지로 다시 시장에 복귀

○ 품질 및 가격경쟁력을 바탕으로 복수의 자동차업체에 납품함으로써 조기에 규모의 경제를 달성하는 것이 관건

- 향후 자동차업체들도 리스크 헤지 차원에서 복수의 전지 공급자를 선정할 것으로 예상

○ 美, 유럽 등 글로벌 자동차업체들의 생산거점 인근에 전지공장을 짓는 것도 적극 검토

◉ 2차전지의 시장 형성을 촉진할 수 있는 새로운 비즈니스 모델 발굴도 급선무

○ 전기자동차의 경우 충전시간이 너무 길다는 문제점을 해결하기 위해 '전지 교체 방식'의 비즈니스 모델도 검토해볼 필요

휴대폰식 전기자동차 비즈니스 모델

■ 美 Better Place는 고가의 전기자동차 판매를 촉진하기 위해 휴대폰식 비즈니스 모델을 전개할 계획

  □ 전지비용을 뺀 가격으로 전기자동차를 우선 판매하고, 휴대폰 통화료처럼 주행거리에 따른 비용절감분을 사용료로 청구

  □ 예) 프랑스에서는 가솔린 자동차로 1마일 주행에 20센트가 소요되나, 전기자동차로는 8센트가 소요 → 전기자동차로 연간 1만 2,000마일을 주행한다면 약 1,500달러가 절약 → 절약된 만큼 사용료로 지불

■ 전지충전은 충전소에서 충전 혹은 전지교환을 통해 해결

■ 이스라엘, 덴마크, 일본 등지에서 사업을 전개하기 위해 충전 및 전지교환이 가능한 충전소 네트워크를 구축 중

자료 : Recharging Detroit (2009. 4. 15.), *CNN Money*.

○ 향후 본격적인 스마트 그리드 시대가 도래할 경우, 2차전지의 활용도를 늘려나가는 것도 시장 확대에 도움

- 플러그인 하이브리드차, 전기자동차에 장착되는 2차전지를 가정용 전력과 연계시켜 백업 전원으로도 활용
- 자동차용으로는 수명을 다한 전지를 가정용 축전(蓄電)시스템에 재활용하여 고가 전지의 활용도를 제고
- 태양전지에서 생산한 전력을 저장하거나 혹은 야간 심야전력으로 충전했다가 낮에 전력회사에 파는 것도 가능

SERI
보고서로 읽는
미래
산업

제2부 신기술·신산업

07 | 국가가 주도해야 할 6大 미래기술 | 임영모 외
08 | 신성장동력 육성의 비결, 정부R&D | 이원희 외
09 | 경비산업의 성장전략 | 김진혁
10 | 수처리 기술의 진화와 시사점 | 김현한
11 | 美 배아줄기세포 정책의 변화와 시사점 | 최진영
12 | 활용영역을 넓혀가는 바이오기술 | 고유상 외
13 | 날로 심각해지는 산업기술 유출 | 박성배

국가가 주도해야 할 6大 미래기술 07

I. 국가경쟁력과 미래기술
II. 미래기술의 선정 프로세스
III. 6大 미래기술
IV. 정책제언

CEO Information
≫≫≫ 2008. 3. 5.
임영모, 이안재, 고유상, 조용권, 이원희, 이성호

Summary

　미래를 주도할 기술개발에 대한 중요성이 확대되고 있다. 사회가 발달하면서 국가의 부와 미래는 자본과 노동보다 얼마나 혁신적인 기술을 보유하고 있는가에 의해 좌우된다. 과거 한국경제는 정부의 기술개발 지원 등에 힘입어 조선, 자동차 및 IT 등 주력산업을 탄생시켰다. 외환위기 이후에도 새로운 정부가 출범할 때마다 신성장동력 육성을 위해 국가 차원의 대형 R&D 사업들이 진행되었으나, 기업이 강점을 가지고 있는 분야까지도 정부가 기술개발을 주도해 민간의 참여도는 낮은 실정이다.

　정부 R&D 투자 재원의 실효성을 극대화하기 위한 대전제는 민간기업이 강점을 갖는 분야는 민간부문에 맡겨두고, 경쟁력 강화를 위해 세금 감면, 산학협력 강화 등 간접적인 지원을 하는 것이다. 그러나 민간기업이 독자적으로 하기에 리스크가 너무 큰 분야는 국가가 직접 주도해 토양을 조성하고 싹을 키운 다음에 민간부문으로 이양해 사업화로 연결시키는 전략이 필요하다. 이 전제 하에 미국, 일본, 한국 등의 중점 육성기술군(群)을 모집단으로 하고, 미래 시장성, 산업 간 파급 효과 및 기업역량 등을 기준으로 하여 다음과 같이 국가가 주도해야 할 6大 미래기술을 선정했다.

　① '지능형 인프라'는 IT기술을 활용해 전력과 교통·물류 등 사회인프라를 효율적으로 운영하는 기술이다. 특히 신(新)대중교통수단과 분산형 에너지 인프라 등은 잠재적 개발수요가 큰 BRICs 등 신흥시장으로 수출도 가능하다. ② '바이오제약'은 단백질과 유전자 등 생체물질 자체를 치료제로 사용하는 기술로 난치병 정복 등 보건·의료의 질 향상에 필수적이면서도 신시

장의 창출 가능성도 높다. ③ 핵융합과 수소에너지 등 '청정에너지'는 무한·무해·무편(無限·無害·無偏)적 특성을 가지는 미래 에너지원으로 환경문제를 해결할 뿐 아니라 에너지 안보력을 강화시킬 것이다. ④ '군무인화(軍無人化)'는 인력을 대체할 수 있는 군사용 로봇을 개발하는 기술로 국가안보에 중요할 뿐 아니라 첨단기술의 Test-bed 역할을 한다. ⑤ '나노소재'는 원자·분자 입자 하나하나를 조작해 소재를 만드는 기술로, 나노소재 기술경쟁에서 뒤쳐질 경우 한국 제조업의 對日 소재의존도는 더욱 심화될 수 있다. ⑥ '인지과학'은 사람의 지각, 기억, 학습 및 감정 등 인지과정을 규명해 인간 중심의 사회를 구현하는 기술이다. IT, 자동차, 의료, 로봇과 항공 등 대다수 산업에 활용되어 소프트 경쟁력을 제고할 것이다.

국가 R&D 전략의 강화를 위해서는 첫째, R&D 기획에서부터 신산업 창출까지 일관성 있는 정책이 수행될 수 있도록 국가과학기술위원회의 관제탑 기능을 강화해야 한다. 둘째, 국가 R&D 사업의 문호를 과감히 개방하여 글로벌시장으로부터 신산업 창출의 원천을 확보해야 한다. 셋째, 초기단계로 불확실성이 매우 큰 산업은 미국과 같이 정부 스스로가 미래기술에 대한 적극적인 수요자가 되어 시장을 형성해줄 필요가 있다. 또한 개발된 미래기술을 활용한 창업을 지원하기 위해 기술금융을 활성화할 필요가 있다.

Ⅰ 국가경쟁력과 미래기술

국가의 부와 미래를 좌우하는 것은 기술력

- 사회가 발달하면서 한 국가의 부와 미래는 자본과 노동보다는 얼마나 혁신적인 기술을 보유하고 있는가에 의해 좌우

  ※ 피터 드러커 교수는 기술혁신을 "기업의 장수를 위한 연료"라고 일컫는가 하면, 스티브 발머(MS의 CEO)는 "한국의 경쟁력 강화를 위해서는 기술혁신이 가장 중요하다"고 강조

- 조선, 자동차 및 IT 등 한국의 주력산업이 탄생한 데는 과거 정부의 기술개발 지원 등에 힘입은 바가 큼

  ㅇ 1970년대 중화학공업 육성을 위해 산업별 출연연구소를 설립함으로써 기업에 필요한 기술을 정부가 직접 공급

  ㅇ 1980~90년대는 정부 출연연구소가 국가적인 R&D 사업의 간사가 되어 기업과 공동으로 DRAM[1]과 CDMA[2] 등을 개발해 IT산업 발전의 계기 마련

| 한국의 R&D 투자 추이: 기업 투자액과 정부의 비중 |

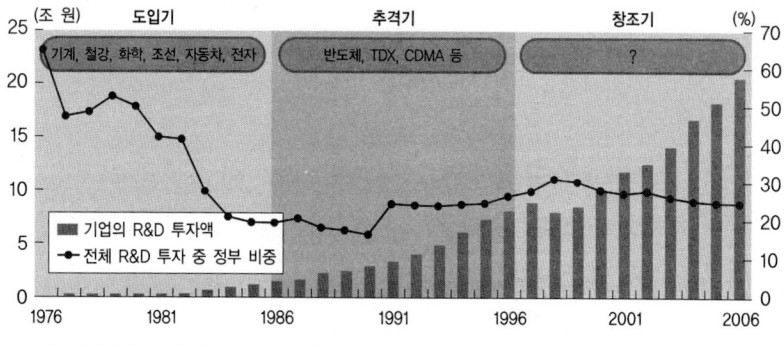

자료: 과학기술부, 《과학기술활동조사보고서》, 각 호

---

[1] 전자통신연구소는 삼성, 금성, 현대와 공동으로 1986~89년간 4M DRAM을 공동개발
[2] CDMA(Code Division Multiple Access)는 퀄컴이 개발한 디지털 이동통신 방식으로 한국은 1989년에 개발에 착수하여 1996년에 세계 최초로 상용화

외환위기 이후 기술개발에 대한 민관(民官)협력시스템 약화

● "G7 수준의 기술력 확보"를 목표로 1992년 'G7 프로젝트'를 추진한 이래 신정부가 출범할 때마다 새로운 성장동력 육성을 위한 국가 차원의 대형 R&D 사업들이 진행

  ○ 국민의 정부는 '21C 프론티어', 참여정부는 '차세대 성장동력'으로 명명

| 국가 차원의 대형 R&D 사업 |

구분		G7 프로젝트	21C 프론티어	차세대 성장동력
목표		G7수준의 기술력 확보	미래 원천기술 개발	신산업 육성
기간		1992~2002년	1999~2013년	2004~2008년
투입(기업참여 비중)		35,559억 원(54.4%)	13,708억 원(21.7%)*	16,745억 원(32.3%)**
분야	IT	반도체 등 5개	정보디스플레이 등 4개	이동통신 등 7개
	생명/의료	신의약·농약 등 3개	인간유전체 등 8개	바이오 신약/장기
	환경/에너지	차세대 원자로 등 4개	자원재활용 등 4개	-
	전통산업	자동차 등 4개	나노메카트로닉스	미래형 자동차
	기타	감성공학, 초소형 정밀기계	스마트무인기 등 5개	지능형 로봇

주 : *는 1999~2006년간 투입금액, **는 2004~2006년간 투입금액

● 그러나 G7 프로젝트를 제외하고는 기업들의 참여가 저조했으며, 특히 '차세대 성장동력' 사업의 경우 단순한 기술개발 차원을 넘어 '신산업 육성'을 표방했음에도 G7 프로젝트보다 민간 참여도가 낮음

  ○ 기업이 강점을 갖는 분야까지도 정부가 기술개발을 주도해 민간기업의 참여를 낮추는 요인으로 작용(민간 R&D의 보완이라는 대원칙의 상실)

  ○ '차세대 성장동력'의 10大 분야 중 무려 7개가 IT 분야였으며, 정부의 R&D 예산도 IT 부문에 가장 많이 투입

    • 정부 R&D 예산의 분야별 비중(2007년) : IT(21.8%) 〉 바이오(17.2%) 〉 환경/에너지(12.3%) 등의 순서

○ IT 분야는 민간기업이 투자 규모나 인력 등의 측면에서 공공부문보다 앞선 실정

- 삼성전자와 LG전자의 R&D 투자액은 6조 5천억 원[3]으로 정부의 R&D 투자액과 비슷한 수준(2007년 기준)

미래에 대한 불안감에 빠져 있는 민간기업

● 근래 들어 기업들은 차세대 성장동력(수종사업)을 찾지 못한 채 미래에 대한 불안감을 떨치지 못하고 있는 상황

○ 기술의 융·복합화가 심화되는 가운데, 향후 산업지도나 업계 판도를 일시에 바꿀 수 있는 와해성 기술(Disruptive Technology)이 등장할 가능성도 제기되고 있으나, 개별기업이 독자적으로 미래기술 개발에 매달리기에는 리스크가 너무 커서 이에 대한 대비도 미흡한 실정

● 그렇다고 기업의 참여를 유도하는 정부의 사업화 지원수단도 과거에 비해 약화된 상태

○ 1995년 WTO 출범 이후 '특정 산업에 대한 정부의 직접적인 개입'을 규제하기 시작하면서 산업육성 수단이 축소

○ WTO 규정에 따르면 경쟁 이전 단계의 연구개발, 낙후지역 개발 및 환경보호 등과 같은 특별한 경우에만 정부의 보조금 지급을 허용

○ 특히 최근 기술경쟁이 격화되면서 정부가 의도적으로 특정 기술만을 지원하기도 쉽지 않은 실정

- 과거 CDMA 개발 때는 CDMA 이외의 방식을 채택하지 않겠다는 정부의 입장이 뚜렷해 기업이 적극 참여했었으나, 최근에 개발된 와이브로[4]의 경우에는 사업자가 자율적으로 선택

---

3 한국산업기술진흥협회(2008), 《2008년 통계요람》.
4 이동하면서도 초고속인터넷을 이용할 수 있는 무선 휴대인터넷

Ⅱ 미래기술의 선정 프로세스

미래기술 중에는 국가가 직접 주도해야 할 부분도 존재

- 정부 R&D 투자 재원의 실효성을 극대화하기 위한 대전제는 민간기업이 강점을 갖는 분야는 민간부문에 맡겨두고, 경쟁력 강화를 위해 세금 감면, 산학협력 강화 등 간접적인 지원을 하는 것
- 그러나 미래 유망 분야이나 민간기업 독자적으로 기술개발을 하기에는 리스크가 너무 큰 분야는 미래의 성장동력 확보 차원에서 국가가 직접 주도할 필요
  - 국가가 초기 단계에 토양을 조성하고 싹을 키워 리스크를 줄여준 후, 민간부문으로 이양해 사업화로 연결시키는 전략이 필요
- OECD 등에서는 기술의 연구개발 단계에 따라 기초, 응용, 개발로 구분하고 있는데, 앞서 논의된 전제하에서 보면 국가가 주도해야 할 기술은 기초 및 응용 단계로 좁혀짐
  - 기초 : 특별한 활용을 염두에 두지 않고 새로운 지식습득을 목적으로 한 연구
    응용 : 독창적 연구이지만 실용적 목적을 위해 이루어지는 연구
    개발 : 응용 단계를 통해 얻어진 지식을 바탕으로 상용화하는 단계
  - 기업이 산업현장에서 활용하기 위한 응용 기술에 대한 지원이 확대되어야 하나, 개발 기술이 절반 이상의 비중을 차지하고 응용 기술 비중은 감소하는 추세

| 정부 연구개발사업비 중 기술 단계별 비중 | (단위 : %)

구분	2000년	2002년	2004년	2006년
기초	19.2	18.7	19.9	23.1
응용	26.8	29.7	25.3	22.7
개발	54.0	51.6	54.7	54.2

자료 : 한국과학기술기획평가원, 국가연구개발사업조사 DB.

향후 시장성, 산업 간 파급 효과, 기업역량 등을 고려해 6大 미래기술 선정

◉ 미국, 일본 및 한국 등이 발표한 중점 육성기술군을 모집단으로 하고, 15개 중분류 기술 수준에서 미래 시장성, 산업 간 파급 효과와 기업역량을 기준으로 각 기술들을 평가

  ○ 미래 시장성 : 해당 기술의 자체 세계 시장 규모 수준(2020년)

  ○ 산업 간 파급 효과 : 컨버전스 등으로 타 산업의 발전에 기여하는 정도

  ○ 기업역량 : 해당 기술에 관련된 현재 한국기업의 R&D 및 시장경쟁력 등을 글로벌기업과 비교

| 미래기술에 대한 평가 |

대분류	중분류	기술 소분류	미래 시장성	파급 효과	기업 역량
IT	반도체	차세대 메모리, 비메모리 반도체, SoC 등	7	8	9
	통신·네트워크	차세대 네트워크, 휴대인터넷, 4세대이동통신	8	7	7
	디스플레이	유기EL, 3D 디스플레이 등	6	8	10
	지능형 인프라	전력시스템, 지능형 교통시스템 등	7	7	5
생명	바이오제약	바이오치료, 유전체·단백체응용 등	8	4	4
	바이오농업	농축산물 자원개발, 동식물 병해충 예방 등	2	3	2
운송 장비	자동차	지능형 자동차, 친환경 자동차 등	10	2	7
	선박·해양	차세대 선박, 해양·항만구조물 등	5	2	10
	항공우주	차세대 항공기, 무인항공기, 위성발사체 등	5	8	1
	차세대 열차	첨단경전철, 도시형 자기부상열차 기술	4	1	8
환경/에너지	환경	대기오염 저감, 환경보전·복원, 수질관리 등	9	4	2
	에너지	핵융합, 수소에너지, 원자력, 태양, 풍력 등	9	4	3
기타	나노소재	탄소 나노소재, 지능형 나노소재, 친환경 나노소재 등	3	9	3
	서비스로봇	가정용 로봇, 군사용 로봇, 의료 로봇 등	4	8	4
	인지과학	뇌과학, 인공지능, 뇌질환 치료 등	1	10	2

주: 1. 각 평가항목은 10점 만점으로 미래 시장성과 파급 효과는 15개 기술의 상대적인 평가
  2. 기업역량은 글로벌 Top 기업과의 비교수치
  3. 점수의 산정은 각종 문헌과 전문가의 의견을 참조

● 후보기술군에 대한 평가를 토대로 최종 6大 미래기술을 선정

○ '민간기업이 강점을 갖는 분야는 민간부문에 맡겨둔다'는 대전제에 따라 기업역량이 6점 이상인 기술을 1차적으로 제외

○ 기업역량이 5점 이하인 기술 중 미래 시장성 또는 산업 간 파급 효과가 6점 이상인 '지능형 인프라', '바이오제약', '환경', '에너지', '항공우주', '나노소재', '서비스로봇' 및 '인지과학' 등 총 8개 기술을 선정

○ 선정된 8개 기술 중 환경과 에너지는 '청정에너지'로, 항공우주와 서비스로봇은 '군무인화(軍無人化)'로 통합하여 최종적으로 6大 기술로 확정

  • 청정에너지 : 화석연료를 대체할 수 있어 환경의 가장 큰 이슈인 대기오염 문제를 해결하고 에너지난(難) 문제 해결의 핵심

  • 군무인화 : 한국이 항공우주 기술을 바로 개발하기에는 국내기업의 기술 수준이 너무 낮아 가능성이 낮고, 서비스로봇도 리스크가 크기 때문에 두 분야로 나가기 위한 단계에서 공통적으로 정부가 지원할 수 있는 군무인화로 통합

| 6大 미래기술의 선정 |

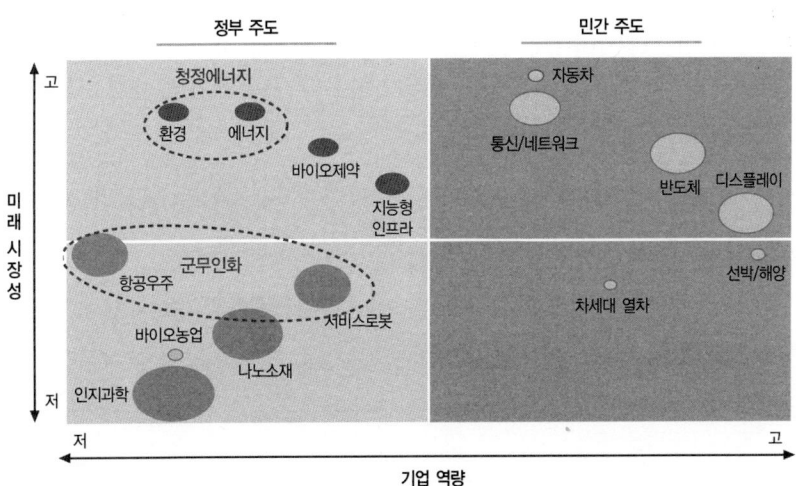

주 : 각 원의 크기는 산업 간 파급 효과의 정도를 의미

Ⅲ 6大 미래기술

1. 지능형 인프라

IT기술을 활용해 사회인프라를 효율적으로 운영

● '지능형 인프라'란 센서, 통신, 자동제어 등 정보기술을 이용함으로써 효율적으로 관리되는 전력, 교통·물류, 상하수도 등 사회인프라를 의미

  ○ 무선 센서네트워크를 활용해 사회인프라의 제반 상황을 실시간으로 모니터링하고 관리 및 운영을 최적화

● 피크타임에 집중되는 사회인프라 수요를 적절하게 분산시킬 경우 인프라 건설·운영비용 절감은 물론 사용자의 만족도도 제고 가능

  ○ 한국의 경우 지능형 전력시스템을 개발해 사용할 경우 전력비용 절감 및 품질개선 등 연간 7,500억 원 이상의 사회적 이득이 발생[5]

    • 미국도 지능형 전력시스템을 2006년부터 적용할 경우 향후 20년간 800억 달러(순현재가치 기준)의 이득이 발생하는 것으로 추산[6]

● 지능형 인프라는 수출산업으로도 육성이 가능해 지능형 기술을 적용한 신(新)대중교통수단과 분산형 에너지 인프라 등은 잠재적 개발수요가 큰 BRICs 등 신흥시장으로 수출이 가능

  ○ 非OECD국가의 인프라 건설시장 규모 : 2005년 5,590억 달러 → 2015년 8,070억 달러[7]

---

[5] 산업자원부(2004. 12. 8.), "전력IT 추진 종합대책"
[6] RAND(2004), Estimating the Benefits of the GridWise Initiative
[7] OECD(2006), Infrastructure to 2030

중점 육성 분야 : 지능형 전력시스템과 지능형 교통시스템

◉ '지능형 전력시스템'의 도입은 전력의 효율적 사용과 더불어 관련 산업에 수요창출 등 새로운 발전의 기회를 제공

  ○ 전력인프라뿐 아니라 모든 전자제품에도 IT 기술이 함께 적용되어야 하므로 전자·전기산업 전반의 표준화가 필요

   • 美 에너지부는 지능형 전력시스템의 표준화 및 솔루션 개발을 위해 IBM, GE, 지멘스, 마이크로소프트, 시스코 등 30여 개 기업들을 참여시켜 'GridWise Alliance'라는 민관협력 포럼을 구성

美 에너지부의 전력효율화 장기프로젝트(GridWise Initiative)

■ 2000년에 시작된 美 에너지부의 GridWise Initiative는 전력 생산자와 최종 소비자를 네트워크로 연결해 실시간 시장가격 정보를 제공함으로써 소비자의 합리적 전력 이용을 유도하는 장기 프로젝트

■ 피크타임 수요를 관리하는 지능형 전자제품을 사용하면 전력요금의 절약이 가능

  ▫ 예를 들어 전기요금이 일정 수준 이상으로 상승하면 에어컨과 세탁기 등 전자제품의 전력소비를 절약하도록 제어하는 소형 컨트롤러를 내장

◉ 교통·물류 등에서 발생하는 막대한 사회적 비용을 경감하기 위해서는 '지능형 교통시스템'의 도입이 필요

  ○ 2005년의 교통혼잡 및 사고로 인한 사회적 비용은 38.0조 원으로 경상 GDP의 4.7%에 해당 (혼잡비용 23.7조 원 + 사고비용 14.3조 원)[8]

  ○ 교통량을 감지해 신호 간격을 조절함으로써 교통정체를 최소화하고, RFID[9] 등을 활용해 물류프로세스가 개선

---

8 조한선·심재익(2007.12.), "교통혼잡비용 및 교통사고비용의 추정현황과 활용방안", 《월간교통》, 교통연구원
9 RFID(Radio Frequency Identification)는 각종 물품에 소형 칩을 부착해 사물의 정보를 무선주파수로 전송·처리하는 것으로 기존의 바코드와 달리 직접 접촉이나 스캐닝이 불필요

2. 바이오제약

단백질, 유전자, 세포 등 생체물질 자체를 치료제로 사용하는 기술

◉ 기존 제약처럼 화학합성 방식이 아니라 생명체를 이용해 약을 만드는 기술로 바이오신약과 바이오치료 분야로 대별

  ○ 바이오신약은 단백질을 추출·배양해 주사제처럼 제품화한 것이며, 바이오치료는 세포·유전자·바이오장기 등을 체외에서 배양하여 비정상적인 부분을 대체하는 것

| 바이오제약 기술의 구성 |

구분	형태	기술부문	상용화 수준	예시 및 참조사항
바이오신약	단백질	호르몬 및 효소	성장기	• 호르몬류(인슐린, 성장호르몬 등), 효소류, 혈액응고 단백질 등
		면역 단백질	성장기	• 면역기능 단백질(인터페론 등)
		백신	성숙기 진입	• 바이러스 질병 예방(간염, 에이즈 등)
		치료용 항체	상용화 초기	• 특정 질병원에만 작용하게 한 인공 단백질
바이오치료	세포	세포치료	체세포 : 상용화 초기 줄기세포 : 기초연구	• 배아·성체 줄기세포의 배양·분화 • 인체에서 추출한 체세포(연골, 혈액, 태반 등)의 주입
		조직·장기 재생	기초연구단계	• 피부, 혈액, 신장, 귀 등
	유전자	유전자 치료	응용연구단계	• 특정 유전자의 작동을 방해하는 작은 유전자 조각

◉ 바이오제약은 난치병 정복 등 보건·의료의 질 향상에 필수적이면서 신시장 창출 가능성도 매우 큰 편

  ○ 10년 내 유전자 4만여 종의 기능이 규명될 전망으로(현재 약 1만 종의 기능이 규명), 뇌신경질환·암 등 난치병을 정복하는 데 필요불가결

  ○ 2012년 약 2,900억 달러의 거대시장을 형성할 전망[10]

    • 급속한 고령화로 국내 약제비 지출증가율은 아일랜드에 이어 세계 2위[11]

---

10 바이오제약의 잠재시장인 전체 제약시장 규모는 2012년 1.3조 달러 수준(당 연구소 추정치)
11 1998~2003년 평균증가율 기준(OECD의 2005년 Health Data)

중점 육성 분야 : 바이오치료 및 생명정보학(~omics)

◉ 바이오치료는 기존의 약물이나 수술로는 치료할 수 없는 난치병까지도 치료할 수 있는 잠재력을 갖고 있다는 평가(난치병, 맞춤치료의 희망봉)

  ○ 비정상 세포·유전자를 정상인 것으로 대체하기 때문에 치료 효과가 본질적이고 지속적

  ○ 한국의 경우 이미 상용화가 진전된 단백질 신약 분야는 부진한 반면, 초기단계인 바이오치료의 경우 상대적으로 연구성과가 좋아 지속적인 R&D 투자가 뒷받침되면 좋은 성과를 기대할 수 있음

| 인간 배아줄기세포 분야의 나라별 발표 논문건수(1998~2007년) |

1위	2위	3위	4위	4위
미국(159편)	이스라엘(55편)	영국(50편)	한국(33편)	싱가포르(33편)

자료 : Winston, R. L. (2007), Does Government Regulation Inhibit Embryonic Stem Cell Research and Can It Be Effective?, Cell Stem Cell Vol. 1, pp. 27~34.

한국의 최근 주요 줄기세포기술 연구성과

- 고려대 김종훈 교수팀 : 인간 배아줄기세포를 췌장세포로 분화해 미국에 이어 2번째로 인슐린 분비에 성공
- 포천중문의대 정형민 교수팀 : 줄기세포를 혈관세포로 분화
- 연세대 김동욱 교수팀 : 생쥐와 인간 배아줄기세포를 세계 최고 순도의(약 85% 이상) 도파민 신경세포로 분화(파킨슨병 치료용)
- 제주대 박세필 교수팀 : 생쥐의 피부세포를 줄기세포로 변화시키는 데 성공

◉ '~omics'[12] 육성은 기능이 규명되지 못한 많은 유전자와 단백질 등에 대한 원천물질특허를 선제적으로 확보하기 위해 필요(제약산업 경쟁력 강화의 필수조건)

---

12 어떤 대상에 대한 지식체계 전체를 의미하며, '~체학(體學)'으로 불림. 한 생물종의 전체 유전자 정보를 의미하는 '유전체학(Genomics)', 단백질의 총체적 이해를 추구하는 '단백질체학(Proteomics)' 등 다양

○ 한국은 원천물질특허(20년 보장)가 거의 없어 고가의 신약을 대부분 수입(제약산업의 무역수지 : 2001년 -7억 달러 → 2007년 -27억 달러[13])

3. 청정에너지

청정에너지의 특징은 3無(無限·無害·無偏)

● 석유의 자원고갈, 원자력의 방사성 폐기물 위험 등으로 인해 핵융합, 수소에너지, 우주 태양광발전 등 무한·무해·무편(無限·無害·無偏)적 특성을 가지는 청정에너지가 미래 에너지원으로 주목

○ 핵융합 : 고도의 극한(極限)기술을 활용한 인공태양 에너지[14]

○ 수소에너지 : 수소를 다양한 방식으로 제조·저장한 후 이를 연료전지의 에너지로 사용하여 발전·발열

○ 우주 태양광발전(SPS : Solar Power Satellite) : 우주에서 태양광을 이용해 발전한 후 이를 무선전송 방식을 통해 지구로 전송

● 청정에너지는 기술개발 초기단계로 국가가 장기적으로 지원해야 하나, 상용화가 될 경우 글로벌시장이 형성되고 에너지주권 확보도 가능

○ 청정에너지는 상용화까지 30~40년이 소요될 정도로 국가 차원에서의 지속적인 R&D 투자가 요구되는 분야

- 대규모 무선 전력전송의 기술개발 등이 전형적인 사례
- 2004년 청정에너지가 대체 가능한 석유 관련 시장 규모는 1.2조 달러

○ 한국은 에너지를 전량 수입할 정도로 에너지 안보력이 극히 취약

- 세계 7위의 석유소비국, 세계 12위의 전력소비국으로 에너지 수입에 연간 667억 달러를 지출(2005년 기준)

---

13 보건복지부 (2008), 《2007년 보건산업백서》
14 태양과 같은 고온·고압의 플라즈마 상태에서 重수소와 三重수소의 결합 및 변환 과정을 통하여 에너지가 생성

중점 육성 분야 : 핵융합, 수소에너지

● 향후 화력·원자력발전을 대체할 '핵융합' 발전은 선진국과 기술격차가 작아 상용화가 될 경우 시장주도권 확보가 가능

○ 한국은 2006년 미국 등 6개국과 공동 핵융합로 개발사업[15]을 추진하는 한편, 차세대 초전도 핵융합 연구장치(KSTAR) 등 독자적인 연구 기반도 구비

> **KSTAR(Korea Superconducting Tokamak Advanced Research)**
>
> ■ 1995년부터 착수해 2007년 9월 완공한 최첨단 핵융합 연구장치(3,090억 원 투입)
>   □ 국제 핵융합로의 약 1/25 규모로 융합로의 고성능화 및 장시간 운전 시험 담당

○ 상용화가 기대되는 2050년 이후 핵융합발전은 화력·원자력발전의 약 30%를 대체할 것으로 기대[16]

● 지구상에 가장 풍부하게 존재하는 무한청정에너지인 '수소에너지'는 한국에서 수송용 연료인 석유 의존도를 해소하기 위한 유일한 대안

○ 2040년 경 연료전지차 판매 비중이 90%에 달하는 수소경제가 실현될 것으로 전망되어[17] 선진국도 수소에너지 개발에 적극적

| 주요 국가의 수소에너지 개발 동향 |

국가	주요 과제 및 내용
미국	• Freedom Fuel(2003~15년) : 수소의 생산 및 저장 기술 개발(12억 달러 투자)
EU	• R&D Framework 프로젝트 6차(2002~06년) : 연료전지 및 수소에너지 개발(20억 유로 투자)
일본	• World Energy Network 3차(2003~07년) : 수소 대량생산 및 활용기술(6백억 엔 투자)

자료 : 〈www.energy.gov〉, 〈www.enaa.or.jp〉, 〈http://cordis.europa.eu/fp6〉

---

15 프랑스 남부 카다라쉬에 약 130억 달러를 투여하여 10년에 걸쳐 핵융합 실험로를 건설
16 엄재식 (2007. 5.), "핵융합으로 에너지 걱정 끝", 《나라경제》
17 Global Insight (2004), Automotive World Car Industry Forecast Report(KIET (2007. 4.), "차세대 자동차의 2020 비전과 전략"에서 재인용)

4. 군무인화(軍無人化)

군사용 로봇을 개발하는 첨단기술의 Test-bed

- 군무인화 기술이란 '전투 효율성 증대' 및 '전투병의 인명손실 최소화'를 목적으로 인력을 대체할 수 있는 군사용 로봇을 개발하는 기술을 의미
  - 활동영역에 따라서 무인항공기, 무인차량, 무인잠수정으로 구분하고 이들을 연결하는 네트워크 기술도 포함
- 첨단기술의 집합체라 불리는 군무인화는 국가안보에 중요할 뿐 아니라 첨단기술의 성숙도를 높이고 기업의 참여를 유도하는 초기시장의 역할도 충실하게 수행
  - 미국에선 2004년 'TechMatch' 시스템을 설립한 이래 2008년 2월 현재 말라리아치료제, 박막 태양광전지, 나노섬유[18] 등 135건의 첨단기술을 민간에 이전하여 상업화
  - 한국도 군무인화 기술에 대한 투자 확대를 통해 일차적으로 로봇산업 및 항공산업 발전의 기틀을 마련할 필요

중점 육성 분야 : 무인차량, 무인항공기

- '무인차량'은 서비스로봇을 비롯해 차세대 자동차 등에 폭넓게 활용
  - 서비스로봇은 2020년 710억 달러 규모의 시장이 형성될 전망이지만[19], 아직은 초기단계로 리스크가 커서 정부가 무인차량에 대한 투자 등을 통해 적극적으로 시장조성에 나설 필요

---

18 www.dodtechmatch.com
19 산업연구원 (2007.08.), "로봇산업의 2020비전과 전망".

- 유진 로보틱스·KAIST·서울대 공동으로 개발한 '지뢰제거 로봇'이 2004년 이라크 자이툰에 배치되는 등 나름대로 기초역량은 보유

○ 美 국방부는 2004~12년간 17억 달러를 무인차량의 이동성 및 자율주행 성능 분야에 집중 투자해 전투능력 증진과 더불어 업계의 성장을 촉진[20]

- 무인자동차의 경우 1990년대까지는 프랑스, 독일 및 일본이 선두주자였으나 美 국방부의 대대적 투자에 힘입어 현재는 미국이 1위

美 국방부의 '미래 무인차량 개발 프로그램'

■ 美 국방부 산하조직인 JGRE(Joint Ground Robotics Enterprise)에서 추진하는 것으로 지능형 주행(Intelligent Mobility), 무장로봇 차량(Armed Robot Vehicle), 전투병과의 협력시스템 개발이 프로그램의 핵심

▫ 2017년까지 공격 무기를 갖추고 완전 자율주행 가능한 전투차량 개발
▫ 로봇차량과 전투병이 협력하여 전술을 펼 수 있는 네트워크 시스템 개발

● '무인항공기'는 항공우주산업의 기반을 마련할 수 있는 Test-Bed 역할

○ 제트 추진체, 위성항법 및 레이더기술 등은 항공산업의 기반기술로 활용

○ 특히 1천1백억 달러에 달할 것으로 예상되는 소형항공기시장[21]은 브라질, 캐나다 및 중국 등이 각축 중이어서 국내기업도 진입 가능

---

20 Office of the Secretary Defense (2004), Joint Robotics Program: Master Plan.
21 2026년 90인 이하 항공기 시장 규모(자료 : 보잉 (2007), Current Market Outlook 2007.)

5. 나노소재

원자·분자 입자 하나하나를 조작해 소재를 만드는 기술

● 입자의 지름이 나노미터[22] 이하인 원자나 분자 수준에서 물질을 조작하여 흔히 나타나지 않는 다양한 특성[23]을 지닌 물질을 생산하는 기술

  ○ 주성분에 따라 유기소재(탄소), 금속성소재, 무기소재 등으로 구분되고, 전자, 바이오, 환경·에너지, 화학 및 식품 등 다양한 산업에서 활용

10년 내 상용화가 가능한 나노소재의 적용 사례

- 기가비트급 메모리 반도체 → 탄소 나노튜브(CNT)
- 보습물질을 피부 내로 전달하는 나노화장품 → 풀러린(Fullerene)
- 다공성 입자표면에서 발전효율을 극대화한 연료전지 → 탄소 나노튜브(CNT)
- 탈취기능이 있는 조명기구 → 광촉매 소재

● 향후 한국산업의 기술적 진보는 나노소재의 혁신을 통해 가능

  ○ 순수 나노소재의 시장 규모 2010년 42억 달러[24], 나노소재가 일부 포함된 제품시장 규모가 2010년 약 5천억 달러[25]로 추산될 정도로 나노소재의 활용 없이는 경쟁력 확보가 불가능

  ○ 나노소재 관련 기술경쟁에서 뒤쳐질 경우, 한국의 제조업이 일본의 소재산업에 의존하는 현상이 더욱 심화될 우려

    • 대표적 나노소재인 탄소나노튜브는 NEC(日)에서 처음 발견하였으며, 광촉매 역시 ToTo(日)가 원천 특허를 보유

---

22 나노(nano)란 1/10억을 나타내는 초미세 단위로 고대 그리스에서 난쟁이를 뜻하는 나노스(nanos) 란 말에서 유래. 1나노미터는 머리카락 굵기의 1/10만 수준
23 높은 반응효율, 높은 열·전기 전도도(傳導度), 고내(高耐)충격성 등
24 www.semi.org (Global Nanoelectronics Markets and Opportunities, 2005.)
25 NSF(2004), Sizing NT's Value Chain, Lux Research Report.

중점 육성 분야 : 탄소 나노소재 및 지능형 나노소재

- ● '탄소 나노소재'[26]는 기존 소재보다 전기·기계적 물성이 뛰어나고 산업적 응용 가능성이 가장 넓은 유기소재
  - ○ 차세대 디스플레이 소재, 초고밀도 메모리, 기능성 섬유 및 배기가스 제거 촉매 등 향후 5~10년 이내에 상용화 가능성이 큰 분야가 다수
  - ○ 한국의 기초기술 역량도 상대적으로 높은 편
    - 1992~2004년간 탄소 나노소재 관련 세계 특허출원건수에서 한국(676건)은 미국(1,259건), 일본(1,093건)에 이어 3위[27]
- ● '지능형 나노소재'[28]는 레고블럭처럼 원자를 조립해 만든 맞춤형 소재로 현재 대학의 기초연구 중심에 머물고 있어 이를 실용화로 연결시키려면 국가 주도의 기술투자가 필요[29]
  - ○ 기존 물질로는 구현이 어려운 성질을 이론적으로 설계하여 구현할 수 있어서 소재 분야에 근본적인 변혁을 가져올 가능성이 농후
    - 반도체 포토레지스트, 디스플레이용 필름, 전자잉크, 영상진단기기 조영제나 약물전달체 등 다양한 분야에 활용될 전망

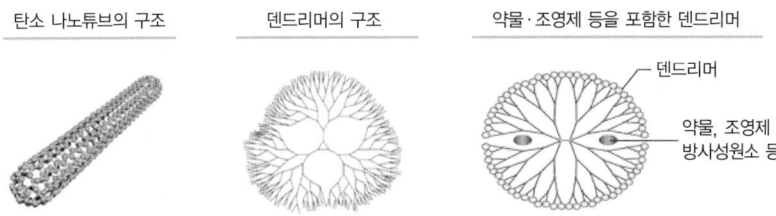

26 탄소만으로 이루어진 물질로 속이 빈 튜브 형태(탄소 나노튜브), 선 모양(나노와이어), 공 모양(Fullerene)을 띠며 철, 실리콘 등을 대체할 수 있는 미래의 핵심소재
27 인포클루(2005) WIPS의 한국·미국·일본·유럽 특허DB(《Nano Weekly》 (2006) 175호에서 재인용)
28 일반 공정으로 만들 수 없는 복잡한 구조의 물질을 단위물질이 일정한 패턴에 따라 스스로 성장하는 현상인 '자기조립화' 방식으로 만든 물질(나뭇가지 모양의 덴드리머가 대표적인 물질)
29 경북대, 서울대, 아주대 및 포항공대 등 주로 대학 화학과에서 물질연구를 수행 중

6. 인지과학

인간 중심의 사회를 구현하는 기술

◉ 인지과학은 인간이나 동물의 인지과정(지각, 기억, 학습 및 감정 등)을 규명하고, 이를 각종 인공물 개발에 적용하는 기술 분야

| 인지과학의 주요 응용기술과 활용 분야 |

구분	주요 내용	활용 분야
마음을 읽는 기술	뇌영상(Brain Imaging), 뇌파, 음성 등을 분석해 생각, 의도, 감정 등을 인식	뇌인터페이스 개발, 광고·마케팅·디자인, 재활기구(의수, 의족 등) 개발, 범죄수사 등
지능을 구현하는 기술	인간의 지능이나 감정을 컴퓨터 등의 인공물에 구현	인간형 로봇, 인공두뇌, 무인감시시스템, 지능형 웹 등
수행능력을 높이는 기술	뇌 및 인지과정에 대한 이해를 토대로 치매와 우울증 등의 질환 치료나 인간의 인지능력을 제고	인공 눈, 뇌질환 치료제, 기억력 증진제(Memory Enhancer), 심뇌자극(Deep Brain Stimulation) 등

◉ 자체 시장 규모는 크지 않지만 산업 간 파급 효과가 워낙 크고, 기업 독자적으로 기술개발이 어려운 분야이기 때문에 국가 차원의 지원과 육성이 필요

ㅇ IT, 자동차, 의료, 로봇과 항공 등 대다수 산업에 활용되어 소프트 경쟁력을 제고하고 다양한 비즈니스 기회를 창출

 • 사람 중심의 제품 및 시스템 개발로 제품과 서비스의 안전성과 편의성이 제고되고 뇌질환 치료제 개발, Neuro-marketing[30] 등에도 활용 가능

ㅇ 장기적 시각에서 기초연구가 필요하고, 인문학·의학·공학 등 여러 분야가 학제적으로 연계되어 있어 민간보다 정부의 역할이 중요

---

[30] 뇌영상 촬영 등 신경과학적 연구방식을 활용해 제품과 브랜드에 대한 소비자 반응을 직접적으로 분석하는 마케팅 기법

중점 육성 분야 : 인지뇌과학, 인공지능 및 인간형 로봇

◉ 뇌구조와 인지 메커니즘을 밝히는 '인지뇌과학'은 모든 응용연구의 기반

- ○ 美, 日 등 선진국들은 20세기 말부터 뇌과학 연구에 경쟁적으로 투자하고 있으며, 학계와 산업계도 기초 및 응용연구를 강화
    - • 일본은 1997~2016년간 2조 엔을 뇌과학 연구에 투자할 방침

사이버키네틱스의 BrainGate

■ 미국 사이버키네틱스는 2004년 전신마비 환자의 머리에 센서칩을 장착하여 생각만으로 TV나 컴퓨터를 조작하게 하는 데 성공

▫ 100개의 미세 전극으로 구성된 센서칩이 뇌활동의 변화를 포착해 컴퓨터에 전송하면, 컴퓨터가 이를 분석하여 환자의 의도를 판별

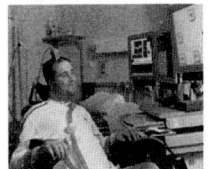

- ○ 한국도 뇌연구의 기반이 되는 뇌영상시스템 분야에서 세계적인 기술력을 보유하고 있어 잠재력이 큰 편
    - • 가천의대 뇌과학연구소는 현재 뇌를 분자 수준에서 관찰할 수 있는 '최첨단 뇌영상시스템(PET-MRI Hybrid System)'을 개발 중

◉ '인공지능 및 인간형 로봇'은 국가 간 기술격차가 크지 않아 조기에 투자를 확대할 경우 경쟁우위 확보가 가능

- ○ 알고리즘 개발에서 한 걸음 더 나아가 로봇 등이 학습을 통해 스스로 정서적·인지적·사회적 능력을 높여가는 형태로 발전이 예상
    - • MIT 미디어랩은 사람과 상호작용하면서 스스로 학습하는 로봇과 인간과 대면해 자연스런 표정을 지을 수 있는 로봇 등을 개발 중
    - • "2030년 경이면 기계(컴퓨터)가 인간과 대등한 수준의 지능을 갖게 될 것"(Ray Kurzweil(2005), *The Singularity is Near.*)

Ⅳ 정책제언

국가 R&D 시스템의 파워를 제고

● 세계적인 추세에 발맞추어 작은 정부를 지향한다 해도, 국가 R&D 전략 수립 및 추진과 관련해서는 크고 강한 정부가 요구되는 시점

  ○ 아무리 미래 유망 분야라 해도 속성상 수익성을 추구할 수밖에 없는 민간기업에 리스크가 큰 기술개발을 전적으로 맡기는 것은 무리이며, 국가가 주도적으로 나서야 기술혁신이 원활하게 이루어질 수 있음

  ○ 특히 R&D 기획에서부터 신산업 창출까지 일관성 있는 정책이 수행될 수 있도록 국가과학기술위원회의 관제탑 기능을 강화

국가 R&D 사업 패러다임을 폐쇄형에서 개방형으로 전환

● 국가 R&D 사업의 문호를 과감히 개방하여 글로벌시장으로부터 신산업 창출의 원천을 확보

  ○ 기술력은 뛰어나나 자금력이 취약한 이스라엘 등의 해외 벤처기업을 적극 활용

    • 무명 벤처기업이었던 퀄컴의 기술을 받아들여 새로운 성장동력을 창출했던 CDMA가 대표적인 성공사례

● 정부 연구개발비의 50% 이상을 쓰고 있는 공공연구소를 대학과 기업을 연계하는 'Innovation Hub'로 활용

  ○ 공공연구소가 미래형 연구주제를 선정하고 학제 간 연구가 가능하게 내외부 네트워킹 역할을 담당

정부의 초기시장 창출 등으로 미래기술에 대한 유인 강화

◉ 불확실성이 크거나 기술개발이 초기단계인 산업은 미국과 같이 정부 스스로가 미래기술에 대한 적극적인 수요자가 되어 시장을 형성해주는 것이 중요

○ 국방, 보건복지, 에너지·환경 등 사회적 수요가 있는 분야는 국가가 1차적인 수요자가 되어 기업들에 초기시장을 제공

- 특히 국방 분야는 비용에 상관없이 첨단기술제품을 요구하기 때문에 기업에게는 안정적인 시장 및 홍보 기회를 제공

---

iRobot社의 'Packbot'

■ 미군은 iRobot社의 위험지역 탐색 및 폭발물 처리 로봇인 'Packbot'을 아프가니스탄과 이라크 전쟁에 투입
  □ 미군은 지금까지 4,300만 달러 상당의 Packbot과 부품을 구입
■ 실전에서 성능이 검증된 Packbot은 최근 영국, 독일 등에 수출되기 시작

○ 신재생에너지 등 정부의 직접 보조가 가능한 분야를 적극적으로 발굴

◉ 개발된 미래기술을 활용한 창업 활성화를 위해 민간과 공동으로 Seed money를 제공하는 펀드 조성 등 기술금융을 활성화

○ 미국은 연방정부와 민간이 공동으로 출자해 만든 벤처캐피털 SBIC (Small Business Investment Company) 프로그램을 통해 초기 창업자금의 2/3 이상을 공급

신성장동력 육성의 비결, 정부 R&D

08

I. 효율적 정부 R&D 모델의 필요성
II. 정부 R&D 모델
III. 사례연구
IV. 사례연구의 시사점

Issue Paper
≫≫ 2009. 1. 30.
이원희, 김현한

Summary

　최근 세계 각국은 정부 R&D 확대를 통하여 신산업을 창출하고 글로벌 경제위기 이후의 주도권 확보를 위해 노력하고 있다. 한국 역시 정부의 R&D 투자를 대폭 확대 중이나 지속적인 R&D 투입 증가에도 불구하고 효과에 대한 논란은 여전하다. 따라서 민간기업의 역량과 산업발전 단계의 변화에 따른 효율적인 정부 R&D 모델 수립이 요구되고 있다.

　정부 R&D는 기술개발 투자의 위험을 분담하여 민간의 연구개발 투자를 활성화시키는 것이 가장 중요한 역할이다. 본 연구에서는 위험의 종류와 정도를 산업발전 주기와 민간기업의 역량에 따라 구분하고, 이에 따른 정부 R&D 역할을 4가지 유형으로 제시하였다.

　유형 1은 산업주기상 성숙단계이나 민간의 역량이 낮은 분야로 정부가 '기술 공급자'의 역할을 하는 것이다. 유형 2는 국내기업의 경쟁력과 기술 성숙도가 모두 높아 정부가 민간과 협력하여 선행기술 개발에 집중하는 '기술 협력자'의 역할을 한다. 유형 3은 산업주기상 초기 단계여서 기술의 불확실성이 높지만 관련 민간기업의 역량이 높은 분야로, 기술개발은 민간이 주도하고 정부는 시장 확대를 위한 기반을 조성하는 '시장 조성자'로서의 역할을 한다. 유형 4는 산업주기상 초기 단계이고 민간의 역량이 낮아 정부 주도로 선행기술을 개발하는 '기술 공급자'의 역할과 민간과 협력하여 기술의 상용화까지 지원하는 '시장 조성자'의 역할을 모두 하는 것이다.

　본 연구에서는 한국의 대표산업으로 성장한 조선·휴대폰산업, 신시장을 선도하고 있는 휴대 인터넷산업, 산업화가 늦어지고 있는 바이오 제약산업에 대한 사례연구를 통하여 다음과 같은 시사점을 도출하였다.

우선, 정부 R&D 투자는 민간기업과의 위험분담을 통하여 지속적인 신산업 창출의 기반 역할을 해야 한다. 특히, 최근 글로벌 경제위기 등으로 민간의 투자 위험도가 높아짐에 따라 정부 R&D의 역할이 어느 때보다 중요해지고 있다. 또한 산업발전 단계와 민간역량에 따라 위험 유형이 다르므로 정부 R&D의 효율을 높이기 위해서는 이를 고려한 적절한 지원이 필요하다. 마지막으로 공공 목적의 R&D 수요가 증가함에 따라 향후 정부 R&D는 에너지, 환경, 보건과 같은 글로벌 현안 문제를 해결하는 동시에 이를 산업화로 연결할 수 있는 분야에 대한 투자를 확대하는 것이 필요하다.

Ⅰ 효율적 정부 R&D 모델의 필요성

◉ 현 경제위기 상황을 돌파하고 차기의 주도권 확보를 위하여 세계 각국이 정부 R&D 투자 확대를 통한 신산업 창출에 주력

  ○ 미국은 '혁신기반경제(Innovation based economy)'의 중요성을 강조하며 정부주도의 R&D를 통한 산업경쟁력 제고를 역설

  • 미국 산업계는 경쟁력 제고를 위해 정부주도 R&D의 확대를 건의[1]

  • 오바마 대통령은 New Apollo Program을 통해 신·재생에너지 분야에 1,500억 달러를 투자할 계획[2]

'New Apollo Program'의 주요 내용

■ Apollo Program은 인류를 처음으로 달에 착륙시키기 위한 대규모 R&D 프로젝트

　□ 1960~1974년 동안 960억 달러를 투자

　□ Apollo Program을 통하여 파생된 기술을 기반으로 미국은 통신 및 전기·전자 부분에서 최고의 경쟁력을 확보

■ New Apollo Program이란 미국 오바마 대통령의 경제위기 극복과 미래 이슈 선점을 위한 청정에너지 개발 프로젝트

　□ 2009년부터 10년간 청정에너지원 개발에 1,500억 달러를 투자

　□ 최근 글로벌 현안 문제의 핵심인 환경과 에너지 분야에서 미국의 산업경쟁력을 재탈환하는 것이 목적

---

[1] Atkinson, R. & Audretsch, D. (2008. 9.), Economic Doctrines and Policy Differences Has the Washington Policy Debate Been Asking the Wrong Questions?, Information Technology & Innovation Foundation.
[2] Obama May Put Renewable-Energy Plan Ahead of Climate Package (2008. 11. 4.), *Bloomberg*. 〈http://www.bloomberg.com/apps/news?pid=20601087&sid=a.YTOC9grPB8&refer=home〉

○ EU는 '신(新)리스본 전략'을 통하여 경제성장과 일자리 창출을 위한 EU 차원의 R&D 투자 확대를 결의[3]

- EU는 R&D에 대한 투자 증대로 인하여 정부지원금 회수율이 1990년대의 50%에서 2007년에는 80%로 증가한 것으로 평가[4]

○ 중국 역시 현재의 금융위기를 중장기적 R&D 투자를 통해서 선도국과의 격차를 줄일 수 있는 기회로 판단

- 중국은 2006년에 1,360억 달러(GDP의 1.4%)로 세계 2위의 R&D 투자국으로 부상했으며[5], 2010년까지 GDP의 2%로 확대할 계획[6]

● 한국도 정부 R&D를 확대 중이나 투입증가 대비 성과가 미진하여 효율성에 대한 지적이 계속됨

○ 현 위기를 극복하기 위하여 정부의 R&D 투자를 대폭 확대할 계획

- '577 이니셔티브'를 통해 정부 R&D 투자를 2009년 12조 원, 2012년 16.2조 원까지 늘릴 계획

'577 이니셔티브'의 주요 내용

■ 2006년 GDP 대비 3.2% 수준의 R&D 투자를 2012년까지 GDP 대비 5%로 확대

■ 7대 기술 분야에서 50개 중점기술을 선정하여 집중 투자

■ 국가 R&D 시스템의 효율화를 위한 7대 프로세스 개혁

■ 과학기술 분야 세계 7위 강국 건설

---

[3] Council of the European Union (2008. 5. 20.), LAUNCHING THE NEW CYCLE OF THE RENEWED LISBON STRATEGY FOR GROWTH AND JOBS (2008~2010).

[4] European Commission (2008. 11. 18.), State aid: latest Scoreboard shows Member States moving towards better targeted aid, Press Release. 〈http://europa.eu/rapid/pressReleasesAction.do?reference=IP/08/1725&format=HTML&aged=0&language=EN&guiLanguage=en〉

[5] OECD (2006), *Science, Technology and Industry Outlook 2006*.

[6] China.org.cn (2007. 9. 13.), R&D Spending Exceeds US$39.9b in 2006.
〈http://www.china.org.cn/english/China/224285.htm〉

○ 그러나 최근 R&D 투자 확대에 비해 성과가 미흡하다는 지적이 증가

- 1990년대까지는 정부 R&D가 조선, 자동차, 반도체, IT 등 주력산업의 창출 기반이 되었으나 2000년 이후는 대표적 신산업을 창출하지 못하고 있음
- 기술무역수지와 부품·소재 분야에서는 무역적자가 지속적으로 확대

| 기술 수출·수입액 추이 |

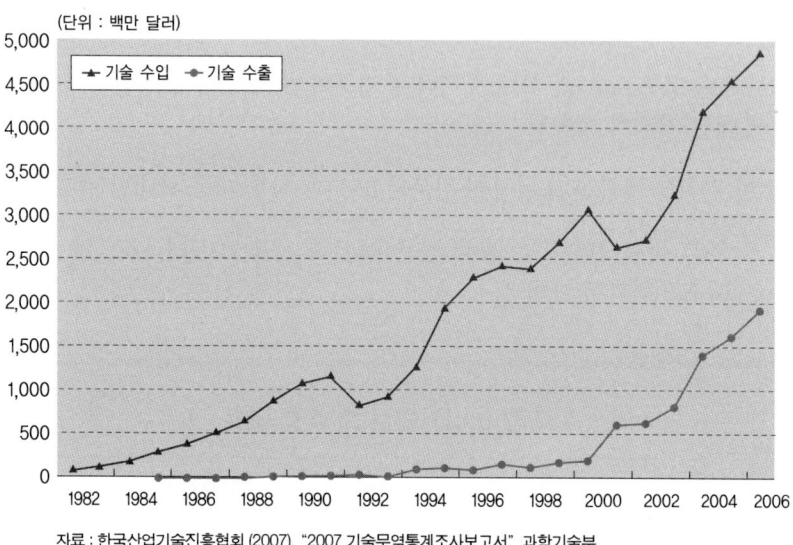

자료 : 한국산업기술진흥협회 (2007), "2007 기술무역통계조사보고서", 과학기술부.

● 특히, 국내 민간기업의 역량과 산업발전 단계 등 산업환경이 변화함에 따라 이에 적합한 정부 R&D의 역할을 조정하는 것이 필요

○ 일부 산업에서 글로벌기업이 탄생하는 등 민간기업의 역량이 증가하고 있으나, 5대 기업이 민간 연구비의 70% 이상을 차지하는 등 민간기업의 연구개발 역량이 양극화

○ 기존의 추격형 기술개발을 통한 성장이 한계에 도달함에 따라 이를 극복하기 위한 창조적 혁신체계로의 전환이 필요한 시점

Ⅱ 정부 R&D 모델

산업주기와 기술위험성

● 고위험이라는 기술개발 투자의 특성상 정부 R&D의 가장 기본적인 역할은 위험분담을 통하여 과학기술 분야의 '시장 실패'를 방지하는 것

  ○ 위험은 그 원인에 따라 행태적 위험, 기술적 위험, 역량 위험의 3가지 유형으로 구분 가능하며, 위험 유형에 따라 정부의 역할에 차이

  - 행태적 위험(Behavioral Risk)은 타사의 기술개발 결과에 무임승차(Free-Ride)하려는 기업의 기회주의(Opportunism)적 행태를 의미[7]

  - 기술적 위험(Technological Risk)은 대체·경쟁 기술의 출현, 기술과 관련된 표준·제도의 변화 등으로 인하여 기술개발의 결과물이 무용화(Obsolescence)되는 것[8]

  - 역량 위험(Capability Risk)은 개별기업의 연구개발 역량 부족 등 내생적 요인에 의하여 기술개발에 실패하는 것[9]

| 위험의 유형과 특성 |

유형	특성
행태적 위험	타사의 기술개발 결과에 무임승차하려는 기업 행태 특허제도, 공정경쟁제도 등 법률장치로 해결
기술적 위험	기술개발의 결과물이 무용화되고 시장 창출에 실패 개별기업이 제어 불가능한 외부적 요인 정부 R&D는 '시장 조성자'의 역할이 필요
역량 위험	개별기업의 연구개발 역량 부족 등 내부적 요인 특히 개발도상국에서 취약 정부 R&D는 '기술 공급자'의 역할이 필요

---

[7] Williamson, O. E. (1979), Transaction-Cost Economics - Governance of Contractual Relations, *Journal of Law & Economics*, 22(2), pp. 233~261.
[8] Balakrishnan, S. & Wernerfelt, B. (1986), Technical Change, Competition and Vertical Integration, *Strategic Management Journal*, 7(4), pp. 347~359.
[9] Hoetker, G. (2005), Do Modular Products Lead to Modular Organizations?, *Strategic Management Journal*, 27(6), pp. 501~518.

산업환경에 따른 정부 R&D의 역할

◉ 산업의 발전 단계에 따라 기술 특성, 경쟁구도 등 산업의 특성이 변화하기 때문에 기술적 위험성은 산업주기와 밀접한 관계를 가짐

  ○ 산업발전 초기 단계는 기술의 변화 속도가 빠르고 시장 불확실성이 큼

    • 특히, 많은 신기술들이 소위 죽음의 계곡(Death Valley)으로 불리는 산업발전 초기 단계에서 신산업 창출에 실패

  ○ 산업의 성숙 단계에서는 기술과 시장의 불확실성이 감소하고 가격, 품질 등이 주요 경쟁요소로 등장

| 산업수명주기 곡선과 시기별 특성 |

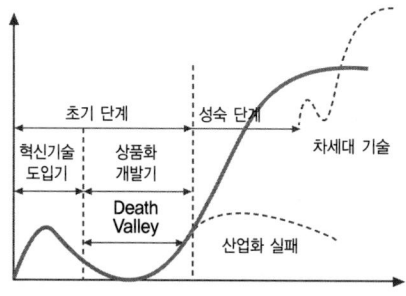

단계		특성
초기 단계	혁신기술 도입기	새로운 과학기술, 아이디어의 도입
	상품화 개발기	아이디어 구현 타 제품과 경쟁가능한 상품개발
성숙 단계		주도기술 등장, 규모의 경제

◉ 산업발전 단계와 해당 산업의 민간기업 역량에 따라 정부 R&D의 역할을 4가지 유형으로 구분

  ○ 기술적 위험과 역량 위험을 결정하는 산업주기상의 위치와 민간기업의 역량을 고려하여 정부 R&D의 역할을 4가지 유형으로 구분

| 산업주기와 민간역량에 따른 정부 R&D 모델 |

		기술 위험도 低 역량 위험도 高 ➡ 기술 공급자	기술 위험도 低 역량 위험도 低 ➡ 기술 협력자
산업수명주기	성숙	유형 1	유형 2
	초기	유형 4	유형 3
		기술 위험도 高 역량 위험도 低 ➡ 기술 공급자, 시장 조성자	기술 위험도 高 역량 위험도 低 ➡ 시장 조성자
		낮음	높음
		민간역량	

● 유형 1 : 기술 변화의 속도가 느리기 때문에 'Catch-up' 전략이 유효하며, 민간의 역량이 부족하여 정부 주도의 기술공급이 필요

  ○ 집중적인 자본투자와 기술개발로 선진기술을 따라잡는 'Catch-up' 전략을 통하여 선도국이 점유한 기존 시장에 진입

    • 기술 변화가 느리기 때문에 후발국도 집중적인 기술개발을 통하여 선진기술 수준을 따라잡는 'Catch-up' 전략이 유효

    • 글로벌 측면에서는 신산업이 아니지만 국내기업의 입장에서는 신산업

  ○ 민간의 역량이 낮아 자본투입이나 기술개발 능력이 없으므로 정부 주도의 자본투입과 기술공급이 필요

    • 국내 산업화 초기단계에서의 조선, 중화학산업 등이 이에 해당

● 유형 2 : 해당 산업의 민간역량이 높으나 시장이 포화상태로, 지속적인 경쟁우위 확보를 위해서는 민·관 협력을 통한 차세대 기술개발이 필요

  ○ 국내기업이 세계시장에서 선두를 차지하고 있으나 진입장벽이 낮아져 중국 등 신흥국의 위협을 받는 산업

- 따라서 차세대 선행기술 개발을 통하여 지속적으로 진입장벽을 높이는 전략이 필요한 분야

○ 민간기업이 세계적인 수준에 오른 상태이므로 상용화 기술개발은 민간에 일임하고 정부는 민간과 협력하여 차세대 기술개발에 주력

- 한국의 주력산업으로 성장한 최근의 조선, 자동차, 반도체 등

● 유형 3 : 민간역량이 높은 분야에서 차세대 기술을 기반으로 신시장을 창출하는 경우로, 기술개발은 민간이 주도하고 정부는 시장 확대를 위한 기반 조성

○ 새로운 기술과 시장을 동시에 창출해야 하므로 불확실성이 높지만, 민간기업의 개발역량도 높기 때문에 민간주도의 연구개발이 적합

○ 정부는 시장 확대를 위한 기반 조성 노력이 필요

- 국가표준화, 국제표준화, 대규모 실증사업 등 개별기업이 대처하기 어려운 시장의 기반 조성

○ IT 기업을 중심으로 한 휴대 인터넷산업 창출이 사례

● 유형 4 : 기술·시장 불확실성이 높을 뿐 아니라 민간기업의 역량이 부족하기 때문에 정부 주도의 선행기술 개발과 상용화 기술 공급이 동시에 필요

○ 불확실성도 높고 국내산업 기반도 미약하지만 국가의 미래 성장동력으로 확보해야 할 분야에 해당

- 차세대 기술로 진화하는 변혁기를 이용한 Leap-frogging 전략이 유효

○ 민간기업의 기술개발 역량도 부족하기 때문에 정부 주도로 선행기술 개발뿐 아니라 이를 이용한 상용화 제품의 개발과 시장 조성 노력도 필요

- 과거 휴대폰산업이나 현재의 바이오산업 분야 등이 해당

※ Leap-frogging 전략 : 연속적 기술변화 경로를 따라 발전하는 방식이 아니라 차세대 기술로 바로 건너뛰는 기술혁신 전략

Ⅲ 사례연구

1. 조선산업

● 한국은 1980~1990년대 조선산업의 불황기에도 불구하고 연구개발에 대한 투자를 지속하여 글로벌 리더로 도약하는 기반을 구축

　○ 한국은 불황기에도 불구하고 정부연구소를 중심으로 기술개발에 투자를 계속하여 경쟁력 강화의 계기가 됨

　　• 한국선박연구소 등을 중심으로 설계능력 향상, 자동화, 부품 국산화 등 생산기술에 대한 투자를 꾸준히 지속

　　• 반면, 유럽과 일본에서는 조선산업을 사양산업으로 인식하여 민간과 정부의 투자가 소극적

　○ 1990년대 중반 조선산업이 호황기로 전환하면서 글로벌 리더로 부상

| 세계 선박시장 및 주요국별 공급 추이 |

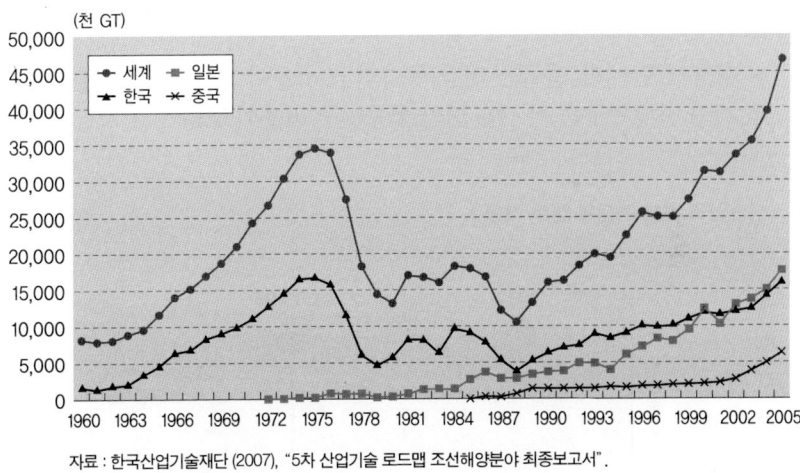

자료 : 한국산업기술재단(2007), "5차 산업기술 로드맵 조선해양분야 최종보고서".

● 조선산업 진입 당시, 연구개발 역량이 거의 전무한 민간기업을 대신하여 정부에서 상용화 단계의 기술을 직접적으로 지원한 것이 유효

○ 정부는 기본설계나 생산성 향상 등 당장 사업화에 유용한 기술들을 제공
  - 기업들은 이를 바탕으로 품질향상과 원가절감을 위해 꾸준히 노력
○ 조선산업의 불경기를 맞아 유럽이나 일본 등 선도국의 기술혁신이 정체된 것도 국내 조선업의 기술추격에 유리한 상황

● 2000년대에는 양적 측면에서 명실상부한 글로벌 리더로 부상했으며, 각종 신기술을 선도하면서 질적 측면에서도 선도위치를 확보
○ 수주량, 수주잔량, 건조량 3대 물량지표에서 모두 1위
  - 2008년 세계시장에서 수주량은 38.3%, 건조량은 35.4%, 수주잔량은 33.8%를 점유하여 3대 지표에서 모두 세계 1위를 고수
○ 육상건조기법, 기가블록 공법, 스키드 공법 등 혁신 공법 개발로 경쟁우위 확보

● 민간의 연구개발 역량 강화와 고부가 제품군으로의 이동에 따라 정부는 차세대 선행기술에 대한 민·관 협력을 확대하여 조선산업의 지속적 경쟁우위 창출을 지원
○ 정부는 선행기술 개발에 주력하고 상용화 단계의 기술은 민간에 일임
  - 상용화 단계의 연구는 민간 독자연구 비율이 73% 반면, 기술검토 단계의 선행연구는 산·학·연의 공동연구 비율이 61%

| 조선산업의 변천 과정과 정부 지원 |

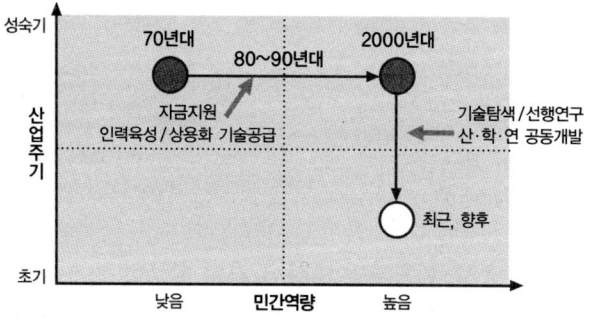

2. 휴대폰산업

● 정부 주도의 대규모 기술개발 성공 이후 규제완화를 통하여 국내시장을 확대하고 기업 간 경쟁을 유도하여 글로벌 경쟁력 확보에 성공

  ○ CDMA 기술개발사업은 정보통신부가 1989년부터 1996년까지 추진한 대형 국가연구 개발사업으로 1996년 세계 최초로 상용화

  ○ 1996년 이후 규제완화를 통하여 국내시장을 확대하고 기업 간 경쟁을 유도하여 국내기업의 경쟁력이 급성장

  • 선발업체인 SKT와 더불어 1995년 신세기통신, 1996년 PCS 3사가 신규 진입하며 5사 경쟁체제가 본격화

  • 서비스기업 간 경쟁을 통하여 서비스가격 하락과 시장팽창을 촉발

  • 서비스시장의 확대는 단말기시장 확대로 상승작용을 하며 단말기 경쟁을 가속화

  ○ 1999년 말 국내수요가 포화기로 접어들자 국내 휴대폰 서비스 및 기기 업체들의 중국 및 베트남 등 동남아 국가들로 해외진출이 본격화

| 휴대폰산업의 발전과정 |

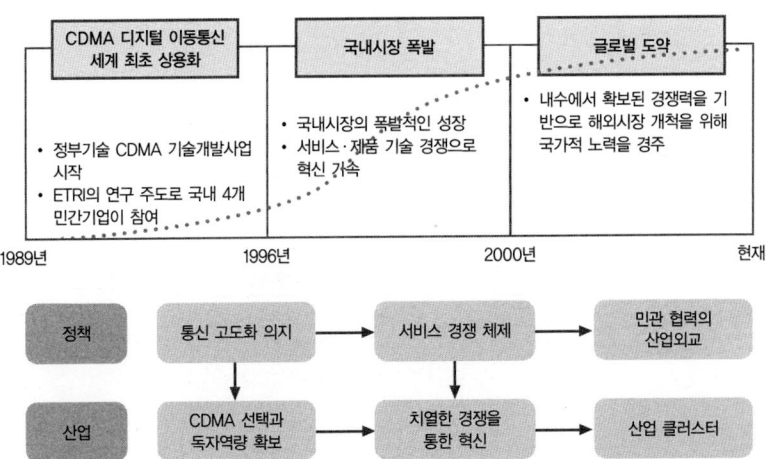

자료 : 김재윤 (2001), "CDMA 성공신화의 시사점"(CEO Information 제326호), 삼성경제연구소.

- ● 아날로그 방식에서 디지털 방식으로 변하는 기술변곡점 시기에서 정부 주도의 선택과 집중을 통한 과감한 투자가 핵심 성공요인
  - ○ CDMA 기술개발사업은 정부와 민간이 긴밀히 협력하여 성공시킨 모험 프로젝트
    - '세계에 존재하지 않던 제품'에 대해서 통신 후발국인 한국이 도전에 성공하였고, 현재 세계 휴대폰 시장점유율 2위로 육성
  - ○ 부족한 민간의 개발역량을 대신하여 정부연구기관 주도로 기술개발
    - TDX 개발 성공으로 정부연구기관의 기술력 축적과 자신감을 갖게 됨
- ● 기술개발이 완료된 시점에서 규제완화를 통해 자유경쟁을 유도, 내수 기반을 마련하여 글로벌 경쟁력 기반 마련
  - ○ 세계 최초로 CDMA 방식 상용화를 이루며 내수시장에서 경쟁력을 확보 하였고, 이를 기반으로 해외시장을 개척하여 글로벌 선도국가로 성장
    - 국내 수요가 포화기로 접어들자 국내 휴대폰 기업과 정부가 협력하여 중국 및 베트남에서 CDMA 채택을 유도하는 등 외교적 노력도 경주

| 휴대폰산업의 변천과정과 정부 지원 |

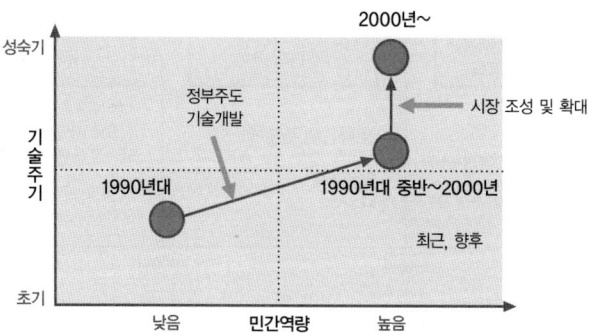

3. 휴대 인터넷산업

● 휴대 인터넷산업은 기술 측면, 산업구조 측면, 기업의 역량 측면 등에서 과거 한국의 산업발전 과정과 차이가 존재

  ○ 기술 측면에서는 산업주기상 초기단계의 기술이어서 기술개발뿐 아니라 시장 창출도 해야 하는 기술

  - 조선, 자동차, 반도체 등 시장이 이미 존재하는 여건에서 기술개발에만 집중하던 방식과 차이

  ○ 산업구조 측면에서는 제조업과 서비스업이 융합된 시장구조

  - 조선, 자동차, 반도체, 휴대폰 등 한국의 기존 주력산업들은 모두 제품 위주의 제조업

  ○ 기업역량 측면에서는 우수한 민간역량을 바탕으로 새로운 산업을 선도해가는 창조형 기술개발 단계

  - 과거에는 민간기업의 역량이 부족한 상황에서 신산업에 진입하여 정부 주도로 선도국을 따라가는 추격형 기술개발 방식

● 초기부터 글로벌기업과의 협력을 통해 국제표준 선점과 해외시장 진출을 추진한 것도 기존 산업육성 전략과 차이점

  ○ WiMax를 추진하던 인텔과 포화상태에 이른 3G 이동통신의 한계를 극복하기 위해 삼성전자가 전격 협력하여 국제표준을 주도

  ○ 2005년 Grand Alliance[10]를 통해 WiBro 기술이 국제표준인 IEEE802.16e의 표준으로 채택

---

10 국내에서는 ETRI와 삼성전자, 국외에서는 인텔과 WiMax 회원사, 런콤 등이 참여

◉ 기술개발과 동시에 초기시장 활성화를 위한 다양한 정책이 성과

  ○ 휴대 인터넷은 제품과 서비스가 결합된 산업으로 일정 규모 이상의 제품시장이 형성된 이후에 다양한 서비스가 본격적으로 개발되며 성장하는 구조

  ○ 특히, 기술이 다양하고 변화속도가 빠른 서비스 부분은 정부 주도의 기술공급보다 시장 조성을 통한 기업들의 자유로운 경쟁체제 유도가 효과적

◉ 초기부터 글로벌시장을 목표로 국제협력을 강화하고 국제표준화를 주도한 것도 주효

  ○ 국내기업의 규모와 기대 수준이 높아지면서 글로벌시장 진출이 필수

    • 국내시장 선점 → 경쟁력 강화 → 해외시장 진출이라는 과거 공식에서 벗어나 개발 초기부터 국제시장을 목표로 한 전략이 유효

  ○ 해외기업과 대립관계가 아닌 협력과 네트워크 구축에 성공

    • 최근의 기술경쟁은 단일기업 간의 경쟁에서 벗어나 협쟁(協爭)체제로 전환

| 휴대 인터넷산업의 변천과정과 정부지원 |

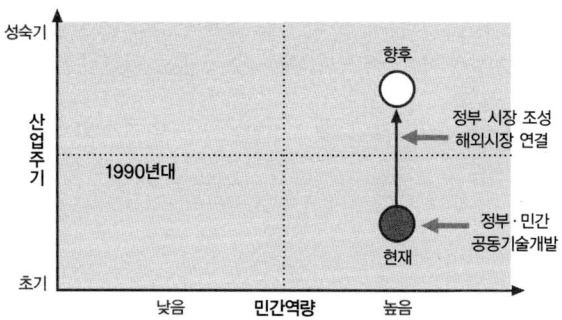

4. 바이오산업

● 정부의 지원에도 불구, 최종 단계의 신약을 개발하여 상품화 단계까지 이끌어 갈 수 있는 민간기업이 여전히 부재

  ○ 임상 단계에서 허가 단계까지 이끌어 갈 수 있는 민간기업이 부재

   • 벤처기업은 제품화 능력이 없기 때문에 임상 전 단계에서 글로벌 제약기업에 기술 판매

  ○ 국내 제약회사는 세계적인 다국적 제약기업과 경쟁할 수 있는 대형기업이 부재하고, 연구개발 투자 규모와 연구개발 인력 모두 매우 취약

   • 국내기업 중 연간 연구개발비가 200억 원이 넘는 곳은 4개사에 불과하고, 연구개발 인력이 200명이 넘는 곳은 2개사에 불과

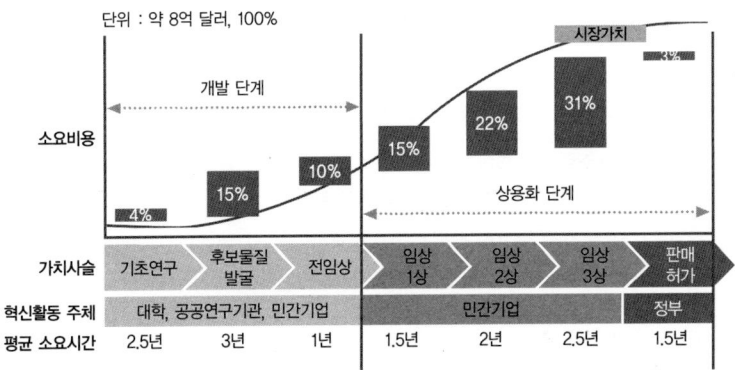

| 바이오제약의 가치사슬 단계별 비용 비중 및 시장가치 |

주 : 평균 소요기간 및 비용은 신약개발의 경우를 대상으로 함
자료 : 최윤희, 조윤애, 문선웅 (2006), "바이오산업 육성을 위한 R&D 전략", 국가과학기술 자문회의 자료, 산업연구원.

● 임상·허가 단계의 인프라 구축 및 역량 강화를 통하여 민간의 사업화 능력을 증진시킬 수 있는 다양한 지원이 필요

  ○ 미국, EU, 일본은 ICH라는 국제기구를 통해서 신약허가에 대한 상호인정체계 구축 중

  ○ 영국은 BTG를 설립하여 정부연구소에서 개발한 기초물질을 제품화

미국, EU, 일본의 임상시험 동조화 기준(ICH)

- 미국과 EU, 일본은 국제임상시험동조화기준(ICH : International Committee on Harmonization)을 구성, 국제표준화 작업 추진
  - ICH는 신약허가 시 국가마다 요구하는 안전성, 유효성에 관한 기준을 통일하여 중복시험을 방지하고 의약품 개발기간 단축을 목표
  - 1989년 EU 측의 제안으로 처음 시작한 회의로 미국, EU, 일본이 참여하고 있으며 WHO, EFTA, 캐나다, 한국 등은 옵서버로 참여
  - 현재까지 품질, 안정성, 유효성 및 통합 분야 등 4개의 영역에서 50가지 이상의 가이드라인과 공동기술문서(CTD)를 채택

영국의 BTG 사례

- BTG(British Technology Group)는 1981년 영국 통산성 산하의 공기업으로 출발하여 1992년 민영화된 기술사업화 중개기관
  - 대학 및 연구소로부터 특허출원 전의 초기 기술에 대한 독점권을 확보한 후 추가개발을 통해 부가가치를 높여서 전문기업에 기술이전
  - 2002년 한 해에만 영국의 대학은 2,238개의 새로운 기술을 개발했으며, 이 중 29%에 해당하는 648개의 기술이 민간기업으로 이전

| BTG의 사업모델 |

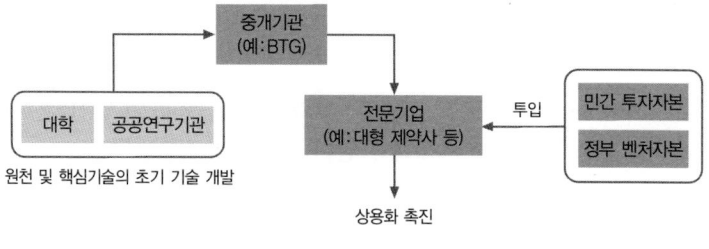

Ⅳ 사례연구의 시사점

정부 R&D 투자는 신산업 창출의 기반 역할

● 정부 R&D 투자는 기술공급, 인력공급, 민간역량 강화 및 투자 유도 등 다양한 경로를 통해 신산업 개척의 기반을 제공

  ○ 조선산업, 휴대폰산업, 휴대 인터넷산업에서 보듯이 정부의 R&D 투자는 지속적으로 신산업을 창출하는 씨앗 역할을 해왔음

    • '기술개발 → 초기 시장 조성 → 글로벌시장 확대'의 경로를 따라 성장

  ○ R&D 특성상 정부의 R&D 투자와 산업 창출 사이에 시간지연이 존재할 수밖에 없음을 고려해야 함

    • 정부 R&D 투자와 본격적인 산업화 사이에 조선산업의 경우 20년, 휴대폰과 휴대 인터넷의 경우는 10여 년의 격차가 있음

  ○ 따라서 정부의 R&D 투자는 단기 성과보다 차기의 주도권을 노리는 중장기 투자가 필요

| 주요 신산업 창출 과정 |

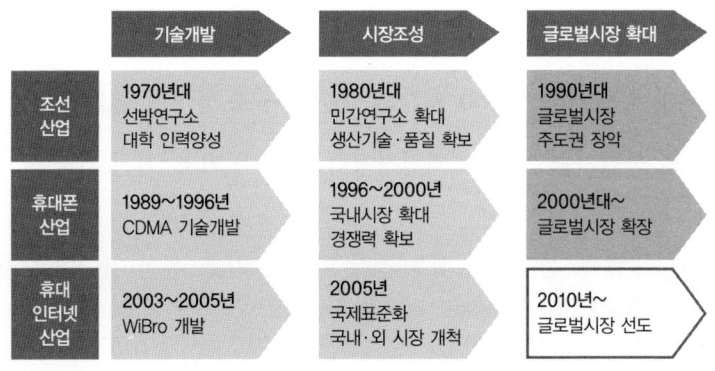

산업환경별로 차별화된 정부 R&D 투자가 필요

● 산업주기와 민간역량을 고려한 정부 R&D의 역할 설정과 정책이 필요

ㅇ 정부 R&D의 기본역할은 기술개발에 수반된 위험을 분담하여 민간기업의 연구개발 투자를 활성화하는 것

ㅇ 산업주기와 민간기업의 역량에 따라 위험의 유형과 정도가 상이하므로 이에 따른 적절한 정부 R&D 정책이 필요

ㅇ 미래 신성장동력으로 주목받는 바이오산업은 '유형 4'에 해당하나 아직 상용화 단계의 지원이 부족한 상황

| 산업주기와 민간역량에 따른 정부 R&D 역할 |

산업주기	민간역량	위험의 종류·정도	정부 역할	정부정책	사례
성숙	낮음	기술 위험도 低 역량 위험도 高	기술 공급자	상용화 기술 공급 자금지원을 통한 규모 확대	초기 조선
성숙	높음	기술 위험도 低 역량 위험도 低	기술 협력자	상용화 기술은 민간에 일임 정부는 민간과 선행기술을 협력개발	최근 조선
초기	높음	기술 위험도 高 역량 위험도 低	시장 조성자	민간 주도 기술개발 정부는 시장 기반 조성	휴대 인터넷
초기	낮음	기술 위험도 高 역량 위험도 高	기술 공급자 + 시장 조성자	정부 주도 선행기술 개발 민간과 협력한 상용화 지원	휴대폰 바이오

R&D 투자에 있어서 정부와 민간의 선순환 구조 형성이 필요

● 정부의 산업기술 지원 → 기업경쟁력 제고 → 기초·원천 기술에 재투자라는 선순환주기를 형성

ㅇ 미국, 유럽 등 선진국의 경우 정부 R&D는 기초·원천 기술에 투자하고 이를 산업기술로 확대하는 경로를 따라 성장

○ 한국의 경우, 정부 R&D를 통하여 산업기술을 공급하고 이를 기반으로 기업의 경쟁력 강화 후에 기초·원천 기술에 투자를 확대하는 경로

  • 기초기술을 상용화 단계까지 이끌어 갈 민간역량이 부족

  • 최근 글로벌 경쟁력을 확보한 산업에서는 기초·원천 기술개발에 대한 투자를 확대하여 경쟁력을 확대

향후에는 공공수요를 산업화로 연결할 수 있는 분야에 집중

● 국가의 발전 단계가 성숙됨에 따라 사회적 현안 문제를 해결하기 위한 정부 R&D의 역할이 요구

○ 향후에는 광우병, 지구온난화 등 사회적 현안을 해결할 수 있는 정부의 R&D 투자가 증가할 전망

  • 과거의 정부 R&D 투자는 선진국에 비해 경제개발 목적의 투자 비중이 과도하게 높다는 지적

● 보건, 에너지, 환경 등 공공의 요구를 수용하면서 이를 기반으로 산업화로 연결할 수 있는 분야에 집중

○ 정부 R&D 투자 확대를 통하여 공공의 수요를 충족하면서 동시에 국내 기업의 역량 강화 기회로 활용

  • 최근 이슈화되고 있는 보건, 에너지, 환경 등은 국내산업이 취약

  • 기초·원천 기술 개발뿐 아니라 상용화를 위한 정부의 지원이 필요

경비산업의 성장전략 09

I. 경비산업의 현황
II. 경비산업을 둘러싼 환경변화
III. 경비산업의 성장전략

SERI 경영노트
》》》 2009. 4. 23.
김진혁

Ⅰ 경비산업의 현황

● 경비산업(Security Industry)이란 보안산업의 한 분야로서, 범죄 등 각종 위험으로부터 고객의 생명과 재산을 보호하는 것이 주목적

  ※ 보안산업은 고객 신변을 둘러싼 물리적 안전을 추구하는 경비산업과 정보, 네트워크 등의 논리적 안전을 추구하는 정보보안산업으로 구분

  ○ 경비산업은 다시 무인전자경비·人경비 등 경비서비스업과 영상보안기기·출입통제기기 등 경비기기제조업으로 분류 가능

| 경비산업의 구조 |

구분	예시	개념
경비 서비스업	무인전자경비	경보가 울리면 경비요원이 출동하는 서비스
	人경비	경비요원이 상주하여 시설관리, 경호 등 서비스를 제공
경비기기 제조업	영상보안기기	CCTV, DVR, 모니터 등 감시에 필요한 영상기기 제조
	출입통제기기	스마트카드, 생체인식 등 출입관리기기 제조
	출동보안기기	알람, 대처 등에 필요한 경보기, 센서 등 제조
	소방방제기기	화재경보기, 스프링쿨러 등 제조

1. 세계시장

● 경비산업의 세계시장 규모는 약 800억 달러로 추정되며, 미국과 유럽이 전체 시장의 약 65%를 점유

  ○ 9·11 테러 이후 각국 정부의 보안강화 기조가 확산되었고, 선진국을 중심으로 개인 안전에 대한 수요가 증가

● 경비서비스 분야에서는 Tyco, SECOM이 무인전자경비 시장을 이끌고 있고, 유럽계인 Securitas AB, G4S는 주로 경비요원이 상주하는 人경비 부문에 특화

- 경비기기제조 분야는 GE, 하니웰, 지멘스 등 글로벌 대기업이 주도

  ○ 경비기기는 광학, 저장, 센싱, 압축 등 다양한 기술의 융합이 필요한 컨버전스형 제품이기 때문

| 경비산업의 주요 기업 현황(2008년) |

주요 분야	기업명(국가)	매출 (백만 달러)	영업이익 (백만 달러)	경비산업 매출 비중(%)
무인전자경비	Tyco(美)	20,199	1,553	41.1
	SECOM(日)	3,435	806	61.6
	에스원(韓)	557	85	100.0
人경비	G4S(英)	9,401	321	100.0
	Securitas AB(스웨덴)	9,945	82	100.0
	에스텍시스템(韓)	166	30	100.0
경비기기 제조	GE(美)	182,515	17,410	10.3
	Honeywell(美)	36,556	2,792	36.1
	Siemens(獨)	111,730	8,504	6.9
	UTC(美)	58,681	4,689	10.5

자료 : Hoovers, KIS-LINE.

2. 국내시장

- 국내 경비서비스업은 1990년대 이후 본격적인 성장을 거듭하여, 현재 약 1.4조 원의 시장을 형성하고 있으며 대형 3사가 주도하고 있는 상태

  ○ 1990년대부터 금융기관의 현금자동지급기(ATM) 코너 도입을 계기로 경비서비스업이 급성장(산업의 중심축도 人경비에서 무인전자경비로 전환)

  ○ 장비, 인력 등 초기 투자비용이 높고, '안전'이라는 브랜드 이미지가 중요하게 작용하기 때문에 에스원, ADT캡스, 텔레캅서비스 3社가 시장의 약 80%를 점유

| 국내 경비서비스 주요 3社의 매출 추이 |

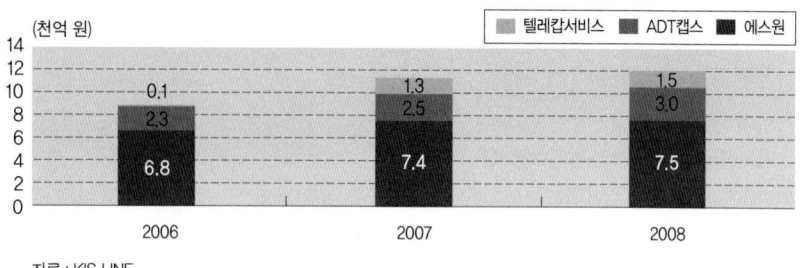

자료 : KIS-LINE.

● 경비기기제조업은 영상보안기기를 중심으로 성장해왔고, 향후 지문·홍채 등 생체인식 분야로 사업영역을 넓힐 것으로 예상

  ○ 강력범죄 예방, 교통단속 등 공공부문의 수요 증가에 힘입어 CCTV 등 영상보안기기 시장이 연간 7천억 원대 규모로 성장

   • 업계에서는 현재 국내에 설치된 CCTV 수를 국민 17명당 1대 꼴인 250~300만 대로 추정(보안뉴스, 2008. 8. 28.)

CCTV의 나라, 영국

■ 영국에는 인구 14명당 1개 수준인 약 420만 대의 CCTV가 설치

  □ IRA 테러 등 안전을 위협하는 사건이 빈발하면서 CCTV가 확산

  □ 런던 시민들은 평균 30초당 1회, 하루 300회씩 CCTV에 노출

  □ "영국인들은 빅 브라더(Big brother)의 감시하에 살고 있다"

자료 : Bennetto, J. (2006.11.2.), Big Brother Britain 2006, *The Independent*.

  ○ 바이오 관련 기술이 발달함에 따라 위조가 어렵고 개인식별이 확실한 생체인식에 대한 관심이 날로 증가

   • 출입통제 등 경비산업 분야뿐만 아니라 전자상거래, 인터넷뱅킹 등 정보보안산업으로도 생체인식의 활용 범위가 확대될 것이 확실시

Ⅱ 경비산업을 둘러싼 환경변화

경비산업의 성장가능성은 높은 편

● 국내 경비산업을 둘러싼 환경변화를 감안할 때 경비산업의 성장가능성은 매우 높은 상황

  ○ 일본은 GDP 대비 경비서비스업의 매출비율이 0.7%인 데 비해, 한국은 0.2%에 불과하다는 점을 감안하면, 향후 국내시장 규모가 5조 원대까지 커질 것이라는 추산도 가능

| GDP 대비 경비서비스업 매출비율 추이(일본 vs 한국) |

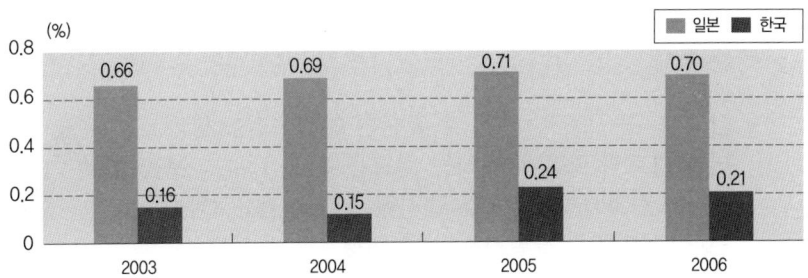

자료 : 박한우(2008. 6. 23.), "에스원 기업분석", 푸르덴셜투자증권, pp. 12~13.

성장동인(Driver)도 다양

① 사회 불안

● 범죄 증가 등으로 사회불안이 심화될수록 안전에 대한 수요는 증가

  ○ 연간 50만 건 이상의 강력범죄가 발생하고 있으나, 검거율은 70%대에 머물고 있음

    • 2009년 현재 경찰관 1인당 국민 수는 507명으로 OECD 최하위 수준

| 5大 강력범죄 발생건수 및 검거율 |

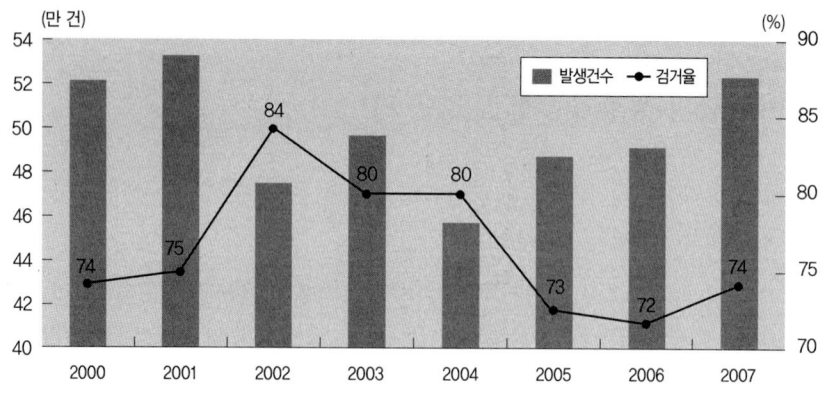

주 : 5大 강력범죄는 살인, 강도, 강간, 절도, 폭력.
자료 : 경찰청, "5대 범죄 발생, 검거 현황".

○ 최근 유괴, 연쇄살인 등 흉악범죄가 늘면서 호신용품 개발·출시가 증가하는 추세

- 삼성전자는 2009년 3월 말 휴대폰 안전고리를 당기면 대형트럭 소음에 맞먹는 경고음을 발신하는 '보디가드폰(SPH-W7100)'을 출시했고, GS이숍은 2월에 '호신-보안용품 특별기획전'을 진행

② 소득 증대

◉ 소득 증대에 따라 개인안전과 재산을 지키려는 욕구도 커지기 때문에 경비산업은 선진국형 산업에 해당

○ 스웨덴, 영국, 일본 등 GDP가 높은 국가일수록 민간경비서비스 지출이 증가(소득 수준과 경비서비스 지출은 높은 陽의 상관관계)[1]

- "사회가 풍요롭게 되면 제일 먼저 없어지는 것이 숙직이나 수위임"
(이다 마코토 SECOM 창업자, 2007년《다이아몬드》지 인터뷰)

---

[1] Freedonia Group (2006), World Security Services (홍종길 (2008.9.23.), "에스원 기업분석 보고서", 한국투자증권, pp. 15~16에서 재인용-)

③ **인구구조 변화**

◉ 1인 가구 및 노인인구의 증가, 여성들의 사회진출 등 인구구조의 변화로 빈집이 늘어남에 따라 침입범죄에 대응하는 가정용 경비서비스 수요가 증가(경비서비스의 잠재적 수요층 확대)

  ○ SECOM(日)의 경우 가정용 상품이 무인전자경비 매출의 37%를 차지(에스원(韓)의 가정용 상품 가입자 비율은 18%)

④ **기술·산업의 융복합화**

◉ IT 등 원천기술 발전과 함께 산업 간 융복합화가 진전되면서 경비산업 관련 기술의 응용 범위가 확대

  ○ 광학기술, 저장기술, 이미지처리기술 등 IT의 발달이 경비산업 관련 장비 및 서비스의 첨단화를 견인

  ○ 의료 등 다양한 산업에서 위치정보기술, 원격서비스기술 등 경비산업의 핵심기술에 대한 수요가 증가

하늘을 나는 CCTV, 'Police Drone'

- 영국 경찰은 2007년에 하늘을 날면서 촬영이 가능한 이동식 CCTV를 도입
  - 크기 1m, 중량 1kg의 Police Drone은 500m 상공에서 고해상도 영상을 포착
  - 현재 교통정보 수집 및 화재 감시 용도로 주로 사용
  - Police Drone은 초정밀촬영기술, 광학기술, 고속촬영기술, 항공기술, 원격조종기술의 결합체

자료 : Pilotless police drone takes off (2007. 5. 21.), BBC news.

Ⅲ 경비산업의 성장전략

● 경비산업의 '업의 개념' 변화에 신속히 대응하여 기회를 선점하고, 기존 핵심역량을 확장하여 새로운 시장을 발굴할 필요

  ○ 투입요소, 경비대상, 도메인 등 경비산업의 속성이 변화하는 방향을 예의주시하고, 그에 따라 새롭게 대두되는 기술과 시장을 선점

  ○ 위치정보기술, 센싱기술, 원격서비스망 등 경비산업에서의 핵심역량을 응용하여 신사업을 발굴

1. '업의 개념' 변화에 선제적으로 대응

① 투입요소 : 노동집약 → 기술집약

● 경비산업의 속성이 노동집약에서 기술집약 산업으로 변화하고 있으므로, 무인화 관련 기술개발과 함께 경비서비스의 품질제고에 주력

  ○ 경비~알람~대처 중 현재까지는 주로 경비~알람 영역에서 무인화가 진전되면서 출입통제장비, 디지털감시장비 등의 시장이 성장

  ○ 향후에는 대처 영역에서도 경고메시지 자동발송, 경호로봇 활용 등 무인화 추세가 가속화될 전망

    • 에스원이 3월 말 출시한 '세콤 브이'는 고음의 경고음을 내 침입자를 퇴치하는 것으로, 범죄가 발생해도 촬영만 할 뿐 범행은 막을 수 없었던 기존 경비서비스의 한계를 극복

    • 2006년 독일 월드컵에서는 테러 예방과 홀리건 난동을 막기 위해 열(熱)감지 카메라와 첨단 냄새센서가 장착된 경호로봇 '오프로(OFRO)'를 사용

○ 한편, 무인화에 따른 반작용으로 경비서비스 품질에 대한 소비자의 눈높이가 높아질 가능성에도 대비

- SECOM은 '장비설치를 위해 가정을 방문할 때는 꼭 양말을 갈아 신는다', '스커트를 입은 부인과 2층에 올라갈 때는 앞장선다' 등 상세한 접객 준수사항까지 교육해 현장직원의 서비스 품질을 제고

② 경비대상 : 장소 → 개인

● 특정장소를 경비하는 공간경비(Place Security)를 넘어 계약자 보호에 주력하는 개인경비(Personal Security)로 변화하는 추세에 따라, 개인경비 시장의 성장 및 경비공간의 다양화에 주목할 필요

○ 과거에는 주로 산업시설, 건물 등에 경비서비스 수요가 집중되었으나, 개인 대상의 흉악범죄가 늘어나면서 개인경비 수요가 증가

- 납치사건의 증가로 교섭 컨설턴트업, 납치보험업, 납치대응경호 등 납치관련산업의 세계시장 규모가 10억 달러를 상회할 것으로 추정[2]

○ 가정뿐만 아니라 자동차, 여행지 등 다양화된 경비공간에 대응

GM의 온스타(OnStar)

■ 차량 위치정보를 기초로 운전, 사고처리, 유지보수 등과 관련된 종합 솔루션을 제공

▫ 위성신호를 수신한 GPS 수신기가 차량 위치를 인식하여 길을 안내하고, 사고 시 자동으로 중앙센터에 통보하며, 차량도난 시 위치를 알려줄 뿐 아니라 키를 분실할 경우 문을 열어주는 기능을 보유

▫ 1996년 차량 안전 서비스로 출발하여 2006년 현재 400만 명 이상의 가입자가 이용 (매월 약 10만 건의 긴급지원, 400여 건의 차량 도난을 처리)

---

[2] Vardi, N. (2008. 10. 13.), Kidnap Inc., *Forbes*.

③ 도메인(domain) : 방범업 → 종합안심산업

● '업의 개념'이 방범업을 넘어 '안심가치'를 제공하는 종합안심산업으로 바뀌고 있으므로 관련산업으로의 사업 범위를 확대하는 것도 적극 고려
   ○ 경비서비스의 경우 범죄예방, 순찰뿐만 아니라 계약자의 생활 전반을 관리해주는 역할을 담당할 필요
      • ADT캡스는 명절 등 고객이 장기간 집을 비울 경우 애완동물 먹이 주기, 우편물 수거 등의 서비스를 제공
   ○ '안전'과 '안심'을 키워드로 하여 경비 이외의 신규사업에 진출
      • SECOM은 '20년 후를 내다보고 미리 꿈의 씨앗을 뿌린다'는 원칙을 세우고, 경비서비스에서 보험·의료·IT 등으로 사업을 확장

| SECOM의 주요 사업 분야 |

사업 분야	내용
경비서비스	• 온라인 시큐리티 : 침입, 화재, 설비 이상 등을 감지·출동 • 기타 : 상주경비, 현금호송, 로컬시스템, 안전상품 등
의료	• 재택의료서비스 : 방문간호, 약제제조 등 • 개호서비스 : 방문 개호, 통원 개호, 개호 양로원 등 • 기타 : 건강관리, 원격의료 등
보험	• 손해보험 : 시큐리티 및 의료사업과 연계 • 자동차보험 : 기존의 출동요원이 서비스
정보	• 코코 세콤 : 사람, 차량의 위치정보서비스 • IT보안 : 보안, 데이터 보관
부동산	• 맨션 건설 및 운영 : 안전·안심·쾌적한 주거환경 제공 • 기타 : 빌딩 관리, 금융(리스)

2. 핵심역량을 응용하여 신사업을 발굴

① **위치정보기술** → **LBS(Location Based Service)**

● 위치정보 관련 노하우를 활용하여 LBS 분야에서 새로운 사업을 발굴

  ○ 내비게이션을 중심으로 LBS가 급속히 대중화되면서 관련시장이 성장

   • 삼성전자와 애플은 2007년 구글맵 서비스에 연동되는 GPS 기능을 내장한 구글폰과 아이폰을 출시

  ○ 선진국에서는 공공안전을 위해 개인용 휴대폰에 GPS 채택을 의무화

   • 미국은 2006년부터 모든 통신사업자에게, 일본은 2007년 4월부터 3세대 이동통신사업자에게 위치정보 제공을 의무화

● 위치정보기술은 경비서비스업의 핵심역량이므로 LBS 부문에서 새로운 서비스를 발굴하기가 유리

  ○ SECOM은 가방제조업체 교와(協和)와 제휴해 GPS가 내장된 가방의 위치를 추적하고 유사시 경호요원을 파견하는 아동안전서비스를 시작

  ○ 에스원은 2007년 동해안 선박의 입출항 및 안전운항을 관리하는 LBS 시스템 개발 및 운영 프로젝트를 해양경찰청으로부터 수주

② **센싱기술·원격서비스망** → **U-헬스**

● 센싱기술, 원격서비스망 등을 응용한 헬스케어나 치매환자관리 등 향후 성장이 기대되는 서비스 분야에서 신사업 기회를 모색

○ 노인인구가 늘면서 국내 원격의료시장(U-헬스)의 규모는 2012년까지 1.2~2.0조 원에 이를 전망[3]

- 환자의 혈압, 맥박, 혈당 등 건강정보를 병원 외부에서 측정하고 운동·식이·투약 등 원격서비스를 제공

○ 의료·IT 관련기업뿐 아니라 선진 경비업체들도 원격서비스망 등을 활용하여 U-헬스 분야에 적극 진출하는 중

- 하니웰은 홈메드를 인수하여 기존 보안서비스와 함께 원격 건강모니터링서비스도 제공
- SECOM은 의사가 어디에서든지 환자의 진료카드를 컴퓨터로 검색할 수 있는 전자 의료기록카드시스템 사업을 전개

○ GPS 내장 전자팔찌를 활용할 경우, 치매환자관리 등 노인의료 분야에서 다양한 서비스 기회를 창출

| 국내 경비산업의 성장전략 |

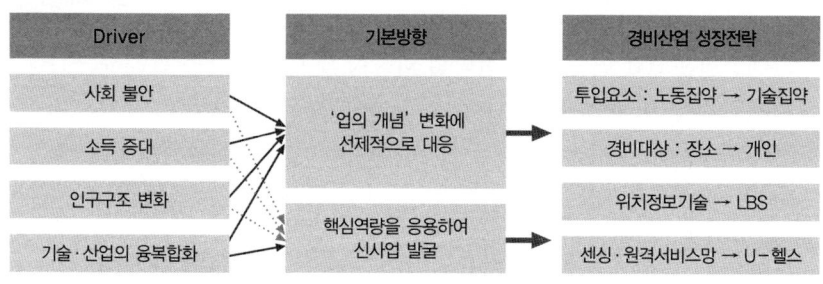

---

[3] 강성욱·이성호 (2007), "유헬스(U-Health)의 경제적 효과와 성장전략"(Issue Paper), 삼성경제연구소.

수처리 기술의 진화와 시사점 | 10

I. 수처리 기술의 진화
II. 수처리 기술의 적용 현황
III. 시사점

SERI 경제포커스
≫≫≫ 2008. 10. 6.
김현한

Ⅰ 수처리 기술의 진화

수처리 기술의 중요성

● 심각해지는 물 부족 현상과 수질오염으로 인하여 깨끗한 물을 확보할 수 있는 수처리 기술의 중요성이 확대

  ○ 지구상에 존재하는 물 가운데 해수 및 빙하를 제외하고 이용 가능한 물의 양은 1% 미만[1]

  ○ 2008년 현재 전 세계 10억여 명이 깨끗한 식수를 마시지 못하며, 26억여 명은 하수도, 화장실 등 기초적인 위생시설이 없는 환경에 처해 있는 것으로 추산[2]

   • 전 세계에서 오염된 물로 인한 사망자는 연간 500만 명 이상으로 추정

  ○ 오염된 물을 정화하여 이용 가능한 수자원을 확보하는 수처리 기술의 중요성이 점차 확대

수처리 기술의 진화

● 기존의 물리화학적 공정 및 생물학적 공정보다 수질개선 효과가 우수하고 약품사용이 배제된 환경친화적 막(Membrane)분리 공정으로 기술이 진화 중

  ○ 도시화와 산업화에 따른 수질 악화, 난분해성 폐수의 증가, 환경규제 강화, 생활수준 향상 등으로 환경친화적인 수처리 기술의 필요성이 증가

  ○ 기존 공정을 막분리 공정으로 대체하거나 기존 공정과 막분리 공정을 조합하여 사용

---

1 유호현 (2008. 3. 12.), "물 비즈니스 성공의 핵심 포인트", 《LG Business Insight》, pp. 2~17.
2 Wild, D., et al. (2007), Water: a market of the future, SAM.

○ 막분리 공정의 확산으로 핵심소재인 수처리용 분리막 및 모듈의 시장 규모가 2007년 36억 달러에서 2012년 63억 달러로 연평균 12% 성장할 전망[3]

| 수처리 기술의 진화 |

	1세대 (1800년대~현재)	2세대 (1920년대~현재)	3세대 (1990년대~현재)
기술	물리화학적 공정	생물학적 공정	막분리 공정
방법	• 약품을 사용하여 오염물질 응집·침전 후 모래 여과	• 호기성 및 혐기성 미생물을 이용하여 오염물질 분해	• 다양한 분리막을 이용하여 오염물질 여과
특징	• 화학약품 사용 • 다량의 슬러지 발생 • 높은 설비투자비용	• 물리화학적 공정에 비해 2차 오염 감소 • 난분해성 물질제거 불가	• 환경친화적 • 간편한 조작 • 콤팩트한 설비로 공간 절약 • 모듈화

● 막분리 공정은 특정한 크기의 물질을 분리할 수 있는 미세공을 가진 분리막을 이용하여 오염물질을 제거하는 기술

○ 분리막은 미세공의 크기에 따라 정밀여과(MF)막, 한외여과(UF)막, 나노여과(NF)막, 역삼투(RO)막으로 구분[4]

• 미세공의 크기 : MF막〉UF막〉NF막〉RO막

• 오염물질의 크기 및 특성에 따라 적절한 분리막을 선택하여 사용

| 수처리용 분리막의 종류 및 용도 |

구분	제거물질 크기	분리대상	용도
MF막	0.01~10㎛	부유물질, 박테리아 등	상·하수처리 등
UF막	1~100㎚	현탁물질, 단백질, 다당류, 고분자물질 등	하·폐수처리, 담수화 전처리 등
NF막	수㎚ 정도	유기물(선택적) 등	담수화 전처리, 농약제거 등
RO막	1㎚ 이하	이온성물질, 중금속 등	담수화, 초순수 제조, 정수기 등

---

3 The Freedonia Group (2008), Membrane Separation Technology, Quoted in Learn About the US Membrane Separation Technologies Market(2008. 3. 11.), REUTERS, ; BCC Research (2005), Membrane technology: A new era, Quoted in Study: U.S. membrane market to reach $6.9 billion by 2009 (2005. 2. 23.), WaterWorld Online. 의 보도자료를 종합하여 추정

4 MF: MicroFiltration, UF: UltraFiltration, NF: NanoFiltration, RO: Reverse Osmosis.

Ⅱ 수처리 기술의 적용 현황

수처리 기술의 적용 부문

● 수처리 기술은 상·하수처리와 담수화 부문에 적용 가능

  ○ 상수처리 부문 : 담수자원을 정화하여 각종 용수를 생산하는 기술

  ○ 하수처리 부문 : 산업용·농업용·생활용 하·폐수를 정화하여 하천으로 방류시키거나 용수로 재활용(중수도)하는 기술

  ○ 담수화 부문 : 해수로부터 염분을 제거하여 각종 용수로 사용하는 기술

| 수처리 기술의 적용 부문 |

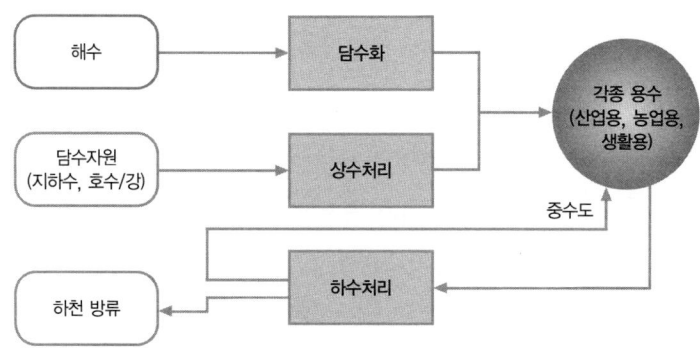

수처리 기술의 적용 현황

1. 상수처리 부문

● 현재는 응집, 침전, 모래 여과, 소독 등과 같은 물리화학적 공정이 주로 이용되나, 화학약품 사용에 따른 환경학적 문제점이 발생

  ○ 응집 공정에 사용되는 화학약품은 침전 및 여과 공정 시 충분히 제거되지 않으며, 배관 막힘을 가속화하고 수질 저하를 유발

○ 소독 공정에 사용되는 염소는 물 속 유기물과 결합하여 발암 물질 생성

- 염소 소독은 트리할로메탄, 할로초산 등의 발암 물질 생성

◉ 기존 공정의 문제점을 극복하고 더 높은 수준의 물 관리 요구에 부합되는 막분리 고도상수처리 공정이 새로운 기술로 주목

○ 막분리 공정은 처리수질이 안정적이고, 자동화가 가능하여 유지·관리가 용이

- 유입수의 수질에 관계없이 안정적인 처리수질 유지
- 기존의 처리방법으로는 대응이 복잡한 갈수기에도 일정한 정수 품질 유지

○ 기존의 여러 공정을 막분리 단일 공정으로 대체할 수 있어 공간 절감이 가능

○ 단일 공정으로 제거하기 어려운 경우 생물학적 공정 등과 조합하여 적용 가능

| 기존 상수처리 공정과 막분리 공정 |

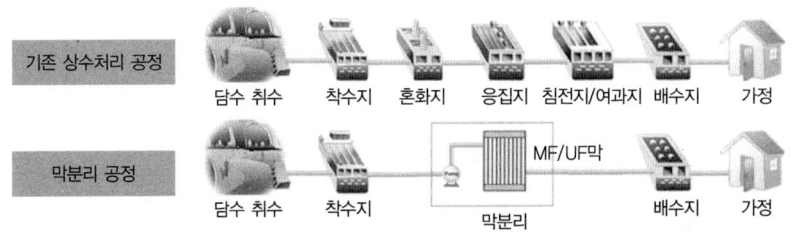

주: 착수지(취수의 흐름을 안정시키는 곳), 혼화지/응집지(응집제를 투입하여 혼합하는 곳), 침전지/여과지(응집된 물질을 가라앉히고 여과를 통해 맑은 물을 얻는 곳), 배수지(수돗물을 저장하는 곳)
자료: www.roplant.org

○ 상수처리 부문의 막분리 공정 시스템 시장 규모는 2007년 19억 달러에서 연평균 20%로 고성장하여 2012년 47억 달러로 확대될 전망[5]

---

[5] Wild, D., et al. (2007), Water: a market of the future, SAM.

- ● 미국, 일본 등 선진국에서는 막분리 공정이 급격히 확산되는 추세
  - ○ 1987년 미국에서 처음 도입한 막분리 공정 정수장이 이후 1997년 이후 20개소에서 2006년 260개소로 급격히 증가
    - • 최근 들어 하루 처리용량 10만 톤 이상의 기존 대용량 정수장에도 막분리 공정 도입이 확대되는 추세
  - ○ 일본은 1993년 처음 도입한 이후 2005년 상수처리시설 270곳에서 사용 중
- ● 국내에서는 현재 소규모 시설에 막분리 공정이 적용되고 있으며, 향후 대용량 시설에도 적용 가능하도록 기술개발이 진행 중
  - ○ 2009년 7월부터 하루 처리용량 5천 톤 이상의 대용량 시설에도 적용할 수 있도록 법제화
  - ○ 정부는 2004년부터 2011년까지 'Eco-STAR Project'를 통해 서울 영등포 정수장에 시범사업을 추진 중
    - • 2010년 완공을 목표로 하루 처리용량 5만 톤 규모의 막분리 고도상수처리 시범사업을 전개 중
    - • 코오롱, H2L, 대우건설, 한화건설 등이 참여하여 수처리용 분리막 및 모듈, 고효율 상수처리 시스템을 개발 중
    - • 기존 대비 정수장 부지 50% 이상 절감 및 화학약품 사용량 대폭 감소 전망

| 'Eco-STAR Project'를 통해 개발 중인 분리막 및 모듈 |

자료 : 수처리선진화사업단 (2008. 1.), '막여과 고도정수시스템 기술동향' 발표자료.

○ 수도법 개정에 맞춰 국내 수도용 막모듈 성능인증제도도 구축 (2009. 6. 23부터 시행)

○ 향후 정부 및 지자체는 국고지원 등을 통해 막분리 고도상수처리 시스템을 확대할 계획

  • 현재는 도입기로 연도별 로드맵이 완성되지 않은 상황이나, 향후 상수처리 기준에 적합한 최적 시스템이 구축될 전망

2. 하수처리 부문

◉ 하수처리는 처리 정도에 따라 1차 처리, 2차 처리, 고도 처리로 구분

○ 1·2차 처리 : 부유물질 및 분해성 유기물 등을 제거하는 공정

  • 보통 물리화학적 공정과 생물학적 공정을 조합하여 처리

○ 고도 처리 : 1·2차 처리에서 제거되지 않은 난분해성 유기물, 영양성분(질소, 인), 중금속 등을 제거하는 공정으로 생물학적 활성오니법[6]이 대표적

◉ 수질환경기준 강화에 대응하고, 수처리 효율 향상을 위하여 하수처리 부문에도 막분리 고도 처리 공정 도입이 증가

○ 현재의 생물학적 고도 처리 공정만으로는 수질환경기준에 부합하기 힘들며, 특히 완벽하게 부유물질을 제거할 수 없음

○ 생물학적 활성오니법과 분리막 기술의 장점을 결합한 막분리 활성오니법(MBR : Membrane Bio-Reactor)이 대표적인 기술로 부상

  • 생물학적 활성오니법의 최종 처리 단계인 침전·여과 공정 대신 MF/UF막 등 분리막을 사용하여 활성오니를 직접 여과하는 방법

  • 엄격해지고 있는 각국의 하수처리기준을 만족시킬 수 있는 경제적인 대안으로, 기존 하수처리장 대비 30% 면적으로 시공가능하며 유지비용은 비슷

---

[6] 미생물의 대사작용을 이용하여 하수 중의 유기물, 질소, 인 등을 분해한 후 침전·여과 공정을 통하여 제거하는 방법

| 생물학적 활성오니법과 막분리 활성오니법 |

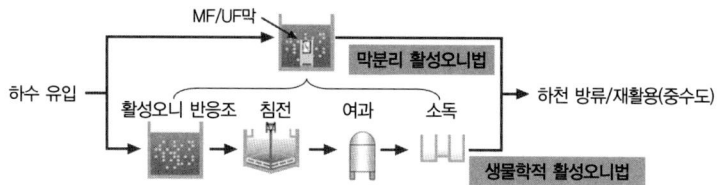

자료 : www.roplant.org

○ MBR 공정은 완벽한 부유물질의 제거, 고효율 등의 장점 보유

MBR 공정의 장점

- 부유물질을 100% 제거할 수 있어 안정적인 처리 가능
- 침전조가 필요없어 공간 절감 가능(활성오니법 대비 30% 수준)
- 생물학적 활성오니법보다 미생물의 농도를 3~4배 높게 유지할 수 있어 유기물 분해에 효과적
- 여과 및 소독 공정이 최소화되어 전체 공정이 간편하고 무인자동화가 용이

● 향후 하수처리 부문 막분리 공정 시장은 고속성장할 전망

  ○ MBR 공정 시장은 2008년 3억 달러에서 2013년 5억 달러로 연평균 11% 이상 고속성장할 전망[7]

    • 도시하수와 산업폐수 부문이 연평균 12% 이상 성장하여 시장성장을 주도

  ○ MBR 공정을 포함한 하수처리 부문 전체 막분리 공정 시스템의 시장 규모는 2007년 42억 달러에서 2012년 104억 달러로 연평균 19% 증가할 전망[8]

[7] BCC Research (2008), Membrane bioreactors: Global markets, Quoted in Membrane Bioreactor Market Estimated at $488 M by 2013(2008. 7. 28.), Water&Wastewater NEWS. 〈http://www.wwn-online.com/articles/65726/〉
[8] Wild, D., et al. (2007), Water: a market of the future, SAM.

◉ 물 부족 현상이 심화됨에 따라 하수를 처리한 후 각종 용수로 재활용하는 중수도 분야에서도 막분리 공정 적용이 확대 중

　○ 미국 내 최대 재이용 프로젝트인 'Water Factory 21'에서는 MF막-RO막 등을 조합한 막분리 공정 사업이 진행 중

　○ 물 부족이 심각한 이스라엘, 싱가포르 등은 정책적으로 하수의 재활용에 막분리 공정을 적용

　　• 이스라엘은 2020년까지 전체 용수 수요량의 23%를 MBR 공정을 통해 공급할 예정[9]

　　• 싱가포르는 2011년까지 자립 가능한 수자원을 확보한다는 정책 하에 'NEWater' 개발에 성공

싱가포르의 'NEWater'

■ 말레이시아에 대한 물 의존도를 줄이기 위해 하수를 처리하여 정화한 물

■ MF/UF막-RO막 등 막분리 공정을 거쳐 생산

■ 현재 4개 공장에서 하루 2억 8천만 리터를 생산하며 전체 물 수요의 15%를 담당, 향후 추가 공장 완공으로 2011년 30%까지 확대될 전망

자료 : PUB, Singapore's national water agency 홈페이지 〈http://www.pub.gov.sg/NEWater/Pages/default.aspx〉

◉ 적용 범위를 확대하기 위한 저비용·고효율 막분리 공정이 꾸준히 개발 중

　○ MBR 공정과 RO막, 오존살균, 자외선살균 등 다양한 요소기술의 효과적 조합을 통한 공정의 효율성 제고에 관한 연구가 진행 중

　○ 나노복합막, 기능성 항균막 등 여과성능을 극대화하기 위한 기능성 분리막 제조 연구가 활발히 진행 중

---

[9] GKC 교역 (2008. 9. 13.), "하폐수처리 고도화 기술의 국내외 현황". 〈http://blog.empas.com/goldhouse200/30509067〉

3. 담수화 부문

● 담수화 방식은 대표적으로 증류식과 막분리식으로 대별

  ○ 증류식은 바닷물을 끓여 물 성분만 증발시킨 후 다시 응축시켜 분리하는 기술로, 다단플래시증류법(MSF : Multi-Stage Flash Distillation)이 대표적

   • MSF 공정은 현재 대용량 담수화 설비에 가장 널리 사용되는 기술로, 전 세계 담수화 용량의 약 60%를 차지[10]

  ○ 막분리식은 물은 통과시키고, 염분은 통과시키지 않는 특성을 가진 RO막에 압력을 가하여 물만 분리하는 방식

| 대표 담수화 기술 비교 |

구분	증류식(MSF 공정)	막분리식
장점	• 단순 전처리 과정 • 낮은 수질의 원수 사용 가능 • 세척, 부품교체 등을 위한 공정 중단이 불필요 • 세척액에서 고농도 폐기물 미발생	• 모듈 형태로 확장성 용이 • 에너지 저소비 • 배출수 온도가 낮아 환경 부담 최소화 • 공정에 필요한 공간 최소화 • 초기 설비비 및 생산원가 저렴
단점	• 에너지 다소비 • 부식 심각	• 원수 수질에 민감 • 세척액에서 고농도 폐기물 발생

● 에너지 소모량과 비용 부담이 적은 막분리 공정 도입이 확대되는 추세

  ○ 최근 막분리 성능 향상, 고효율 회수장치로 에너지 소모량이 감소되는 등 막분리 공정이 증류식 대비 가격경쟁력 확보

   • 막분리식 에너지 소모량 : 7kWh/m^3, 증류식 에너지 소모량 : 25kWh/m^3[11]

   • 막분리식 생산원가 : 0.6달러/m^3, 증류식 생산원가 : 0.8달러/m^3[12]

---

10 박광규 (2008), "담수화 기술의 현황 및 기술개발 동향", 《화학공학》, 41(6), pp. 23~28.
11 www.roplant.org/w_conversion/fresh.htm
12 홍대석 (2008), "해수 담수화 공정의 비교 및 에너지 저감화", 《설비저널》, 37(1), pp. 45~49.

○ 2007년 시장 규모는 증류식 25억 달러, 막분리식 24억 달러로 비슷하나, 연평균 성장율은 각각 4%, 8%로 막분리 공정 시장이 크게 성장할 전망[13]

- 2015년 시장 규모는 증류식 35억 달러, 막분리식 45억 달러로 예상

● 담수화 전처리 공정에도 막분리 공정 적용을 확대 중

○ 분리막 기술의 발달로 MF막, UF막, NF막을 이용한 전처리 공정이 다양화

○ 기존 전처리 공정과 NF막을 조합하여 적용한 결과 40% 이상 생산성 향상[14]

● 고효율 막분리 공정 개발, 막 내구성 향상 기술개발, 발전설비와 연계한 하이브리드 담수 플랜트 개발 등을 위한 연구가 전 세계적으로 활발히 진행 중

○ Dow, Nitto Denko, Toray 등 선도기업은 효율적인 분리막 소재, 막오염 최소화, 고효율 에너지 회수시스템 등에 관한 기술을 개발 중

- RO막 소재인 Polyamide는 1980년대 초 개발되어 현재까지 시장을 지배하고 있으나, 염소에 대한 내구성 문제 등 소재 자체의 단점 보유

- 이러한 단점을 해결하기 위해 신소재를 개발하고 있으나 뚜렷한 진전은 미흡한 상태

○ RO막보다 낮은 압력에서 구동 가능한 NF막에 대한 연구가 활발히 진행 중이며 급속한 시장 성장이 예상

- 2007년 NF막 시장 규모는 1억 달러이며, 향후 연평균 27%로 고속성장하여 2012년 3억 달러에 이를 전망

○ 막분리 공정과 MSF 공정을 혼합한 하이브리드 담수 플랜트 개발로 단일 막분리 공정에 비해 생산원가 및 운전비용이 약 15% 감소 가능[15]

---

[13] Wild, D., et al. (2007), Water: a market of the future, SAM.
[14] 차종희 (2008), "해수담수화기술의 최근 동향", 한국과학기술정보연구원.
[15] 차종희 (2008), 위의 글.

- ○ 최근 태양광, 풍력, 지열 등 재생에너지 설비와 막분리 공정 등을 결합한 기술도 개발 중
  - • 호주 RMIT에서는 태양열을 이용한 담수화 공정을 개발 중
- ● 국내에서는 2006년 말 해수담수화플랜트 사업단을 발족하여 막분리식 원천기술개발을 목표로 사업 추진 중
  - ○ 막분리식 핵심기술개발, 관련 핵심소재의 국산화, 설계·건설기술 및 안정적인 운영기술 확보가 목표
  - ○ 기술개발의 빠른 실용화를 위해 부산시를 'Test-bed' 사업지로 선정하여 2012년까지 하루 생산량 4만 5천 톤 규모의 세계 최대 막분리식 단위공정을 건설할 예정

Ⅲ 시사점

- ● 기술적 패러다임의 변화로 급성장하고 있는 막분리 고도 수처리 공정 기술의 조속한 국제경쟁력 확보 필요
  - ○ 국내 수처리 공정 중 일부 하수처리 공정을 제외하면 국산제품이 전무한 실정
    - • KMS, 퓨어엔비텍 등 일부 기업들이 자체기술을 바탕으로 소규모 하·폐수 처리를 위한 MBR 공정 사업을 진행
  - ○ 웅진케미칼, 코오롱 등 국내 일부 기업만이 수처리용 분리막 기술을 보유
    - • RO막 원천기술 등 세계적 분리막 기술을 보유한 웅진케미칼은 세계 2위 수준의 수처리용 분리막 생산 규모 확보
    - • 코오롱은 2006년 ITT Industries(美)와 6년간 5천만 달러 규모의 수처리용 분리막 및 모듈 공급 계약을 체결

○ 2009년부터 국내에 막분리 공정이 본격적으로 도입될 예정이므로 환경 친화적 기술인 막분리 공정의 중요성을 대중에게 인식시키고, 관련산업의 시장 기반을 조성할 필요

◉ 선진국과의 기술격차 해소 및 원천기술 확보를 위한 정부의 정책적 지원 필요

○ 국내 기술은 선진국 대비 70~80% 수준[16]

- 상수처리 부문 : 선진국 대비 75%, 하수처리 부문 : 70%

○ 분리막 제조 및 모듈화 기술, 최적화 시스템 개발 등을 위해 국가 R&D 전략을 강화하고 원천기술 확보에 주력

- 고품질의 분리막 제조를 위해서는 제조설비가 중요하며, 기술적 차별화를 위해서는 맞춤형 설비 설계 능력이 필요

- 용도에 적합한 모듈 및 시스템 설계기술 확보를 통한 전체 공정의 효율성 제고

- 분리막 제조 및 모듈화 기술 등 핵심기술을 바탕으로 다양한 요소기술 및 기존 공정과의 조합을 통한 최적화 시스템을 제공하는 것이 관건

---

[16] 정만태 (2007), "고기능 환경설비 분야의 2020 비전과 전략"(정책자료 2007-60), 산업연구원.

美 배아줄기세포 정책의 변화와 시사점 | 11

I. 美 배아줄기세포 정책의 변화
II. 줄기세포 연구의 개요
III. 각국의 줄기세포 정책 및 연구·상업화 현황
IV. 시사점

SERI 경제포커스
≫≫≫ 2009. 3. 17.
최진영

Ⅰ 美 배아줄기세포 정책의 변화

美 연방정부가 본격적으로 배아줄기세포 연구를 지원

- 2009년 3월 9일 오바마 美 대통령은 부시 행정부가 규제해온 배아줄기세포에 대한 연구지원을 허용하는 행정명령에 서명
  - 향후 배아줄기세포[1] 연구에 대해 연방정부의 본격적인 재정지원이 이루어질 것으로 예상
    - 연방정부의 배아줄기세포 연구지원금은 연간 4,000만 달러에 불과[2]
  - 부시 전 대통령은 2001년부터 연방정부 차원의 배아줄기세포 연구지원을 엄격하게 통제
    - 부시 행정부는 생명체인 인간 배아를 파괴하는 배아줄기세포 연구를 비윤리적 행위로 규정해야 한다는 보수층의 의견을 수렴

- 오바마 행정부는 배아줄기세포 분야에서 연구주도권을 확보하고, 미래 의료산업의 변화를 주도하기 위해 줄기세포 정책을 전환
  - 미국이 배아줄기세포 연구를 규제하는 동안 경쟁국인 영국과 일본은 최근 5년간 배아줄기세포 연구에서 큰 진척을 이룸
    - 일본은 일반 세포를 이용해 윤리문제가 없는 배아줄기세포를 개발
    - 영국은 배아줄기세포 은행을 설립하고 상업적 공급을 진행
  - 줄기세포는 병의 근원을 치료하고, 개인별 맞춤치료를 가능케 하므로 미래 의료산업 변화의 원동력이 될 전망
    - 줄기세포는 '의료산업의 금광'이라고도 불림

---

[1] 배아줄기세포(Embryonic stem cell)는 수정란이 완전한 인체로 성장하는 과정에서 신체의 모든 조직과 세포로 분화되는 만능세포
[2] 현병환 (2008), "줄기세포 연구 및 활용 기술"(기술동향 2008-3), p.42, 생명공학 정책연구센터.

줄기세포 시장은 2012년에 324억 달러로 성장

◉ 세계 줄기세포 관련 시장은 2012년에 324억 달러에 달할 것으로 예상

○ 현재 다수의 임상시험이 진행되고 있는 성체줄기세포 분야가 180억 달러로 가장 큰 시장을 형성할 전망

○ 배아줄기세포 관련 분야도 임상시험 및 치료적 임상[3] 시장을 중심으로 약 50억 달러 규모의 시장을 형성

| 줄기세포 분야별 세계시장 현황 및 전망(2005~2012년) | (단위 : 백만 달러, %)

분야 연도	성체줄기세포	배아줄기세포	제대혈	총 합계
2005	4,128	1,028	1,772	6,927
2009	9,867	2,650	4,700	17,216
2012	18,015	5,067	9,271	32,353
연평균 성장률	23.4	25.6	26.7	24.6

주 : 제대혈은 탯줄에서 채취한 혈액으로 다수의 성체줄기세포를 포함
자료 : Research Impact Technologies(2008), Stem Cell Research-A Market Insight Report, (현병환 (2008), 앞의 글, pp. 22~23에서 재인용)

○ 기술 분야별로는 줄기세포의 이식 관련 시장 및 기초연구용 시장을 중심으로 발전할 전망

---

3 FDA에서 시판승인을 받기 전이라도 기존 치료제가 없거나 효용이 없는 환자를 대상으로 최후 수단의 목적으로 사용하는 경우로 의료심의위원회(IRB)의 엄격한 심사를 통해 사용이 결정됨

Ⅱ 줄기세포 연구의 개요

줄기세포의 이해

◉ 줄기세포는 성체줄기세포와 배아줄기세포로 구분

  ○ 줄기세포는 우리 몸을 구성하는 세포들의 근원이 되는 세포로 조직과 세포들을 다시 재생시키는 역할을 담당하나, 인체엔 극소량만 존재

  ○ 줄기세포는 출생 이후 여러 조직에 분포해 있는 성체줄기세포와 태아 상태에서 존재하는 배아줄기세포가 있음

    • 배아줄기세포는 1998년 미국의 톰슨 교수팀에 의해 세계 최초로 분리

  ○ 배아줄기세포는 수정란이 완전한 인체로 성장하는 과정에서 신체의 모든 조직과 세포로 분화되는 만능세포임

| 배아줄기세포에서 만드는 조직과 세포 |

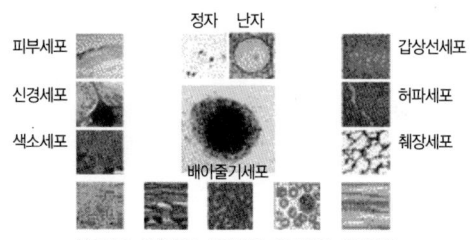

자료 : 문신용 외 (2003), "줄기세포란 무엇인가?", p. 24, 세포응용연구사업단.

  ○ 반면 성체줄기세포는 특정 조직이나 세포로만 자랄 수 있도록 능력이 제한된 줄기세포임

    • 예를 들어 골수줄기세포는 혈구세포[4]로 변하며, 피부줄기세포는 피부 조직으로 변환

---

4 혈액을 구성하는 백혈구, 적혈구, 혈소판 등을 통칭

● 줄기세포를 얻는 방식은 크게 4가지로 분류

  ○ 성체 및 배아 줄기세포는 체내에 존재하는 세포를 채취하여 배양하는 방식으로 얻음

    • 체내에 극미량 존재하여 분리하기가 쉽지 않으며, 윤리적 문제도 제기

  ○ 인공적으로 만드는 방법으로 체세포복제줄기세포와 역분화줄기세포 기술이 개발 중

    • 체세포복제방식은 핵을 제거한 난자와 체세포의 핵을 융합하는 방식으로, 과거 황우석 박사가 시도

    • 역분화방식은 피부세포 같은 일반세포에 유전자조작을 가해 줄기세포로 바꾸는 방식으로, 일본 및 미국의 연구자들이 성공

황우석 박사의 체세포복제줄기세포 연구

■ 인간의 체세포 복제에는 실패했으나 줄기세포를 만드는 데 필요한 일부 초기 기술은 확보한 것으로 평가됨

■ 돼지 등 일부 동물세포 복제에 성공하는 등 복제장기 관련 연구에서도 일정한 성과를 거두었음

줄기세포 연구 현황

● 현재는 개별 줄기세포를 확보하는 수준으로, 향후 상업화까지는 많은 기술적 난관을 돌파해야 함

  ○ 줄기세포가 상용화되기까지는 줄기세포의 확립 → 대량 배양 → 조직세포로 분화조절 → 인체실험 등의 기술을 안전하게 확보해야 함

    • 현재는 다양한 방식으로 줄기세포를 얻는 기술이 연구되는 단계

○ 줄기세포를 원하는 세포로 분화시키는 과정에서 조절이 제대로 되지 않을 경우 암세포로 변할 가능성도 높음

○ 배아줄기세포와 체세포복제줄기세포의 경우, 세포를 얻는 과정에서 폐기된 인공수정란 또는 난자를 이용하므로 윤리적 논란이 많음

| 줄기세포의 특징 |

분류	채취 방법	단점	윤리 논란
성체줄기세포	신체 내에 미량 존재	이미 정해진 세포로만 분화 가능	적음
배아줄기세포	수정란, 태반 등에 존재	원하는 세포로 분화시키기 어려움	많음
역분화줄기세포	일반세포에서 얻어짐	줄기세포 변환과정에서 바이러스 사용 → 안전성 논란	적음
체세포복제줄기세포	인간 난자를 활용하여 제작	대량의 난자가 필요	가장 많음

줄기세포 연구의 의미와 영향

◉ 줄기세포 연구는 생명의 신비와 질병을 이해하는 돌파구

○ 줄기세포 연구를 통해 세포가 어떻게 만들어지고 죽는지, 특정 질병은 왜 나타나고 어떻게 치료하는지를 이해할 수 있음

- 암, 치매, 각종 뇌질환, 당뇨, 심장병 같은 난치병에 대한 이해 및 치료를 가능하게 하는 열쇠에 해당

○ 배아줄기세포는 다양한 세포로 변환될 수 있어, 성체줄기세포에 비해 치료의 범위와 효과가 더 큰 잠재력을 가지고 있음

- ● 줄기세포 치료제는 의료산업의 패러다임을 대대적으로 전환시킬 전망
  - ○ 기존 의학은 병의 증상을 치료하는 대증(對症)치료로서, 병이 재발하거나 악화될 수 있어 사회와 개인이 지속적으로 치료비를 부담해야 함
    - • 전 세계적으로 만성질환과 난치병의 의료비 부담이 급증하고 있는 추세
  - ○ 줄기세포 치료제는 손상된 장기를 대체하거나 복원하므로, 질병의 근원을 제거하는 의료개념의 일대 전환에 해당
  - ○ 개개인의 몸에서 줄기세포를 채취해 개인별로 치료제와 장기를 만들 수 있어 환자맞춤형 치료가 가능해질 전망
    - • 대부분의 기존 의약품은 인종별, 개인별 특성에 따라 효과와 부작용이 다르게 나타나는 단점이 있음[5]

| 기존 의학과 줄기세포 치료의 비교 |

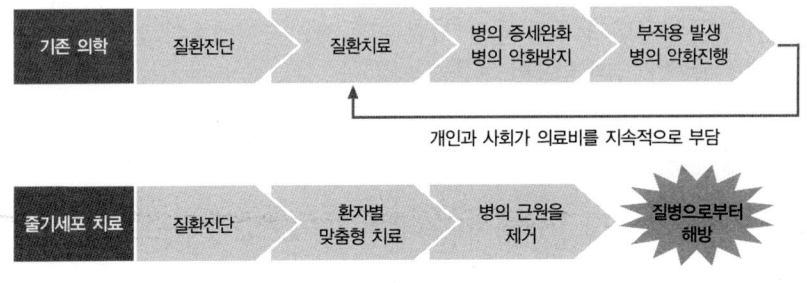

---

[5] 이런 단점 때문에 의약품 개발 시 나라별로 임상시험을 진행하며, 개발비용이 늘어남

Ⅲ 각국의 줄기세포 정책 및 연구·상업화 현황

1. 각국의 줄기세포 정책 비교

● 배아줄기세포의 연구 및 상업화 관련 규제 정책은 미국, 영국, 한국 등이 모두 비슷한 내용

  ○ 대부분의 나라가 연구 및 치료 목적의 배아줄기세포 연구는 허용하나, 인간 이식 등은 금지

  ○ 미국, 영국은 줄기세포 연구 변화에 따라 규제 내용을 지속적으로 수정

  • 영국은 2007년에 연구 목적의 난자 기증 및 이종 간 체세포 복제[6]를 허용

  • 미국은 국립아카데미에서 연구결과를 종합하여 규제 수정안을 발표

  ○ 한국은 2005년 황우석 박사 사건 이후 배아줄기세포의 연구 촉진에서 연구 규제로 정책방향이 전환

  • 미국의 배아줄기세포 정책이 전환되는 현 시점에서 엄격한 규제 정책에 대한 재검토가 필요

● 국가별로 줄기세포 분야에 상당한 연구비를 지원하고 있음

  ○ 그동안 미국 연방정부에서는 배아줄기세포에 대한 연구지원을 금지하고 있었으나, 주정부에서는 지원하고 있었음

  ○ 영국과 일본은 줄기세포 분야를 중점 육성산업으로 지정하고, 재정지원을 위한 관련 법안이나 장기프로젝트를 진행 중

  ○ 한국 역시 '줄기세포연구 종합추진계획'을 바탕으로 지원하고 있으나, 지원금의 규모가 영국, 일본 등에 비해서 30~40% 수준

---

6 인간의 난자와 다른 동물세포 간에 핵세포를 교환하거나 다른 동물의 난자와 인간세포 간에 핵세포를 교환하는 것. 장기이식 연구나 줄기세포 초기연구를 위해 영국에서 허용

| 국가별 줄기세포 정책과 지원금 |

국가명	정책	정부지원
영국	줄기세포 촉진 법안	10년간 정부지원 7,000억 원 민간 및 정부 공동지원 2조 원
미국	미 국립보건원 투자	매년 6,000억 원
	캘리포니아 주	10년간 3조 원
일본	밀레니엄 프로젝트	매년 1,000억 원
한국	줄기세포연구 종합추진계획	10년간 4,300억 원

자료 : 현병환 (2008), 앞의 글, pp. 42~48 ; UK Stem Cell Initiative (2005), Report and Recommendations of the UK Stem Cell Initiative. 〈http://www.advisorybodies.doh.gov.uk /uksci/uksci-reportnov05.pdf〉; 김계성 (2008. 4.), "줄기세포연구의 새로운 흐름", 생명공학 정책연구센터. 〈http://www.bioin.or.kr/board.do?num=167732&cmd=view&bid=report&cate1=&s_key=&s_str=&page=1&sdate=&edate=〉

2. 연구 및 상업화 현황

● 2008년 7월까지 줄기세포 관련 누적 논문 및 특허는 미국이 각각 24,489건과 3,521건으로 압도적으로 선두

  ○ 일본은 798건의 특허를 출원하여 유럽의 경쟁국 대비 상업화 측면에서 앞서 나가고 있는 상황

  ○ 한국은 논문 수 14위, 특허 건수 6위 수준

| 줄기세포 논문과 특허 출원 현황 |

	1위	2위	3위	4위	5위	
논문 (건수)	미국 (24,489)	일본 (7,182)	독일 (6,604)	영국 (4,460)	프랑스 (3,795)	한국 (1,164)
특허 (건수)	미국 (3,521)	일본 (798)	영국 (238)	유럽 (230)	호주 (105)	한국 (75)

주 : 논문은 1991년 1월~2008년 5월, 특허는 1991년 1월~2008년 7월의 검색 결과.
자료 : 현병환 (2008. 3.), 앞의 글.

● 기술역량과 규제 정책의 차이에 따라 미국과 한국은 성체줄기세포, 영국은 배아줄기세포, 일본은 역분화줄기세포 연구에 주력

  ○ 부시 행정부는 정책적으로 배아줄기세포 연구지원을 금지하고, 성체줄기세포 상업화에 주력

    • 금지정책에 반발한 대학연구소와 민간기업은 배아줄기세포 연구 및 상업화를 자체적으로 추진

    • 특히, 세계 최대의 다국적제약사인 화이자(pfizer)와, 효소전문회사인 젠자임(Genzyme)은 줄기세포 연구에 투자를 집중

미국 - 성체줄기세포와 배아줄기세포 상업화

■ 박스터(다국적제약회사)는 만성심장병 환자에게 자신의 성체줄기세포를 주사해 심장병을 고치는 임상 2단계를 진행 중

■ 제론(바이오벤처)은 양쪽 하반신마비 증상이 있는 환자들에게 배아줄기세포 치료제를 투여하는 임상 1단계를 2009년 3월부터 진행

  ○ 영국은 체외수정[7]과 동물복제기술[8]을 바탕으로 배아줄기세포 연구에 집중

    • 바이오벤처와 민간병원을 중심으로 배아줄기세포를 이용해 신체 일부를 배양하는 연구와 뇌신경을 재생시키는 연구가 활발히 진행

  ○ 일본은 윤리문제를 극복하기 위해 역분화줄기세포라는 새로운 줄기세포를 개발

일본 - 역분화줄기세포 상업화

■ 난자나 수정란을 사용하지 않고 일반세포를 줄기세포로 변환시킬 수 있어 줄기세포 연구의 최대 업적으로 평가

■ 교토대학은 일본 국내 제약회사 12개와 협력하여 역분화줄기세포로 신약의 약효와 독성을 평가하는 데이터 베이스 구축을 시작

○ 한국은 황우석 박사 사건 이후 배아줄기세포 연구를 규제하고, 성체줄기세포를 중점 개발

  • 바이오 벤처인 세원 셀론텍은 뼈 형성을 촉진하는 성체줄기세포 치료제를 만들어 임상 3단계를 완료

한국 - 체세포복제배아줄기세포 연구 승인

■ 지난 2009년 4월 차병원은 뇌질환 치료를 위한 체세포복제배아줄기세포 연구를 보건복지가족부로부터 조건부로 승인받음

■ 이러한 보건복지가족부의 변화는 배아줄기세포 연구가 본격화되고 있는 선진국의 추세를 반영

IV 시사점

국가 간 경쟁이 더욱 치열해질 전망

● 미국의 정책전환은 국가 간의 치열한 연구경쟁을 유발시켜 줄기세포의 상업화가 앞당겨질 전망

○ 영국을 포함한 유럽, 일본 등은 이미 연구비를 증액하거나 줄기세포 상용화를 위한 중장기계획을 발표

  • 일본은 2008~2009년에 역분화줄기세포 연구를 위해 3,600만 달러를 투자

  • 유럽연합은 2007~2013년까지 줄기세포 연구에 650억 달러의 대규모 투자계획 발표

---

7 정자와 난자를 체내가 아닌 체외에서 인공적으로 결합시켜 수정란을 만드는 것
8 동물 난자와 체세포를 이용해 동물을 복제하므로 줄기세포 연구의 기초가 됨

○ 각국 정부는 줄기세포의 상업화를 앞당기기 위해 각종 연구규제를 완화하고, 임상시험 승인을 촉진할 것으로 전망

장기적으로 제약산업의 경쟁구조가 변화

◉ 현 제약산업은 중앙집중화된 생산 및 글로벌 마케팅·유통체계를 구축하여 경쟁 중

○ 생산설비를 갖추는 데 대규모 자본투자가 필요하며, 대개 소수의 생산거점에서 전 세계의 소요량을 일괄생산

○ 메이저 제약사는 글로벌 마케팅망을 구축하고, 자체 생산설비 또는 위탁생산업체(Contract Manufacturing Organization)를 통해 시장을 장악

◉ 세포치료제가 일반화되면 글로벌 메이저 제약사, 위탁생산업체, 글로벌 유통업체 구조의 현 제약산업 경쟁구도의 변화가 불가피

○ 줄기세포치료제는 대량생산설비의 필요성이 낮음

- 소량의 줄기세포를 시술 직전에 대량으로 배양하여 사용하거나, 환자의 세포를 채취해서 증식 후 환자에게 재투여하는 방식

○ 중앙집중화된 대량생산 및 유통체계에서 사용처 중심의 분산된 소규모 생산시스템으로 패러다임이 전환되는 계기

◉ 상대적으로 영세하고, 글로벌 유통망 등이 없는 국내 제약사 및 세포치료제 개발기업에게도 글로벌시장에 진출할 수 있는 기회가 열리는 셈

○ 대규모 생산설비와 유통망보다는 줄기세포의 분화 및 조절 등 기술력이 경쟁의 핵심요소로 부각

국내에서도 줄기세포 연구 활성화를 위한 사회적인 공감대 조성이 필요

- 황우석 트라우마에서 벗어나 줄기세포 연구를 확대하고, 사회적인 공감대를 형성하려는 노력이 필요한 시점
  - 2005년 황우석 박사 사건 이후 답보상태에 있는 줄기세포 연구 및 지원정책을 재검토할 시점
    - 2006년 이후 연구지원금은 350억 원 수준이며, 연구비의 75%가 성체줄기세포 연구에 투입
  - 국내외 줄기세포 연구역량을 결집할 수 있는 방안을 모색할 필요
    - 배아 및 성체줄기세포, 역분화줄기세포 등 다양한 기술 분야의 종합적인 육성 및 교류를 촉진
    - 해외에 있는 한국 과학자들과 연계하여 줄기세포 연구를 지원하는 정책도 필요
  - 줄기세포 연구에 대해 정책 담당자, 시민단체, 종교계 등 각계각층의 합의를 도출하고 이에 근거한 정책 운영
    - 美 연방정부가 배아줄기세포 연구지원을 금지하던 시절에 캘리포니아 주는 배아줄기세포 연구에 찬성하는 주민의 의견을 바탕으로 줄기세포지원법[9]을 제정하고 30억 달러의 기금을 조성

---

[9] State of California (2004), Proposition 71: Stem Cell Research. Funding. Bonds. Initiative Constitutional Amendment and Statute. 〈http://www.sos.ca.gov/elections/bp_nov04/prop_71_entire.pdf〉

활용영역을 넓혀가는 바이오기술 12

I. 바이오기술의 영역 확대
II. 주요 산업별 응용사례
III. 시사점 및 제언

CEO Information
≫≫≫ 2008. 4. 30.
고유상, 김현한

Summary

　미생물 발효, 유전자 조작, 효소 이용 등을 통해 신물질을 생산하거나 산업 공정을 개선하는 바이오기술(BT)의 응용영역이 전 산업으로 확산되고 있다. 1973년 유전자 조작 기술 개발을 계기로 BT는 주로 제약, 농업·식품 등의 산업에 적용되었으나(1차 확산), 최근 들어 에너지·환경, 화학 및 전자산업 등으로 확산되고 있다(2차 확산). 이는 BT가 원가를 절감하고, 대기 및 수질오염 배출량을 감소시킬 뿐 아니라 신제품 및 신사업 창출에도 효과적이기 때문이다. 2006년 BT산업 규모(매출액 기준)는 1,540억 달러로, 이 중 에너지·환경 등 2차 확산산업이 전체의 26%인 400억 달러를 차지하고 있다.

　2차 확산산업을 중심으로 주요 응용사례를 살펴보면 다음과 같다. ① 곡물을 발효시켜 만든 **바이오 에탄올**은 휘발유를 대체하는 미래의 청정에너지로, 시장 규모가 2006년 290억 달러로 2004년 대비 2.5배 성장했다. ② 미생물을 이용한 대기·수질 오염물질 제거장치인 **바이오 필터**는 처리비용이 적고 2차 폐기물도 발생하지 않아 생산 공정과 폐수처리 등에 널리 응용할 수 있다. ③ **기름오염 복구제**는 미생물을 이용해 토양 및 해양의 기름오염을 신속히 복구하는 것이다. ④ 생체물질을 이용해 만든 '썩는 플라스틱'인 **바이오 플라스틱**은 생활용품에서 전자부품 등으로 사용이 확대되면서 앞으로 연간 사용량 1억 톤의 화학플라스틱 시장을 대체할 전망이다. ⑤ **바이오 화장품**은 피부친화적 생체물질을 함유해 피부질환 완화 등의 기능성을 강화한 것으로, 최근에는 '먹는 화장품'까지 등장하고 있다. ⑥ **바이오 디스플레이·반도체 공정**은 박테리아, 효소 등을 이용해 디스플레이·반도체를 생산하는 것으로 향후 디스플레이 및 반도체산업의 혁명을 가져올 것으로 예상된다. ⑦ 하나의 센서로 다양한 물질을 동시에 검출하는 전자 코·혀 같은 **차세대 바이오 센서**는 식품의 부패 여부와 환경오염 감시 등 다방면에 사용 가능하다. ⑧ **바이오 테러방지장치**는 미생물을 이용해 탄저균 등 세균무기와 각종 독소 등을 검출하고 제거하는 장치이다. ⑨ 바이오 나노 구조소재는 생체물질을 나노 수준에서 조작해 만든 첨단소재로, 향후 이를 활용한 나노기어 및 나노모터 등의 생산이 가시화될 전망이다.

BT는 미래의 산업경쟁력을 결정짓는 핵심요소로 작용할 뿐 아니라 IT, ET, NT 등과 융합해 다양한 신사업을 창출할 것이다. 10년 후 에너지·환경 및 화학산업에서는 BT가 대부분 사용되고, 전자·IT산업에서도 선도 분야를 중심으로 BT 사용이 확산될 전망이다.

기업은 기존 공정에 BT를 적용함으로써 원가절감과 친환경경영을 동시에 추구하고, 기존 기술과 시너지가 가능한 분야부터 BT를 융합해 신사업 기회를 적극 발굴해야 한다. 정부도 국내 역량이 상대적으로 강한 분야(미생물 및 효소 기술 등)는 세제혜택, 공공구매 등을 통해 기업의 상업화를 지원하고, 국내 역량이 취약한 분야(미생물 연료전지, 바이오 나노 신소재 등)는 기초 R&D 투자를 강화하는 한편, 해외 연구소의 석학을 초빙해 산업화 기반을 마련할 필요가 있다.

I 바이오기술의 영역 확대

바이오기술의 영역이 에너지·환경, 화학, 전자 등으로 점차 확대

● 제약, 농업·식품에 머물렀던 바이오기술의 사업영역이 최근 에너지·환경, 화학 및 전자산업 등으로 점차 확산되는 경향

   ※ 바이오기술(BT : Biotechnology) : 미생물을 이용한 발효 및 유전자 조작, 세포 배양과 효소 이용 등을 통하여 신물질을 생산하거나 산업 공정에 응용하는 기술

   ○ 수천년 전부터 누룩과 유산균 등을 이용해 된장, 김치, 치즈, 맥주와 요구르트 등 다양한 발효식품을 만들었을 정도로 BT는 실생활과 밀접

   ○ 1973년 유전자 조작 기술 개발을 계기로 BT는 제약, 농업·식품 등의 산업에 적용되었으나, 최근 들어 에너지·환경, 화학 및 전자산업 등 다양한 산업에서 BT가 활용

   - 과거 IT가 도입 초기 전자·통신에만 응용이 국한되다 점차 교통, 안보, 헬스케어, 사회인프라 등 전 산업으로 확산되던 양상과 유사

   - "정보경제는 2020년대 말 종말을 맞게 되고 이어 바이오경제 시대가 도래할 것"(미래학자 스탠 데이비스와 크리스토퍼 메이어)[1]

| BT산업의 영역 |

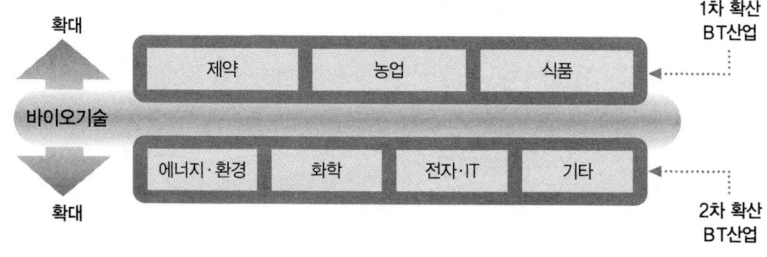

---

1 Davis, Stanley M. and Christopher Meyer (2000), *Future Wealth*, Harvard Business School Press.

● 2006년 현재 BT산업의 규모(매출액 기준)는 1,540억 달러로 추정되고[2], 이 중 에너지·환경, 화학 등 2차 확산 BT산업의 시장 규모는 전체의 26%인 400억 달러로 추정

BT산업의 시장 규모						(단위 : 억 달러, %)
총 규모	1차 확산 BT산업			2차 확산 BT산업		
	제약	농업·식품	에너지·환경	화학	전자·IT	
1,540 (100.0)	960 (62.3)	180 (11.7)	300 (19.5)	51 (3.3)	49 (3.2)	

주 : 괄호 안은 구성비

BT 확산의 촉매제는 원가절감, 친환경, 신제품·신사업 창출 등

● BT를 활용한 생산 공정은 화학 공정에 비해 에너지효율이 높을 뿐 아니라 공정 자체도 간단해 획기적인 원가절감이 가능한 경우가 종종 발생

○ 제지, 직물산업의 경우 세정 공정에 화학약품 대신 효소를 사용하면 낮은 온도에서 낮은 비용(기존의 40~60%)으로 제거 가능

BASF(獨)의 비타민 B_2 생산 공정 : 8단계에서 1단계로 단축

■ 정밀 화학제품인 비타민 B_2는 분자구조가 복잡해 기존 화학 공정에서는 8단계에 걸쳐 작은 조각을 만들어 붙여나가는 방식으로 생산

■ BASF 한국 공장에서는 곰팡이 '아쉬비아 고시피'와 식물성 기름 같은 영양분을 발효기에 넣어, 곰팡이가 자라면서 분비하는 비타민 B_2를 1단계 공정만으로 생산

□ 기존 화학 공정 대비 폐기물 96%, CO_2 배출 33%, 원재료비 64% 절감 효과

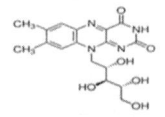
비타민 B_2의 복잡한 구조

발효기

장치 내부 오렌지색이 비타민 B_2 생성균

자료 : BASF IR 자료 참고

---

[2] Datamonitor (2008), Global Biotech Industry Profile 2007 ; E&Y (2007), *Beyond Borders 2007* ; ISAAA (2008), Global Status of Commercialized Biotech/GM Crops 2007 ; Burrill&Co., BCC, IEA, Frost&Sullivan, SDI Consulting 등의 각종 자료를 종합해 추정

◉ 미생물, 효소를 이용할 경우 대기·수질 오염 배출량이 대폭 감소하고, 제지, 제직, 금속정련 등의 과정에서 나오는 독성물질도 효과적으로 제거

○ 윈델(네덜란드)은 염색 공정의 잔류표백제를 효소를 이용해 제거하여 유해폐수를 획기적으로 감축(1996년 국가환경상 수상)

| BT를 이용한 대기·수질 오염 개선 효과 |

구분	코그니스 (독일 세제회사)	돔타르 (캐나다 펄프회사)	미쓰비시레이온 (일본 화학회사)	세레올 (독일 식품회사)
대기오염 배출량	-60%	—	-80%	—
수질오염 배출량	-50%	-60%	—	-88%

자료 : OECD (2001), The Application of Biotechnology to Industrial Sustainability.

○ 세계 최대의 구리 생산업체인 코델코(칠레)는 특수 미생물을 이용해 공정폐수 중에 함유된 중금속(구리)을 재활용

◉ BT를 활용해 신제품이나 신사업을 창출하는 사례도 속속 등장

○ 각종 유용물질을 합성하는 유전자를 가축, 곡물, 과수 등 생물체에 삽입한 후 그 생물체가 분비하는 기능성 신소재를 획득

- 랜디 루이스 교수(美 와이오밍大)는 거미의 섬유 생성 유전자를 염소의 유전자에 삽입함으로써 거미 섬유가 포함된 염소 젖을 개발

○ 기존 사업 분야에 BT를 융합시켜 새로운 성장동력을 창출하기도 함

- 폐수 속 오염물질을 분해할 때 전기를 발생하는 특수 미생물을 쓴 연료전지를 이용하면 폐수정화와 전력생산의 一石二鳥 효과가 발생

- 생체물질을 이용한 바이오 반도체는 기존의 실리콘 반도체보다 천만배 이상의 고집적화가 가능(향후 전자산업의 판도 변화 가능성이 큼)

Ⅱ 주요 산업별 응용사례(2차 확산산업을 중심으로)

1. 에너지·환경

① **바이오 에탄올 : 휘발유를 대체하는 미래의 청정에너지**

● 곡물을 발효시켜 만들어낸 술(에탄올+물)에서 물을 완전제거한 100% 에탄올로서, 휘발유를 대체하는 미래의 청정에너지

○ 연료용 바이오 에탄올은 탄수화물 성분이 있는 모든 바이오매스에서 추출 가능

※ 바이오매스(Biomass) : 에너지원이나 산업 용도로 사용되는 식물, 농작물, 동물 배설물, 생물성 폐기물 등을 의미하며(산업적 정의), 오늘날 널리 쓰이는 화석연료도 실제로는 수억 년 전 바이오매스가 열과 압력에 의해 변형된 것

○ 현재 바이오 에탄올은 주로 옥수수 등 곡물로 만들고 있으나, 곡물가격 급등, 삼림자원 파괴 등 부작용도 적지 않아 점차 잡초 등 초본식물, 목재폐기물과 해양미생물 등 비곡물자원을 원료로 하여 생산될 전망

- 북미 옥수수 평균가격 : 2005년 $2.3/부쉘 → 2008년 $4.8/부쉘

| 바이오 에탄올의 진화 |

	1세대 (1980년대~현재)	2세대	3세대
제조	• 당분을 효소로 발효	• 섬유소(셀룰로오스)를 당분으로 분해한 후 효소로 발효	• 미생물의 세포를 분해·발효해 에탄올 추출
주원료	• 옥수수, 사탕수수, 고구마 등 곡물	• 갈대, 옥수수줄기 등 식물의 잎·줄기 • 폐목재, 나무껍질 등 목질	• 우뭇가사리, 김 등 해초류 • 플랑크톤 등 해양 미생물
시장 현황	• 100% 곡물을 이용한 제품 • 미국 및 브라질 중심	• 2012년 이후 생산 비중 증가 • 미국 기술 주도	• 2015년 이후 상용화 기술 등장 전망

● 바이오 에탄올의 시장 규모는 고유가세(勢) 등에 힘입어 2006년 290억 달러로 2004년 대비 2.5배 성장

  ○ 범세계적인 '바이오 에탄올-휘발유' 혼합연료 사용 의무화 추세에 따라 생산량은 2006년 410억 리터에서 2010년 580억 리터로 증가할 전망[3]

  • 2006년 바이오 에탄올 생산 비중 : 브라질 47%, 미국 46%

| 에탄올 혼합연료 사용국가 현황 |

에탄올 의무혼합 비율	국가
10% 이상	브라질(20~25%), 미국(10%), 캐나다(10%), 중국(10%), 콜롬비아(10%), 페루(10%), 남아공(10%), 태국(10%)
10% 미만	파라과이(7%), 인도(5%), 스위스(5%), 일본(3%)

● 섬유소를 이용하는 2세대 바이오 에탄올 생산기술 개발경쟁이 치열

  ○ 잡초로부터 에탄올을 생산하는 차세대 공정이 미국과 스페인 등에서 이미 가동되기 시작했고, 2012년 경에는 생산원가가 휘발유 수준으로 떨어질 전망

  ○ 원료의 경작가능 면적이 제한적이므로, 장기적으로는 해수면을 이용한 생산방식도 활성화될 것으로 예상

  • 2050년까지 바이오 에탄올 원료의 추가 경작가능 면적은 최대 0.44억 ha로 추산되며, 이 중 80%가 아프리카 및 남미국가에 집중[4]

  • 해양 미생물을 이용하는 3세대 기술은 초기단계로 한국도 가능성이 큰 편

'우뭇가사리'를 이용한 바이오 에탄올 생산 기술

■ 한국생산기술연구원은 2007년 우뭇가사리의 섬유소를 80% 이상 당분으로 전환할 수 있는 기술을 개발

  □ 우뭇가사리의 에탄올 생산수율은 약 45%로 옥수수(30~35%)보다 높음

---

[3] Licht, F. O. (2006), World Fuel Ethanol: Analysis and Outlook.
[4] OECD (2007. 9.), Biofuel:Is the Cure Worse Than the Disease?

② 바이오 필터 : 미생물을 이용한 대기 및 수질 오염물질 제거장치

◉ 미생물이 표면에 붙어 있는 필터를 이용해 대기 및 수질 오염물질을 분해하는 것으로 생산 공정, 폐수처리장, 세탁소 등에서 응용 가능

   ○ 미생물이 황화수소(H_2S), 암모니아, 휘발성 유기화합물(VOCs)[5] 등을 분해하여 무취무해 물질로 전환

   ○ 기존 활성탄 흡착, 소각 등 물리·화학적 방법보다 처리비용이 적고 2차 폐기물이 발생하지 않는다는 특장점을 보유

     • 활성탄 흡착 : 활성탄 재활용 과정에서 다량의 폐수가 발생

     • 소각 : 초기 투자 부담이 크고 불완전 연소에 따른 2차 오염물질 발생 가능성도 배제할 수 없음

| 바이오 필터를 사용한 유해물질 제거 |

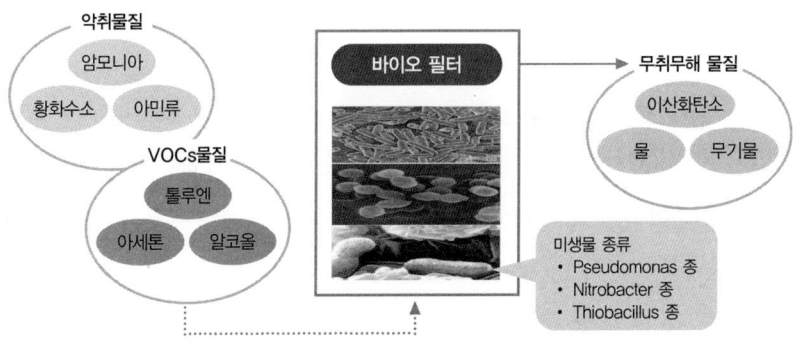

◉ 바이오 필터 시스템의 효율성 제고를 위한 노력도 지속될 전망

   ○ 바이오 필터와 광촉매[6] 탈취기술을 혼합한 이중탈취장치를 개발 중

   ○ 천연 미생물보다 유해물질 제거능력이 뛰어난 유전자 조작 미생물을 개발하거나 필터에 미생물을 부착하는 기술개발도 활발

---

5 Volatile Organic Compounds
6 빛을 쪼여주면 표면에 달라붙은 오염물질을 분해하는 금속산화물로 이산화티타늄이 대표적

③ 기름오염 복구제 : 토양 및 해양의 기름오염을 신속히 복구

● 기름분해 능력이 탁월한 미생물을 토양 및 해양 오염현장에 살포하여 단시간 내에 기름을 제거

   ○ 해양 기름유출 시 사용하는 흡착제, 유처리제 등 물리·화학적 방법에 비해 폐기물 발생이 적고, 노동력 및 복구시간 등이 크게 단축

| 기름분해 미생물의 투입 전후 비교 |

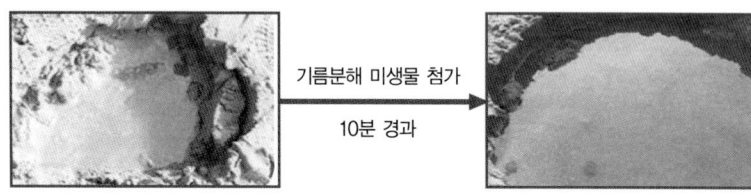

● 태안 기름유출, 미군기지 내 기름오염 문제 등으로 국내에서도 기름오염 복구제를 이용한 정화작업에 관심이 집중

   ○ 사상 최대 피해(28억 달러)를 기록한 1989년 알래스카 엑손 발데즈호 기름유출 사건에 적용된 이후 영국과 프랑스 등에서 사용

   - 기름오염 복구제의 잠재시장인 세계 토양오염 복구시장은 120억 달러 규모(2005년 기준)[7]

   ○ 한국도 2008년 1월 〈해양환경관리법〉이 발효됨에 따라서 기름오염 복구제를 이용할 수 있는 길이 열린 상태

   - 한국의 경우 해양환경 복원을 위해 기름오염 복구제를 썼던 전례가 없어 효율성과 안전성을 검토한 후 사용 여부를 결정할 방침

   - 한국해양연구원은 석유에 포함된 발암성·돌연변이성 물질을 빠르게 분해하는 미생물을 확보한 후 민간기업에 기술이전(2008년 3월)

---

7 EcoForum (2005. 3.), Soil Remediation Technology. 〈http://www.ecoforum.net.au/industrysummit〉

2. 화학

① 바이오 플라스틱 : 생체물질을 이용해 만든 썩는 플라스틱

● 석유로부터 만드는 화학플라스틱과는 달리 식물, 미생물 등 생체물질을 원료로 한 플라스틱으로 포장재, 식품용기, 자동차·전자부품 등에 널리 활용(전 세계 플라스틱 사용량 : 연간 1억 톤 규모)

  ○ 주로 옥수수 등 식물을 효소로 발효·변환시켜 생산

   • 식물은 재배하는 데 오랜 시간이 걸리고 비용도 많이 들어, 플라스틱 성분을 분비하는 다양한 미생물을 발굴·배양하는 쪽으로 연구

| 바이오 플라스틱의 활용사례 |

● PVC, 비닐, 스티로폼 등 화학플라스틱은 분해되는 데 수백 년이 걸리나, 바이오 플라스틱은 낙엽처럼 1~2년 내 분해되는 대표적인 친환경소재

  ○ 생산 공정에서 에너지 소비와 온실가스 배출량도 획기적으로 절감

   • Bio-PDO[8]의 에너지 소비, 온실가스 배출량은 석유계 PDO 대비 각각 60%, 80% 수준(듀폰 IR 자료)

  ○ 다이옥신 등 환경호르몬이 방출되지 않아 생리대, 식품용기, 유아용품 등 생활용품으로 사용하기에도 적합

---

8 PDO(Propanediol)는 일종의 알코올로 자동차 시트 등의 원료로 사용

◉ 환경오염 및 건강에 대한 관심이 늘어나면서 바이오 플라스틱의 생산이 확대되고, 이를 활용한 제품군들도 점차 확장되는 추세

  ○ 2002년부터 상용화된 바이오 플라스틱의 생산 규모는 2006년 50만 톤 (약 20억 달러)에서 2010년에는 100만 톤으로 증대될 전망[9]

| 주요 바이오 플라스틱의 원료와 용도 |

바이오 플라스틱	상용화	주원료	주용도	주요 기업
PLA	2002년	옥수수	식품포장재, 직물소재, 음료수병	듀폰, 미쓰이화학, 도요타
3-HP	2004년	옥수수	기저귀, 생리대	카길, 코덱스
Bio-PDO	2006년	옥수수	자동차용 페인트, 카펫, 화장품	듀폰, 제넨코
Polyols	2006년	식물성기름	자동차 시트, 가구발포제	카길
PHA	2008년	옥수수, 식물성기름	가정용품 잡화, 농업용 필름	ADM, 메타볼릭스

주 : 1. PLA(Polylactic Acid) : 신체 내에서 탄수화물 성분이 에너지로 사용된 후 남은 물질
   2. 3-HP(3-Hydroxypropionic Acid) : 플라스틱의 일종인 아크릴레이트의 원료물질
   3. Polyols : 알코올의 일종으로 열량이 낮아 저열량 감미료의 원료로 사용
   4. PHA(Polyhydroxyalkanoates) : 일종의 폴리에스터 분자

  ○ 최근 들어 '화학플라스틱에 비해 강도가 낮고 열에 약하다'는 단점이 개선되면서 전자·자동차부품을 중심으로 활용도가 증가

    • 노트북PC(소니, 후지쓰), 휴대폰(모토로라, NTT 도코모), 자동차 시트 및 타이어 보강재(도요타, 크라이슬러) 등

  ○ 특히 향후 가격경쟁력이 확보된다면 급속한 시장 확대도 기대 가능

    • 현재 석유계 프로필렌의 생산단가는 1~2달러/kg 수준인 반면, 대응 제품인 PHA의 생산단가는 3~5달러/kg[10]

---

[9] Williams, J. R. (2006), Addressing the Supply Issues. ⟨www.NNFCC.co.uk⟩
[10] UNU-IAS(2005), Industrial & Environmental Biotechnology: Achievements and Prospects.

② 바이오 화장품 : 피부친화적 생체물질을 함유한 기능성화장품

● 천연추출물 또는 바이오 공정을 통해 얻은 피부친화적 생체분자를 함유해 피부노화 방지, 미백 등 기능성을 제고시킨 화장품

  ○ 미용 위주의 화학화장품과는 달리 피부질환 완화, 건강상태 보전 등 기능성이 추가되어 '약용화장품(Cosmeceuticals)'[11]으로도 불림

    • 피부보습, 항산화·자외선 보호, 주름 개선, 미백, 여드름 방지, 발모 및 방향 효과 등이 7大 기능

  ○ 심지어 '먹는 화장품(Nutricosmetics)'이 등장하면서 식품과의 경계도 점차 모호해지는 추세

    • 고셔병[12] 환자의 비장에서 추출한 '세레브로사이드'는 대표적인 먹는 화장품으로 아토피 등 피부질환 개선에 효과적이라는 평가

| 화장품 융합사업 분야의 구분 |

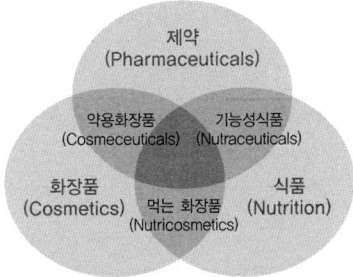

산업 분야	제품사례
약용화장품	레티놀, 보톡스(주름제거), 아스코빅산(미백), 세라미이드(보습), 버섯자실체(항산화) 등
먹는 화장품	세레브로사이드(피부보습), 하이페리신(아토피치료), 히아루론산(피부탄력), 이소플라본(자외선 보호) 등
기능성식품	비타민, 미네랄, 글루코사민, 인삼, Co Q10, 유산균, 은행추출물 등

● 유전자 조작 및 바이오 공정기술 발전, 천연 유용생물자원 탐색기술의 진보 등으로 바이오 화장품이 제약 및 식품영역까지 확장

---

11 'Cosmetics(화장품)'와 'Pharmaceuticals(의약품)'의 합성어로 1990년대 美 펜실베니아大 피부과 전문의 Albert Kligman 박사가 화장품에 피부병 치료를 위한 약용성분을 첨가한 것을 'Cosmeceuticals'로 명명한 데서 유래
12 수명이 다한 세포를 파괴하는 유전자의 이상으로 노후세포가 간과 비장 등에 쌓여 생기는 유전병

○ 과거에는 화학합성을 통해 화장품의 유효성분을 만드는 방식이었으나 이제는 점차 유전자 조작방식의 바이오 공정으로 전환되는 추세

- 엘라스타아제(피부탄력 향상), 줄기세포배양액(피부재생 및 노화방지), 성장인자(피부상처 회복) 등

○ 피부과 등 병원치료와 경쟁하는 화장품까지 등장할 정도

- 화장품업체들은 피부과에서 시술하는 필링치료(피부 각질층을 벗겨내는 것) 효과를 내는 필링 전용 화장품을 출시

○ 바이오 화장품 시장 규모는 2004년 80억 달러에서 2009년 110억 달러로 성장할 전망[13]

● 전통 한방노하우를 접목시킬 경우 바이오 화장품은 수년째 정체상태인 국내 화장품산업의 새로운 돌파구 역할을 할 것으로 기대

○ 국내 화장품산업 생산 규모 : 3.7조 원(2002년) → 3.4조 원(2004년) → 4.0조 원(2006년)[14]

○ 2006년 기준 국내 바이오 화장품은 2,219개 품목(식약청 등록 기준)에, 생산액은 7,528억 원으로 전년 대비 26% 성장

- 여드름, 아토피 피부염, 가려움증 등 한국인에 흔한 피부질환을 겨냥한 다양한 제품이 출시

| 국내기업의 주요 바이오 화장품 출시 현황 |

소재명	기존 제약	바이오 화장품
여드름 케어	동아제약, 갈더마	LG생활건강, 바이오스펙트럼, 바이오리, 애경, 두산바이오텍, 엔프라니, 바이오메딕스
습진 케어	동아제약, 동국제약, 유한양행, 일동제약, 태평양, 한미약품	LG생활건강, 바이오스펙트럼, 네오팜, 두산바이오텍, 보령제약

13 Business Insights(2005), Insights into Tomorrow's Cosmeceutical Consumers. ; www.NaturalProductsInsider.com ; www.analyze-realize.com 등의 자료를 참고해 추산
14 대한화장품협회 (2008. 4.), "국내 화장품산업 시장동향".

3. 전자 · IT

① **바이오 디스플레이 · 반도체 공정 : 생명체를 이용한 디스플레이 · 반도체 생산**

◉ 세포 등 생물체가 금속 및 금속산화물을 처리하는 능력을 이용해 각종 산화물 반도체 및 디스플레이 생산 공정에 응용하는 개념

  ○ 모든 생물체는 세포 내에서 다양한 금속(미네랄)[15]을 일상적으로 흡수

    • 아연이 부족할 경우 기관지염, 간염, 백내장, 탈모 등이 초래

  ○ 바이러스, 박테리아 등 미생물과 이들이 분비하는 효소를 이용하면, 전자 · IT산업의 공정 효율성을 크게 높일 수도 있음

    • 생명체 내부와 같은 상온, 상압, 중성 등 양호한 반응조건 하에서 제조할 수 있으며, 반응수율도 기존 화학 공정에 비해 탁월

◉ DNA, 효소, 바이러스 등 생체물질을 이용하는 생산 공정이 장기적으로 디스플레이 및 반도체산업의 혁명을 가져올 것이라는 전망이 득세

  ○ 빛이 주어지면 일정한 형태의 반응을 보이는 박테리아를 이용해 특정 패턴을 형성하도록 프로그래밍하는 박테리아 디스플레이 기술이 등장

  ○ DNA로 만든 필름을 활용해 LCD 장치에 사용되는 유기발광 다이오드(LED)[16]의 밝기를 10배 이상 향상시키는 기술도 개발

  ○ 박막 및 전극 등을 제조할 때 유전자 조작 바이러스 · 효소를 이용해 금속, 반도체 등을 흡착하고 운반하는 기술개발이 활발

---

[15] 인체는 철, 구리, 크롬, 코발트, 망간, 실리콘, 니켈, 아연, 주석 등 수십 가지의 미네랄을 사용
[16] LED(Light Emitting Diode)는 전류가 흐르면 빛을 내는 반도체로 다양한 색채를 표현할 수 있고, 친환경, 절전(고효율), 소형화 등의 장점을 구비

- 해면(海綿)동물에서 발견한 '실리카테인' 효소는 실리콘, 산화아연, 이산화티타늄, 산화갈륨 등 반도체소재를 나노층으로 형성시키는 역할을 수행[17]

바이러스를 이용한 리튬이온전지

- ■ MIT와 한국과학기술연구원은 공동으로 M13이라는 바이러스의 유전자를 조작해 기존보다 2배의 전기저장 용량을 갖는 코발트전극 리튬이온전지를 개발
  - ▫ 바이러스 표면에 코발트와 결합하는 단백질이 생성되도록 유전자를 조작
  - ▫ 코발트전극은 전기저장 용량이 크지만, 고온(500~700℃)의 제조 공정에 따른 비용 문제로 인해 기존 리튬이온전지에서는 탄소전극을 사용
  - ▫ 살아 있는 바이러스를 사용하므로 상온제조가 가능해 제조비용이 크게 절감

(자료 : Nam, K. T., et al.(2006), Virus-Enabled Synthesis and Assembly of Nanowires for Lithium Ion Battery Electrodes, *Science*, Vol. 312, pp. 885~888

● 장기적으로는 생명체와 금속을 결합시킨 전자·IT 기기도 개발될 전망

  ○ 신경세포와 반도체를 결합시켜 '생각하는 것만으로 조정할 수 있는 신경컴퓨터(Brain Computer)' 기술도 최근 등장[18]

| 반도체칩 위에 쥐의 신경세포를 성장시켜 만든 신경칩 |

작동원리
→ 생각
→ 신경세포에서 전기를 띤 이온 방출
→ 아래층에 있는 반도체로 전류 발생
→ 기기를 작동

산화실리콘 반도체
쥐의 신경세포

---

[17] Sumerel, J., et al. (2003), *Biotechnology Provides a New Route to Semiconductors*, University of California at Santa Barbara.
[18] Fromherz, Peter (2005), Semiconductors with Brain, Max Flank Institute.

② 차세대 바이오 센서 : 하나의 센서로 다중분석이 가능한 전자 코·혀

◉ 전자 코·혀는 각각 사람의 후각과 미각의 작동원리를 모방해 미세한 농도의 물질을 검출하는 차세대 바이오 센서를 의미

○ 인간의 코에는 370여 종의 후각수용체(냄새물질과 결합하는 일종의 센서분자)가 있으며, 이들 수용체의 다양한 조합을 통해 수십만 가지의 미세한 냄새 차이를 분별

○ 냄새·맛 분자가 닿을 경우 전기저항이 바뀌거나 색깔이 변하는 특수물질을 배열한 형태로서, 검출대상에 따른 전기 및 색 신호의 변화패턴을 측정해 패턴분석 소프트웨어로 분석

- 감지대상이 액체이면 전자 혀, 기체일 경우 전자 코 센서로 불림

| 인간과 전자 코·혀의 비교 |

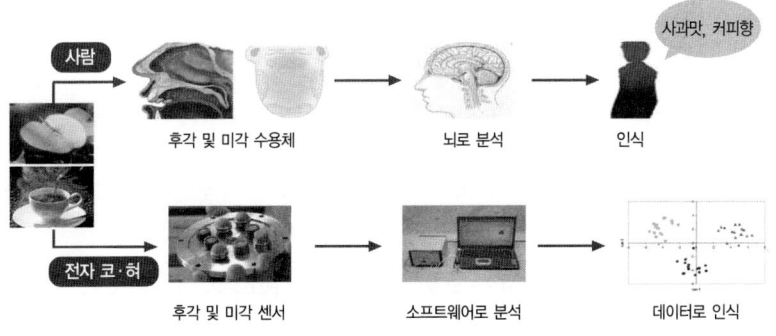

◉ 하나의 센서로 다양한 물질을 동시에 검출할 수 있는 것이 특징

○ 기존 센서는 센서와 감지대상이 1:1로 대응하는 방식이므로, 10가지 물질을 감지하기 위해서는 10가지의 서로 다른 센서가 필요

○ 전자 코·혀는 물질별 감지신호의 패턴을 분석하는 1:n 방식이므로 하나의 센서로 여러 물질을 동시에 분석하는 것이 가능

◉ 다양한 용도를 앞세워 향후 각종 센서시장을 대체할 전망

ㅇ 식품의 부패 여부와 원산지 확인, 마약 및 독성물질 확인, 공장 배출가스 감시 등 식품, 의료, 환경 분야에서 널리 사용 가능

- 터프츠大(美) 연구진은 지뢰에서 발산하는 미세한 화학물질의 냄새를 분별하는 지뢰탐지용 전자 코를 개발

ㅇ 실시간 분석, 측정의 간편성 등 장점을 바탕으로 휴대기기 형태의 다양한 제품개발도 가능

- 규슈大(日)는 식품의 이상 유무를 간편하게 확인할 수 있는 휴대용 미각 센서 개발

| 규슈大에서 개발한 휴대용 미각 센서 |

소형 미각 센서부
NT기술을 이용해 사람의 혀 표면을 덮고 있는 지질막을 인공적으로 모방

ㅇ 의료용 혈당측정 센서를 제외한 바이오 센서 세계시장 규모는 2006년 약 20억 달러(화학 센서까지 포함하면 약 40억 달러 규모)[19]

◉ 향후 나노소재 및 유전자 조작기술과 결합해 다양한 기술혁신도 가능

ㅇ 로텔로 메사추세츠大 교수팀은 2007년 특정 단백질과 결합할 수 있는 금나노입자를 사용해 암진단 등에 활용 가능한 전자 코 개발

ㅇ 박태현 서울大 교수팀은 인간의 후각유전자를 추출해 후각수용체를 배양하는 데 성공해 향후 사람의 코처럼 냄새를 맡을 수 있는 센서를 개발할 여지를 마련

---

19 BCC, Frost&Sullivan, Global Industry Analysts, Freedonia Group 등의 시장자료 참고

4. 기타

① **바이오 테러방지장치 : 미생물을 이용한 독성물질 감지장치**

◉ 독성물질을 검출하기 위해 효소·미생물 등이 복합된 고감도 생체 센서

  ○ 탄저균 등 세균무기, 각종 독소 및 독가스 등이 검출 및 제거대상

   • 나노젠(美)은 노트북PC 크기의 독소검출용 'NanoChip'을 개발

   • 드류 앤디 교수(MIT大)는 TNT 폭약과 반응하는 미생물에 형광물질 유전자를 삽입해 TNT 검출 시 형광을 발하는 미생물 센서를 개발

  ○ 버클리大는 살아 있는 세포 한 개가 전류회로를 막고 있는 형태인 독성물질 검출 센서 칩을 개발

| 버클리大의 독성물질 검출용 단일세포 센서 |

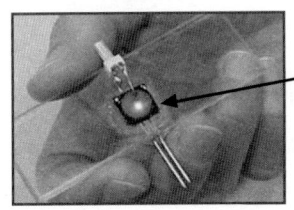

- 살아 있는 세포가 들어 있는 액체 챔버
  • 정상상태 : 전류가 통하지 않음
  • 특정 독소에 노출 시 : 세포가 죽으면서 수천 분의 1초 이내에 전기가 통하면서 표시

자료 : http://www.berkeley.edu/news/media/releases/2003/06/09_toxic.shtml

◉ 향후 바이오 테러방지, 화학 공정의 유독물질 누출 및 환경감시 등에 다양하게 응용될 전망

  ○ 9·11 테러를 겪었던 미국은 2007년 한 해에만 관련 연구에 11억 달러를 지원하는 등 기술개발 지원에 적극적

   • 보스턴大와 텍사스大에 바이오 테러방지 연구를 위한 국립연구소를 설치하고, 9개 지역연구소를 설립할 계획

② 바이오 나노 구조소재 : 생체물질을 나노 수준에서 조작한 첨단소재

● 'DNA, 단백질, 지질(脂質) 등 생체 기본물질은 특정 분자하고만 결합한다'
  는 특성[20]을 이용, 생체 기본물질을 분자 단위에서 조작해 만든 첨단소재

  ○ "바이오 나노 구조소재를 건축물에 비유하면, DNA 가닥(시멘트)을 나
    노금속(벽돌)에 섞어놓기만 해도 벽돌이 스스로 쌓여 건축물을 만드는 것
    과 같다." (박성용 로체스터大 연구원, 3차원 금-DNA 나노구조체 개발)

  ○ 특히 금속, 탄소 나노튜브 등 특정 기능을 가진 물질과 바이오 물질이 복
    합체를 형성할 경우 우수한 성능을 발휘

| 바이오 나노 구조소재의 형성 과정 |

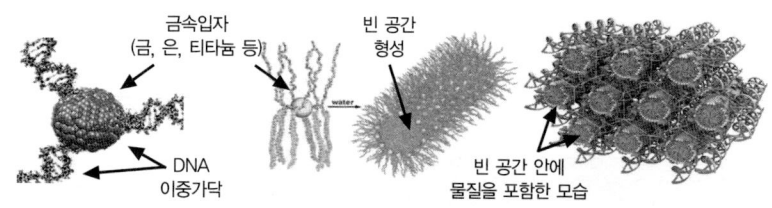

자료 : http://www.anl.gov/Media_Center/News/2005/CNM050429.html 등

● 생체물질을 구조체(Building Block)로 사용한 나노기어, 나노모터 및 나
  노물질 전달체 등의 제품생산이 가시화될 전망

  ○ 2015년경에는 DNA를 배선으로 사용한 나노칩, 반도체 생체소자와 생체
    분자로 만든 나노모터 등이 상용화될 전망[21]

    • 아자얀 교수(美 RPI工大[22]) 연구팀은 탄소 나노튜브에 식물성분인 셀
      룰로오스를 결합해 감거나 잘라 쓸 수 있는 차세대 전지를 개발

---

20 DNA는 아데닌(A), 티민(T), 구아닌(G), 시토신(C) 등 4가지 기본물질이 길게 연결된 형태이며, A↔
   T, G↔C는 서로 만나면 결합하는 특성을 지님
21 Hauptman, Aharon and Yair Shargan(2006. 2.), Envisioned Developments in Nanobiotechnology-
   Expert Survey, NANO2LIFE.
22 Rensselaer Polytechnic Institute

Ⅲ 시사점 및 제언

BT는 미래산업과 생활상에 혁명을 가져 올 핵심요소

◉ BT는 미래의 산업경쟁력을 결정짓는 핵심요소로서 작용할 뿐 아니라, IT, ET, NT 등과의 융합을 통해 다양한 신사업을 창출할 전망

  ㅇ 10년 후에는 에너지·환경 및 화학산업에서 BT가 대부분 사용되고, 전자·IT산업에서도 선도 분야를 중심으로 BT 사용이 확산될 전망

| 산업별 BT의 활용 수준 전망 |

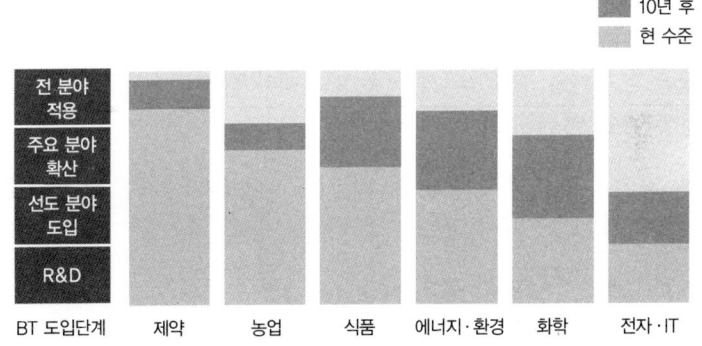

주 : 10년 후 수준은 분야별로 BT를 활용한 제품과 공정의 종류 및 수준, 선진국 연구개발 동향 등을 고려해 추정

  ㅇ DNA를 기억소자로 활용한 바이오 컴퓨터, 나노입자와 복합체를 형성한 고효율 촉매 등 IT, NT와 융합한 미래 신사업 기회가 풍부

◉ 다양한 산업에서 BT가 널리 응용되면서, 생활양식 전반에 미치는 BT의 효과와 영향력이 점차 가시화

  ㅇ 도심 내 건물형 농장, 바이오 플라스틱을 50% 이상 사용한 자동차, 독극물·유해물질을 감지하는 포장재 등이 조만간 등장할 전망

● 지구온난화, 식량고갈, 생태계 파괴, 고령화 등 지구적 차원의 난제를 해결하기 위한 대안으로서도 부각

  ○ OECD는 '지구온난화 등의 난제를 BT 혁신을 통해 2030년까지 해결하여 미래의 성장 및 복지를 달성하자'는 취지에서 국가별 BT 정책 방안을 연구하는 'The Bioeconomy to 2030' 프로젝트를 2005년부터 수행

BT를 이용한 공정혁신 추구와 신사업 기회 발굴(기업경영 측면)

● 기존 공정에 BT를 적용함으로써 원가절감과 친환경경영을 동시에 추구

  ○ 발효, 효소 및 미생물 기술 등 상대적으로 국내의 기술 기반이 높은 분야를 활용한 공정혁신이 바람직함

    • 2006년 '독도', '동해', '갯벌' 등 신종 박테리아 107종을 발견한 한국은 2년 연속 세계 1위의 신종 박테리아 발견국가로 자리매김 (일본은 61종을 발견해 2위를 차지)

  ○ 특히 자연계에는 아직 미발견되었거나 이용되지 않는 미생물·효소가 태반이어서 개발 여지도 큰 편

    • 지구상에는 약 550만 종의 미생물과 3천여 종의 효소가 있다고 하나, 상업적 용도로 쓰이는 것은 미생물 100여 종, 효소 150 종에 불과[23]

  ○ 한국은 2013년부터 교토의정서상 온실가스 감축의무가 발생하므로 기존 공정을 친환경 바이오 공정으로 전환해둘 필요

● 기존 기술역량과 시너지가 가능한 분야에서 BT를 융합해 신사업 기회 발굴

  ○ 바이오 반도체·디스플레이 공정, 바이오 화장품, 바이오 플라스틱 등이 대표적인 사례

---

[23] Nature's Own Chemical Plant. (2007. 2.), *Fraunhofer Magazine*.

기술 수준에 따른 정책차별화와 생물자원의 체계적 관리(정부정책 측면)

● 한국의 역량이 강한 분야는 민간주도로 상업화 기술개발을 강화하되, 정부는 세제혜택·공공구매 등 인센티브를 통해 기업을 지원

  ○ 효소의 산업 공정 적용, 미생물 이용 환경복원, 유전자 변형 동·식물 이용 생산 등이 상대적으로 역량이 강한 분야

  ○ 미국은 2002년부터 'Federal Biobased Product Preferred Procurement Program(연방기관이 공공구매를 할 때, BT 사용제품을 우선적으로 구입)'을 시행 중

● 국내 역량이 취약한 분야(미생물 연료전지, 바이오 나노 신소재 등)는 국가의 주도 하에 기초 R&D 투자를 강화하는 한편, 해외 유명연구소 등의 석학을 초빙해 산업화의 기반을 마련할 필요

  ○ 바이오 분야는 핵심인력 양성에 장기간이 소요된다는 점을 감안하여 해외 인재를 유치하는 것이 보다 효과적

● 미생물, 종자 등 생물자원에 대한 국가 차원의 확보·관리 대책 필요

  ○ 美 국립 암연구소가 개발한 에이즈 치료제 '칼라놀라이드 에이'가 말레이시아 열대식물에서 추출된 물질일 정도로 생물자원의 경제적 가치는 날이 갈수록 증가하는 추세

  ○ 한국에서 서식하는 4천여 종 식물 중 10%는 한국에서만 자생할 만큼 한국은 희귀자원이 많은 국가

    • 미국에서 자생식물로 등록된 '잉거비비추'가 실제로는 한국 토종 '옥잠화'로 美 국립식물원의 잉거 박사가 1980년대에 홍도에서 몰래 가져갔다는 주장도 있음[25]

---

25 이형규 (2005. 4.), "세계는 종자전쟁 중", 한국생명공학연구원 바이오칼럼.

날로 심각해지는 산업기술 유출

13

I. 불황과 산업기술 유출
II. 기술 유출의 경로(유형)
III. 산업기술 유출 방지를 위한 제언

SERI 경영노트
≫≫≫ 2009. 6. 11.
박성배

Ⅰ 불황과 산업기술 유출

급증하는 산업기술 유출 시도

◉ 한국기업의 기술 수준이 고도화됨에 따라 불법적인 산업기술 해외유출 (이하 기술 유출로 지칭) 시도가 지속적으로 증가

○ 2004~2008년간 적발된 기술 유출 시도는 총 160건으로, 유출되었을 경우 예상되는 피해액이 253.5조 원으로 추정

○ 특히 불황기로 접어든 2008년의 경우 적발 건수가 42건으로 전년(32건) 대비 31% 증가

| 산업기술 해외유출(적발 기준) |

	2004	2005	2006	2007	2008	계
건수	26	29	31	32	42	160
피해예방액(조 원)	32.9	35.5	13.6	91.7	79.8	253.5

자료 : 지식경제부 (2009. 4.), 〈산업기술의 유출방지 및 보호에 관한 법률〉 ; 국가정보원 (2009. 5.), "첨단 산업기술 보호동향", 제10호.

◉ 경쟁국으로 기술이 유출되면 업계의 기반 자체가 와해될 수 있기 때문에 기술 유출은 개별기업 차원을 넘어서는 범국가 차원의 핵심 이슈

○ 기술 유출의 건당 예상 피해액(추정)이 2004년 1.3조 원에서 2008년 1.9조 원으로 꾸준히 증가

• "국내 무선안테나 생산업체가 17곳 있었으나, 한 곳이 부도나면서 그 기술이 고스란히 중국업체로 넘어갔고 그 이후 중국업체의 저가공세로 인해 업체 대부분이 도산했음"[1] (김민배 인하대학교 법과대학장)

---

1 "핵심기술, 규제·지원 병행해야", 산업기술 유출방지 연중기획 〈5부〉(2009. 2. 5.), 《내일신문》

● 과거에는 한국이 강세를 보이는 반도체·휴대폰 등 IT 분야에 기술 유출이 집중되었으나, 최근 들어 정밀기계, 화학 등 전 분야로 확산되는 추세

○ 기술 유출 시도 중 IT 분야 비중이 1998~2003년 73%[2]에서 2004~2008년 63%[3]로 감소(정밀기계 및 화학의 기술 유출 시도는 각각 15%, 6%)

● 지역을 망라하고 기술 유출 시도가 늘고 있으나, 중국의 비중이 상대적으로 높아지는 추세

| 지역별 기술 유출 적발 건수 |

	중국	미국	일본	대만	기타
1998~2003	20(38%)	10(20%)	5(10%)	9(18%)	7(14%)
2004~2008	85(50%)	20(12%)	15(9%)	12(7%)	37(22%)

주: 괄호 안은 구성비

중소기업의 기술 유출 가능성이 더욱 증대

● 1990년대 후반 이후 '벤처기업 육성 특별법', '기술혁신형 중소기업 인증사업' 등 정부의 육성책과 기업의 R&D 노력에 힘입어 기술혁신형 중소기업(일명 이노비즈)[4]이 대거 등장[5]

○ 기술혁신형 중소기업의 R&D 투자는 일반 중소기업의 3.4배 수준

| 기술혁신형 중소기업 수 | (단위 : 개사)

	2002	2003	2004	2005	2006	2007	2008
기술혁신형 기업	2,762	2,375	1,856	3,454	7,183	11,526	14,626
벤처기업	7,967	7,702	7,967	9,732	12,218	14,015	15,401

주 : 벤처기업과 기술혁신형 기업의 중복도 가능하며 2008년 중복업체가 약 8천여 개임
자료 : 중소기업중앙회 (2009. 4.), "2009년 중소기업현황".

[2] 산업자원부 (2004. 9.), "기술 유출 방지대책", 경제장관간담회 안건.
[3] 국가정보원 (2009. 5.), "첨단 산업기술 보호동향"(제10호).
[4] 기술혁신형 중소기업이란 기술혁신 역량을 갖추고 3년 이상의 경영실적을 갖춘 안정적 성장기업 중 지속적으로 기술혁신, 가치혁신을 이뤄 글로벌 시장경쟁력을 확보할 수 있다고 인정받은 기업을 일컬음. 기술보증기금에서 평가하며 중소기업청에서 선정.
[5] 한국산업기술진흥협회 (2008. 12.), 《2008년판 산업기술백서: 위기극복과 성장을 위한 R&D 전략》.

● 이렇듯 중소기업의 기술력은 향상되고 있는 데 반해, 정보보안시스템은 상대적으로 미흡해 중소기업이 기술 유출의 주된 경로로 부상

  ○ 2004~2008년 중소기업 기술 유출 시도가 102건(전체의 60%)

   • 대기업 28%(42건), 대학 및 정부출연연구소 6%(10건) 등

  ○ 출입·문서 보안, 임직원·퇴직자 관리 등 전방위적 산업기술 보안시스템을 구축해온 대기업과는 달리, 중소기업은 보안설비투자나 R&D 성과보상체계 등이 여전히 취약한 실정

   • 중소기업 중 78%는 보안비용으로 매출액 대비 1% 미만을 지출하며, 56%가 R&D 성과에 대한 금전적 보상시스템이 없는 상황

| 중소기업의 산업기술 보안실태 |

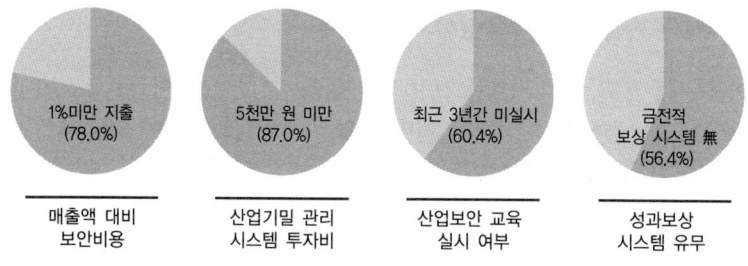

자료: 중소기업청·한국산업기술진흥협회 (2007. 6.), "중소기업 산업기밀관리 실태조사 보고서".

● 특히 2008년 4/4분기 이후 불황이 본격화되면서 수요감소와 실적악화로 고전하고 있는 기술혁신형 중소기업이 증가하는 것도 부담 요인

  ○ 평소 월 50~60개 사 수준이던 제조업 부도업체 수가 2008년 4/4분기 월 105~115개 사 수준으로 급증[6]

  ○ 경영여건 악화로 고용 불안감이 커진 임직원 입장에서는 작은 대가에도 직장을 옮겨야겠다는 유혹을 느낄 수밖에 없는 현실

---

[6] 중소기업중앙회 (2009. 4.), "2009년 중소기업현황".

Ⅱ 기술 유출의 경로(유형)

1. 전·현직 내부인력

● 경쟁업체로부터 뇌물, 파격적인 연봉, 고위직책 등의 인센티브를 받고 기술을 유출하는 것이 가장 전형적인 형태

  ○ 2004~2008년에 발생했던 기술 유출 적발 사건 중 56%는 전직, 27%는 현직 직원에 의해 발생

    ※ 美 〈경제스파이법(Economic Espionage Act. 1996)〉의 대표적인 사건(유죄판결) 15건 중 전·현직 직원이 주범인 경우가 13건[7]

● 글로벌기업도 경제위기에 따른 지나친 인력감축으로 내부 임직원에 의한 정보보안 공백현상이 발생할 것을 우려하는 상황

  ○ McAfee社와 퍼듀大의 공동조사[8]에 따르면, 정보보안의 위협요소는 해고직원 유출(42%) 〉 외부인 절취(39%) 〉 내부직원 유출(36%) 등의 순(복수응답)으로 판명

전직 인텔 직원의 기밀 절취 사건

■ 2008년 인텔에서 경쟁사인 AMD로 전직한 직원이 100페이지가 넘는 인텔 대외비 자료와 19건의 칩 설계도면을 보관하다 FBI에 체포

  □ 2006년부터 인텔은 대규모 인력감축(10만 5,000명에서 8만 명으로 축소)을 단행했고 본 사건의 피의자도 2008년 6월 인텔을 퇴사

  □ 피의자가 인텔에서의 계약기간이 끝나기 전에 AMD에서 근무하기 시작한 것을 수상하게 여긴 다른 직원의 신고로 수사가 진행

  □ FBI는 이중계약 기간 중에 대부분의 기밀자료를 다운로드 받은 사실을 확인하고 90년형이라는 중형을 구형(단, AMD는 해당 정보를 사용하지 않았음을 입증)

자료 : McAfee (2009), Unsecured Economies: Protecting Vital Information.

---

7 국가정보원 (2007. 2.), "첨단 산업기술 보호동향"(제7호).
8 McAfee (2009), Unsecured Economies: Protecting Vital Information.

● 특히 글로벌화 진전으로 해외생산 및 연구거점이 증가하고 있음에도 현지 인력관리가 어려운 탓에 해외법인 직원의 기술 유출이 증가

'수소를 이용한 차세대 냉난방' 기술유출

■ 중소기업 J사가 독자기술로 개발한 '수소저장합금 냉난방 기술'을 현금 200억 원과 부회장 등의 직책을 약속받은 내부직원들이 중국업체에 유출

□ 해당 기술은 수소저장능력이 큰 금속 등의 합금장치에 수소를 주입하거나 빼내면서 냉난방 기능을 구현하는 기술

□ 전력소비가 기존 제품의 10% 수준으로 향후 에어컨, 냉장고에 사용할 수 있는 차세대 기술로 주목

□ 기술 유출로 독일 냉난방 기업과의 생산 및 판매권 계약(10억 유로)이 파기될 위험에 처하는 등 경제적 손실이 발생

자료: "중기기술 200억 받고 중국 유출" (2009. 5. 21.), 《매일경제신문》

---

2. 인수합병(M&A)

● 인수합병을 통해 필요한 기술을 확보하는 것은 합법적이나 해외자본에 의한 무분별한 인수합병이 진행될 경우 자칫 주력산업에서 한국기업의 주도권을 약화시킬 가능성이 상존

○ 2000년대 초 중국 휴대폰업체들은 노키아 중국법인 인력을 흡수하는 한편, 현대시스컴(장비업체), 기가텔레콤 R&D 부문 등 한국의 휴대폰 관련업체 인수합병을 통해 휴대폰기술을 집중 취득

- 2004년 이후 중국기업은 내수시장의 50% 이상을 차지하며 급성장한 반면, 對중국 수출비중이 높던 세원, 맥슨, 벨웨이브 등 국내 중소 휴대폰업체는 결국 도산

● 인수합병 과정에서 피인수기업의 정보만 입수한 채 계약을 파기하는 등 우월적인 위치를 내세운 정보입수 행위마저도 빈발

○ 2000년 대우자동차 인수를 시도했던 포드자동차는 16개 공장과 300여 개 부품업체 등에 관한 정보만을 입수한 채 인수를 돌연 포기[9]

M&A 계약 과정에서의 기술 유출

■ 외국기업 B사는 한국 벤처회사인 A사와 M&A 계약을 추진하다 일방적으로 파기한 후 M&A 추진 과정에 확보한 A사의 기술자료를 토대로 유사상품을 시장에 출시
  □ 합병계약 진행 중 B사는 정밀심사를 위해 기술자료를 요청했고, A사는 합병을 확신하여 여과 없이 자료를 공개
  □ 정밀심사가 끝난 후, B사는 합병의 가치가 없다는 이유로 M&A 계약을 취소

자료 : 지식경제부 (2009. 4.), 〈산업기술의 유출방지 및 보호에 관한 법률〉 中 "산업기술 보호지침".

● 세계적인 기술력을 보유하고 있으나, 글로벌시장 악화 등으로 일시적인 어려움을 겪고 있는 한국기업에 대하여 기술 유출을 겨냥한 적대적 M&A (기술 유출형 M&A) 가능성이 점증

○ 하이닉스, 대우조선해양 등 향후 매각이 예정되어 있는 대기업은 물론 KIKO 사태, 경기침체 등으로 유동성 위기에 내몰린 유망 중소기업들이 주 타깃이 될 것으로 예상

○ 중국 BOE그룹이 하이디스(LCD패널업체)를 인수한 후 전산망을 그룹계열사에 개방해 기술이전 계약에 없는 항목을 중국으로 유출하는[10] 등 M&A 후 경영권을 남용한 기술 유출 시도가 종종 발생

  • 중국 상하이자동차도 쌍용자동차를 인수한 후 커먼레일 엔진, SUV차량, 디젤하이브리드 시스템 등의 주요 기술을 기술지도 등의 명목으로 중국에 유출한 혐의를 받고 있음

---

9 임영모·박성배·최병삼 (2004. 10.), "핵심기술 해외유출의 실태와 대책"(CEO Information 472호), 삼성경제연구소.
10 2009년 2월 법정에서 유죄로 판결

3. 공동사업

● 공동연구를 위해 초빙한 해외기술자나 협력프로그램으로 파견된 연수생 등이 해당 기업(연구기관)의 핵심기술정보에 불법적으로 접근

  ○ 국내에서도 해외에서 초빙한 과학자나 연수인력이 기술을 유출한 사건이 지난 5년간 6건 발생(전체의 4%)

    • 2005년 교환학생 프로그램으로 자동차부품기업인 VALEO(佛)에 인턴사원으로 입사한 중국인 유학생은 BMW 신모델 및 VALEO의 부품 개발계획을 무단으로 다운로드받은 혐의로 피소[11]

  ○ 대학의 경우, 국가 차원의 R&D를 담당하는가 하면, 국제화의 일환으로 해외 유학생도 크게 늘어 기술 유출의 위험성이 크게 증가

    • 미국에서는 대학이 수행하는 연구과제에 대해 보안등급을 부여하고, 보안등급이 높은 과제에는 외국인의 참여를 제한

● 기술 및 시제품 개발 이후 양산을 위한 합작투자를 필요로 하는 기업의 경우 주로 해외기업과 합작투자 협상을 진행하는 담당자가 매수되어 기술 유출을 시도

합작투자 시 기술 유출

■ 바이오장비 제조업체인 A사는 합작법인 설립을 추진하던 해외기업 C사에 100억 원을 들여 개발한 장비의 설계도면이 유출될 뻔한 위기에 노출

  □ 주식투자 실패로 개인 빚이 있던 B씨가 실무자로 발탁되어 C사와 협상 중 C사로부터 거액을 대가로 기술 유출을 제의받음

  □ 제의를 수용한 B씨는 연구원 3명을 규합해 설계도면을 획득하였고, C사로 유출하는 과정에서 적발

자료 : 지식경제부 (2009. 4.), 〈산업기술의 유출방지 및 보호에 관한 법률〉 中 "산업기술 보호지침".

---

11 중소기업청·중소기업기술정보진흥원 (2007. 9.), "중소기업 기술 유출 사례 및 대응전략".

Ⅲ 산업기술 유출 방지를 위한 제언

기업 : 성과보상과 동기부여를 통해 핵심인재를 보호·유지

- ● '인재 유출은 곧 기술 유출'이라는 인식 하에 적절한 보상과 동기부여를 통해 핵심인재를 보호·유지하는 것이 기술 유출 방지의 첫걸음
  - ㅇ 기술 유출의 80% 이상이 전·현직 직원에 의해 이루어진다는 점을 명심
  - ㅇ 특허 등 지적재산권의 형태로 기술을 보호할 수도 있겠지만, 대부분의 중요한 기술과 노하우는 사람의 머릿속에 체화
  - ㅇ 주요 업적에 대해 공정하고 객관적인 보상을 실시하고 전문가로서의 자부심과 명예를 느낄 수 있도록 다양한 동기부여가 필요

청색LED 개발자와 니치아화학(日)의 소송 사건

- ■ 녹색산업의 초석을 놓은 청색LED 기술은 1993년 일본 니치아화학의 나카무라 슈지 연구원(現 캘리포니아大 교수)이 개발
  - ㅁ 당시 노벨상 감으로 거론될 정도로 가치가 높은 청색LED를 발명한 나카무라 슈지에게 니치아화학이 지급한 성과급은 2만 엔에 불과
  - ㅁ 이후 니치아화학을 퇴직해, 캘리포니아大로 전직한 나카무라 슈지 교수는 발명의 대가를 둘러싼 법정소송을 진행
  - ㅁ 2004년 1심에서 200억 엔 지급을 명령했고 2005년 2심에서 8억 엔 지불하는 것으로 화해했으나 2006년 2월 니치아화학이 특허권을 포기하는 것으로 종결

정부 : 첨단기술 보유기업에 대한 국가 차원의 관리를 강화

◉ 첨단기술을 보유한 국내기업에 대한 외국기업의 인수합병을 국가에서 일부 제한할 수 있는 방안까지도 강구할 필요

  ○ 현재 국가 차원의 중요기술을 '국가핵심기술'로 지정하고 해당기술 수출 시 사전신고 및 승인을 받도록 하고 있으나, 해당기술을 보유한 기업의 인수합병에 의한 기술 유출에 대해서는 규정이 없음

'국가핵심기술'

■ 국내외시장에서의 기술·경제적 가치가 높거나 관련산업의 성장잠재력이 높아 해외로 유출될 경우 국가 안전보장 및 국민경제에 중대한 영향을 줄 우려가 있는 기술로 산업기술보호위원회의 심의를 거쳐 지식경제부 장관이 지정·고시

  □ 현재 전기전자, 자동차, 조선, 철강, 원자력, 정보통신, 우주 등 7개 분야에 40개 기술이 국가핵심기술로 지정
  (예 : 80나노급 이하 DRAM 관련기술, 하이브리드 자동차 설계기술, Finex 기술, 고부가가치선박 및 해양시스템 설계기술, 신형 경수로 원자로 기술 등)

  • 다만, 외국인투자 관련 법제도를 변경할 경우 국내 투자환경에 대한 부정적 인식을 키울 수 있기 때문에 외국인투자가 제한되는 범위를 명확히 하고 정책의 투명성과 일관성이 보장되도록 노력

◉ 미국, 일본 등 선진국도 국가 차원에서 해외기업의 자국기업 M&A를 거부할 수 있는 제도를 운영하고 있음을 참조

  ○ 미국은 1980년대 들어 자국기업에 대한 일본과 대만의 M&A 시도가 빈발하자 이를 견제하기 위해 1988년 〈Exon-Florio법〉을 제정

    • 2007년 모든 외국인 직접투자를 외국인투자위원회에 신고토록 하는 〈Foreign Investment and National Security법〉을 제정

○ 일본은 외환법을 통해 담당장관[12]이 국가안전을 위해(危害)할 가능성이 있는 외국자본의 직접투자를 심사하여 투자 변경·중지를 권고 또는 명령

- 2007년 중국 국유기업의 일본기업 매수공세를 차단하기 위해 사전 신고대상을 대폭 확대(탄소섬유, 공작기계, 전지, 로봇 등 포함)

---

12 재무성과 경제산업성이 공동으로 감독

SERI
보고서로 읽는
미래
산업

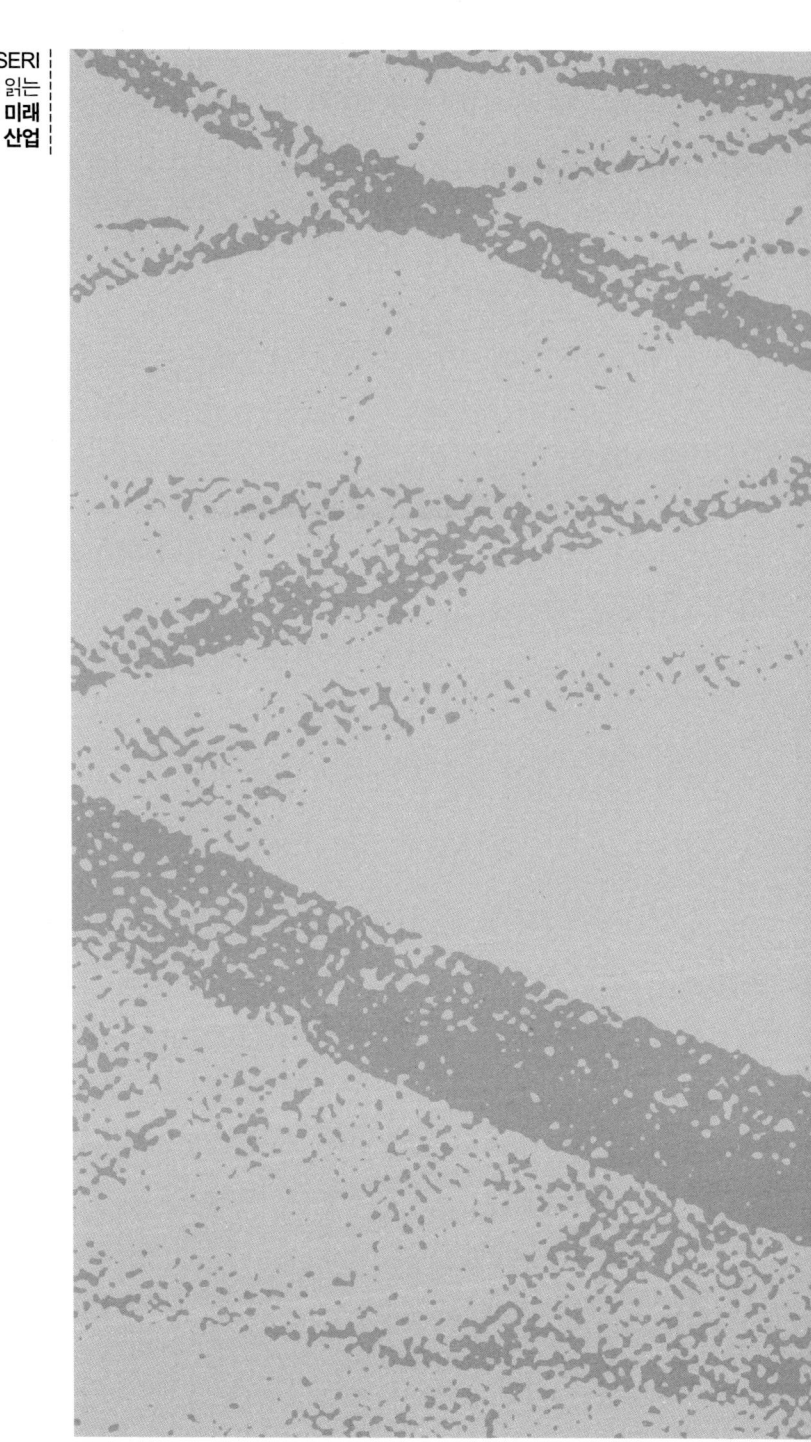

제3부 IT산업

14 | 세계 IT업계의 실적과 구조재편 전망 | 임태윤 외
15 | IT 컨버전스의 진화 | 이성호
16 | 전자산업의 화두로 등장한 사용편의성 | 최병삼
17 | 부상하는 위치기반서비스(LBS) | 이성호 외
18 | 차세대 저장장치 SSD의 부상과 시사점 | 장성원
19 | 초선명 디스플레이의 개발 동향과 시사점 | 이치호
20 | PC시장의 새로운 트렌드, 넷북 | 정동영
21 | e-book 신성장의 주역, 아마존 | 이정호
22 | 게임산업의 신조류, 기능성 | 이원희

세계 IT업계의 실적과 구조재편 전망 14

Ⅰ. 세계 IT업계의 실적 부진
Ⅱ. 기업별 실적과 대응전략
Ⅲ. 구조재편 전망
Ⅳ. 시사점

CEO Information
》》》 2009. 4. 22.
임태윤, 이성호, 권기덕

Summary

IT업계가 불황극복에 총력

2008년 세계 IT업계는 경기침체에 따른 수요 둔화로 IT버블 붕괴 이후 최악의 실적 부진을 보였다. 불황이 지속되는 가운데 재무역량이 우수한 IT기업은 선제적 구조조정과 아울러 M&A 등 시장지위를 강화하는 노력을 전개하고, 그렇지 못한 기업은 한계사업 철수, 합종연횡 등 생존과 위기극복에 총력을 다하고 있다.

불황 이후 구조재편 전망

IT산업의 질적인 전환이 예상되는 불황기의 업계 재편방향을 예측하고 이에 대해 선제적으로 대응하는 것이 필요하다. 한계기업 퇴출로 상위기업 시장지배력이 강화되는 등 불황기의 일반적인 특징과 아울러 이번 불황으로 인한 특별한 변화는 다음과 같이 예상된다. ① 소프트웨어가 핵심경쟁력으로 부상하며 플랫폼 경쟁이 심화될 것이다. 컨버전스제품 시장에서는 차별화된 기기도 중요하지만 기기에 활용되는 콘텐츠나 애플리케이션도 중요해지고 있다. 따라서 향후 경쟁에서는 콘텐츠 및 애플리케이션 플랫폼과 생태계를 구축하는 것이 중요한 경쟁요소가 될 것이다. ② 일본기업의 체질이 본원적으로 개선될 것이다. 일본기업은 과거 수차례 구조조정을 단행했지만 실질적인 개혁성과는 미흡했다. 그러나 현재의 위기를 활용, 일본 내 공장까지 폐쇄하는 등 성역 없는 구조개혁을 추진하고 있어 불황 이후에는 본원적

경쟁력이 강화될 것이다. ③ DRAM, LCD패널 등 IT제조업에서는 동아시아 4국 중심의 경쟁이 심화될 것이다. 이미 DRAM에서는 對 한국연합이 가시화되었고, LCD패널에서도 중국과 일본의 협력이 확대될 것으로 보여 한국 기업을 견제하기 위한 여타국 기업 간 연합과 협력이 증가할 것이다.

전열을 재정비하고 경쟁력 강화에 박차를 가할 시점

이번 불황으로 기업들이 신성장 분야로 진출을 가속화하면서 대경쟁이 본격화될 것이다. 스마트폰, 태양전지 등 유망 분야에 예상치 못한 기업이 경쟁자로 부상하는 등 업계 구분을 넘어선 경쟁이 가열될 전망이다. 새롭게 전개될 대경쟁에서의 성패가 향후 IT산업 주도권의 향방을 결정하기 때문에 한국 IT기업은 미래경쟁에 대한 준비를 철저히 해야 한다. 경영자산 효율화 등 기업체질을 강화하는 한편 하드웨어 강점에 소프트 역량을 접목시키는 '비욘드 하드웨어(Beyond Hardware)'를 적극 모색하고, 플랫폼 리더십을 배양해야 한다. 또한 IT제조업 분야의 국가 간 경쟁에서 밀리지 않도록 한국 IT산업의 생태계를 활성화하고 체질을 강화해야 한다.

Ⅰ 세계 IT업계의 실적 부진

2001년 이후 최악의 부진

◉ 2001년 IT버블 붕괴 이후 연평균 10% 내외의 고성장을 지속했던 세계 IT업계는 2008년의 불황으로 매출 감소, 이익률 급락

  ○ 세계 100대 IT기업[1]의 실적을 조사한 결과, 2008년 매출액은 2001년 이후 처음으로 마이너스 성장을 기록

  ○ 100대 IT기업의 영업이익률도 2%대로 급락했던 2001년 이후 가장 낮은 수준인 5%대로 하락

    • 100대 IT기업이 경쟁력 있는 상위기업임을 감안할 때 중하위 IT기업의 경영실적은 더욱 큰 타격을 받았을 것으로 추정

| 세계 100대 IT기업의 실적 추이 |

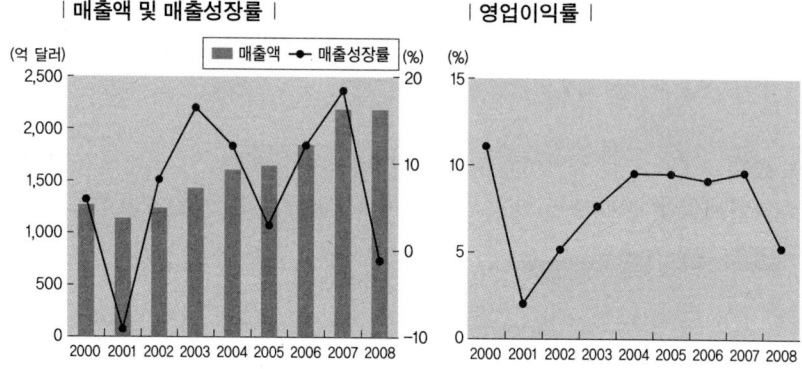

주 : 2008 회계연도가 2008년 4월 ~ 2009년 3월인 기업들의 경우 전망치를 사용
자료 : Thomson One Banker DB. 전망치는 각사 IR 자료와 증권사 보고서를 참고

---

[1] Thomson One Banker DB에서 'Information Technology'로 분류된 5,000여 개 기업(통신서비스업체를 제외한 IT하드웨어, 소프트웨어, 부품, 인터넷기업, IT서비스기업 등이 포함) 중 매출 기준으로 상위 100대 기업에 해당

◉ 글로벌 경기침체로 인한 IT제품의 수요 부진이 부품 등 IT산업 전반에 연쇄적으로 파급

　○ IT제품은 생필품이 아닌 내구성 소비재이므로 불황기에 소비심리가 냉각되면 판매 위축이 불가피

　○ IT제품 수요 부진에 따라 부품업체들의 매출 및 영업이익이 큰 폭으로 감소

　　• 경기회복이 불확실한 상황에서 완제품 제조업체가 재고비용 절감을 위해 반도체, LCD패널 등 핵심부품의 주문을 대폭 축소

　○ 경기침체의 영향이 주로 2008년 하반기에 본격화되면서 IT업계의 실적 악화는 IT버블이 붕괴한 2001년에 비해 덜한 것으로 분석

　　• 2008년은 불황의 초입이었기 때문에 IT업계의 실적은 2009년에 더욱 악화될 가능성

◉ IT산업의 질적인 전환이 예상되는 불황기의 업계 재편방향을 예측하고 이에 대한 선제적 대응이 필요

　○ 이번 불경기는 2001년 이후 양적으로 팽창한 IT산업이 질적으로 업그레이드되는 계기로 작용

　○ 메모리와 LCD산업을 중심으로 IT업계의 구조재편이 본격화

　　• 특히 DRAM 가격 약세의 지속으로 영업적자가 누적되면서 어려움을 겪는 기업들이 증가했고 업계 5위인 키몬다(獨)가 파산을 신청

　○ IT업계의 옥석이 가려지는 불황기에 IT기업은 시장지위를 유지·강화하기 위해 다양한 전략을 구사

II. 기업별 실적과 대응전략

1. 기업별 실적의 명암

● 2008년 100대 IT기업의 평균 매출성장률(1.1%)과 평균 영업이익률 (5.2%)의 두 축을 기준으로 4개 그룹으로 분류

○ 매출성장률과 영업이익률 모두 평균을 상회하여 불황 속 고성장을 구가한 기업은 100대 기업 중 35%를 차지

• 반면 매출성장률과 영업이익률이 업계 평균을 하회한 기업이 42%로 기업 간 실적이 뚜렷하게 차별

○ 나라별로는 일본기업, 업종별로는 반도체기업들의 실적 부진이 가장 심각하며 고성장을 유지했던 대만기업도 이익률 하락으로 고전

| 100대 IT기업들의 실적 유형 구분 |

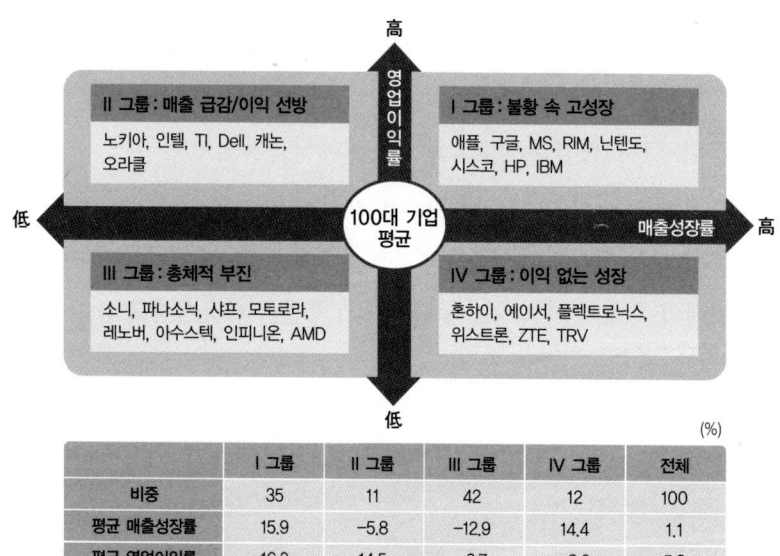

	I 그룹	II 그룹	III 그룹	IV 그룹	전체
비중	35	11	42	12	100
평균 매출성장률	15.9	-5.8	-12.9	14.4	1.1
평균 영업이익률	16.3	14.5	-2.7	-8.9	5.2

주 : 매출성장률은 자국 환율 기준.
자료 : Thomson One Banker DB, 전망치는 각사 IR 자료와 증권사 보고서를 참고.

① I 그룹 : 불황 속 고성장

● 창의적 역량을 바탕으로 신사업을 전개한 기업과 불황을 덜 타는 사업 분야의 선두기업이 높은 매출성장 및 영업이익률을 달성

  ○ 혁신제품 및 새로운 서비스 모델로 신수요를 창출

    • 애플은 아이팟 성공에 이어 '아이폰 + 앱스토어' 모델로 스마트폰시장의 트렌드를 선도하며 2004~2008년 기간 연평균 40% 성장

    • 닌텐도DS, Wii로 게임시장을 평정한 닌텐도는 게임기를 남녀노소가 즐기는 가정 생필품의 지위로 올려놓으며 불황에도 고성장 지속

  ○ 불황을 덜 타는 산업에서 압도적 시장지배력을 보유한 기업도 고성장·고수익

    • 마이크로소프트(운영체계), 구글(인터넷), IBM(IT서비스) 등

  ○ 차세대 제품 기술에서 경쟁사를 압도하며 시장점유율을 확대

    • 퀄컴은 3세대 이동통신 특허의 대부분을 선점해 2세대 이동통신의 강자인 TI(Texas Instruments)의 점유율을 잠식하며 반도체기업 중 유일하게 고성장

| I 그룹 주요 기업의 2008년 실적 | (단위 : %)

구분	애플	구글	퀄컴	MS	HP	IBM	닌텐도	100대 기업 평균
매출성장률	35.3	31.3	25.6	18.2	13.5	4.9	8.8	1.1
영업이익률	19.3	30.4	33.5	40.2	9.1	16.1	8.8	5.2

자료 : Thomson One Banker DB.

● 2001년 IT버블 당시와 비교하면 고실적 기업의 구도가 변화

  ○ 애플, HP, IBM 등은 2001년 II, III그룹에서 2008년 I 그룹으로 이동해 2000년대 중반 이후 지속된 변신 노력이 결실을 거둠

- 전통적 PC업체였던 3사는 서비스·S/W(IBM), 모바일 기기(애플), PC사업 강화(HP) 등 신시장 개척 또는 본업의 확대로 변신에 성공

○ 반면 소니, 혼하이 등은 2001년 Ⅰ그룹에서 2008년 Ⅲ, Ⅳ그룹으로 이동하여 경쟁력이 약화되었음을 시사

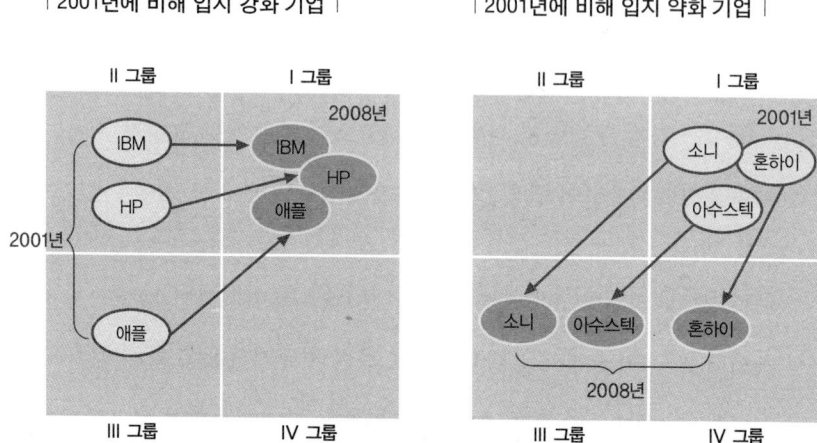

② Ⅱ그룹 : 매출 급감/이익률 선방

◉ 불황으로 수요가 부진한 분야에서만 지배적 시장지위를 보유한 전문기업의 경우 고수익은 유지했지만 매출이 감소

○ 반도체 및 휴대폰 분야에서는 업계 1위 기업조차 시장수요 위축으로 매출이 부진

- 인텔은 2008년 세계 반도체시장이 전년 대비 5% 이상 감소하면서 매출이 급감

- 노키아는 중국 등 신흥시장 매출 부진과 스마트폰시장에서 신제품 출시 지연으로 점유율이 하락

○ 특히 특정 제품 및 지역 중심의 매출구조를 지닌 기업이 큰 타격

- 매출의 80%가 PC에서 창출되며 미국시장 위주로 사업을 운영하는 델이 이에 해당

- 카메라, 사무기기 전문기업인 캐논도 일본 내수와 선진시장의 수요 위축으로 매출이 크게 감소

| II그룹 주요 기업의 2008년 실적 | (단위 : %)

구분	노키아	인텔	TI	델	캐논	100대 기업 평균
매출성장률	-0.7	-2.0	-9.6	-0.1	-8.6	1.1
영업이익률	11.7	25.7	21.5	5.7	12.1	5.2

자료 : Thomson One Banker DB.

③ III그룹 : 총체적 실적 부진

◉ 백화점식 사업구조를 보유한 일본 종합전자기업과 중하위 반도체기업은 수요 감소로 인한 경영실적 악화가 가장 심각

○ TV, 휴대폰, 반도체 등 주요 IT부문에서 경쟁우위를 상실하고 있는 일본 종합전자기업은 2008년 엔고와 내수침체로 위기가 가중

- IT버블 붕괴 시 영업이익을 냈던 소니, 샤프 등도 現 불황의 파고를 넘지 못해 영업적자를 기록[2]

○ 불황의 영향으로 수요가 크게 위축된 반도체산업에서 시장지배력을 확보하지 못한 AMD, 인피니온 등도 심각한 어려움에 직면

| III그룹 주요 기업의 2008년 실적 | (단위 : %)

구분	파나소닉	소니	도시바	샤프	AMD	인피니온	100대 기업 평균
매출성장률	-14.5	-13.2	-12.6	-15.1	-3.4	-43.8	1.1
영업이익률	0.8	-3.4	-4.2	-1.0	-16.7	4.0	5.2

자료 : Thomson One Banker DB.

[2] 일본 종합전자 8개사(히타치, 도시바, 미쓰비시, NEC, 후지쓰, 파나소닉, 샤프, 소니)의 2008년도 순손실은 총 1조 9,400억 엔으로 IT버블 붕괴 직후인 2001년의 1조 9,115억 엔을 능가할 전망("企業大淘汰-電機, 解決にならない半導體統合薄型テレビ「次の脱落組」"(2009. 3. 17.),《エコノミスト》.)

④ Ⅳ그룹 : 이익 없는 성장

● 대만기업처럼 대규모 생산에 따른 비용우위로 급성장한 기업은 매출은 증가했으나 가격하락으로 이익률이 급락

  ○ IT제품 위탁생산으로 급성장했던 혼하이, Wistron 등 제조전문기업은 경기침체에 따른 단가하락으로 수익성이 악화

  • 과거 10년간 연 50% 이상 고성장하며 구미기업인 솔렉트론 등을 누르고 세계 최대 제조전문기업으로 성장한 혼하이는 최근 이익률이 하락

  ○ PC기업인 에이서, 디스플레이기업인 TPV 등은 수익성 악화를 감수하면서 저가전략을 전개해 매출을 확대

| Ⅳ그룹 주요 기업의 2008년 실적 |

(단위 : %)

구분	혼하이	에이서	Wistron	TPV	100대 기업 평균
매출성장률	14.6	18.2	55.2	9.1	1.1
영업이익률	3.8	2.5	1.9	0.6	5.2

자료 : Thomson One Banker DB. 전망치는 각사 IR 자료, 증권사 보고서 참고

2. IT업계의 위기대응전략

Ⅰ그룹 : 불황을 활용하고 미래성장을 추구

● 양호한 실적과 재무여력을 갖춘 Ⅰ그룹의 기업까지 군살을 제거하는 선제적인 구조조정을 단행

  ○ 마이크로소프트(MS)가 사상 최초로 전사 차원의 감원을 발표했으며, IBM, 구글 등도 인력을 조정

  • MS(5천 명), IBM(9천 명), 시스코(2천 명), 구글(500명) 등[3]

  ○ 반면 퀄컴은 감원하는 대신 신규채용을 줄이고 있으며, 애플도 현재 인위적인 감원은 未시행

---

3 2009년 3월까지 각사 발표 및 주요 언론보도를 종합

● 양호한 실적과 재무여력을 바탕으로 現 불황기를 활용해 시장지위를 강화

　○ 성장과 시장지배력 강화의 수단으로 M&A를 적극 추진

　　• IBM이 인도 IT기업인 사티암[4] 인수를 추진 중이며, 시스코는 캠코더 기업 퓨어디지털을 인수하는 등 M&A를 본격화

　○ 불황기에도 R&D투자를 지속해 기술우위를 강화하고, 신제품을 계속 출시함으로써 시장을 선도

　　• MS는 2009년 R&D에 예년 수준 이상인 90억 달러를 투자

　　• 애플은 2009년 '맥북프로', '아이팟셔플'의 신모델을 출시하고 공격적 마케팅 투자 등으로 시장공략을 강화

● 헬스케어, 환경 등 미래 성장 분야에 대한 투자를 확대

　○ 구글은 2009년 초 1억 달러를 출자해 '구글 벤처스'를 설립하고 인터넷, 환경, 의료, 바이오 등 다양한 분야의 벤처기업에 투자할 계획

　○ IBM은 차세대 유망사업의 하나인 B2B 수자원관리 솔루션사업에 진출

IBM의 차세대 성장사업에 대한 연구

■ IBM이 차세대 성장 분야로 규정하고 연구활동을 강화하는 분야

　① 환경·에너지 : 태양전지, 해수담수화, 바이오매스, 연료전지 등

　② 지능형 교통시스템(ITS) : 도시교통 시뮬레이터 개발 등

　③ 헬스케어 : 조류인플루엔자 대책, 알츠하이머병 예방, 의료영상처리장치 등

　④ 농업 : 농작물 개량을 위한 유전자배열 연구프로젝트 등

■ 이들 분야 연구를 위해 전 세계에 '콜레버러토리(Collaboratory)'라는 연구거점을 해당 분야 연구가 가장 필요한 곳에 설립 확대 계획(예, 조류인플루엔자 연구는 아시아)

자료 : "硏究開發戰略を大轉換" (2008. 8. 25.), 《日經エレクトロニクス》

---

[4] 인포시스, 위프로 등과 함께 인도의 대표적인 IT기업이지만 대규모 회계부정이 밝혀지면서 현재는 매각작업이 진행 중이며, IBM은 신흥시장에서의 입지를 강화하기 위해 지분매입을 추진

III그룹 : 강력한 구조조정의 추진

◉ 한계사업에서 철수하는 등 사업구조를 재편

  ○ 지금까지 적자사업을 쉽게 버리지 못했던 일본기업들이 한계사업에서 과감히 철수

  • 파이오니아(2010년 3월 TV사업 전면 철수), NEC(해외 PC사업 철수), 후지쓰(HDD사업을 도시바에 매각) 등

  ○ 비주력자산을 폐쇄하고 인력조정을 단행

| III그룹 주요 기업의 공장정리 및 인력감축 계획 |

구분	기업사례
공장정리	• 파나소닉 : 일본 13개, 해외 14개 등 총 27개 공장 폐쇄 • 소니 : 57개 제조거점의 10%를 축소
인력감축	• 일본 : 소니(1만6천 명), 파나소닉(1만5천 명), NEC(2만 명), 히타치(7천 명), 도시바(4천5백 명) • 중국·대만 : 레노버(2천5백 명), 아수스텍(460명)

  ○ 경쟁력 있는 분야 중심으로 사업 포트폴리오를 재조정

  • 히타치가 원자력과 사회인프라 사업에, 후지쓰가 IT솔루션 사업에 집중하기로 하는 등 일본 종합전자기업들의 '탈종합전자화'가 확산

◉ 조직구조를 재편함으로써 환경변화에 대한 대응력과 스피드를 제고

  ○ 기술·제품의 컨버전스 추세에 맞게 사업조직을 재편

  • 소니는 사업부문을 크게 '소비자제품 & 디바이스그룹', '네트워크제품 & 서비스그룹' 등 양대 부문으로 재편[5]

---

[5] 소니는 '네트워크제품 & 서비스그룹' 담당에 히라이 가즈오(48세) 소니 컴퓨터엔터테인먼트 사장을, TV사업 본부장에 이시다 요시히사(49세) VAIO사업본부장을 임명하는 등 두 명의 40대 임원을 주요 사업에 전진 배치

○ 새로운 개혁과 구조조정을 추진할 인물로 CEO 등 핵심경영진을 교체

- 소니의 경우 그동안 사업철수, 외주생산 등 구조조정이 미진한 것에 대해 불만이 많았던 것으로 알려지고 있는 스트링거 회장이 사장겸임을 통해 대대적인 개혁을 직접 주도할 것으로 예상

- 도시바의 사사키 신임사장은 반도체와 디지털기기 등의 구조개혁을 확실히 실행하겠다고 밝혀 대규모 적자를 기록한 반도체 부문에 대한 대수술을 예고

◉ 생존과 성장성을 확보하기 위해 전략적 제휴 혹은 연합을 추진

○ 자사 역량만으로 위기극복과 성장에 한계가 있는 기업은 합종연횡을 통해 생존력을 강화

- 일본 시스템LSI업계는 2003년 히타치-미쓰비시 합작으로 르네사스 테크놀로지가 출범한 데 이어 최근 르네사스-NEC 통합이 추진 중

○ 사업 경쟁력과 성장성 확보를 위해 타사 역량을 활용하고 우군화(友軍化)

- 소니는 e-북사업 강화를 위해 아마존의 두 배가 넘는 60만 권의 디지털 장서를 보유한 구글과 전략적 제휴

◉ 기존의 사업방식과 비즈니스 모델을 재검토하고 변신을 추진

○ 발상을 전환해서 지금까지 고수해왔던 관행과 방식에서 탈피

- 샤프는 '첨단제품은 일본 내 생산'이라는 관행에서 탈피해 환율, 무역장벽 등에 영향을 덜 받는 해외생산을 확대할 방침[6]

○ 비즈니스 모델 혁신을 통해 기업체질의 획기적인 변화를 추진

- AMD는 아랍에미리트(UAE)의 무바달라개발 등의 투자를 유치해 제조 부문을 분리하고 설계전문기업으로 변신

---

6 소비지에 가까운 거점에서 현지 파트너와 합작 생산하는 '地産地消' 시스템을 확대하되, 제품판매보다는 특허료, 기술지도료 등을 수익원으로 한다는 전략.("シャープ「龜山方式」訣別" (2009. 4. 9.),《日經産業新聞》.)

● 실적 악화로 고전하고 있는 중에도 미래성장을 위해 차세대 성장사업에 대한 투자를 단행

  ○ 일본 IT업계는 전지사업에 대한 투자를 확대

    • 샤프가 720억 엔을 투자해 태양전지 신공장을 건설 중이며[7], 교세라와 산요도 2010년까지 생산능력을 두 배로 증강할 계획

    • 파나소닉은 1천억 엔이 소요되는 리튬이온전지 공장 건설에 착수했으며, 파나소닉EV에너지[8]의 하이브리드자동차용 2차전지 공장 가동을 당초 계획된 2010년 초에서 2009년 가을로 앞당길 것을 검토

태양광사업을 강화하는 샤프

■ 샤프는 태양전지 제조장치, 패널생산, 발전사업에 이르기까지 태양광 발전에 관련된 모든 사업을 수직통합

  □ 사카이시(境市)에 건설 중인 신공장은 LCD와 같은 박막(薄膜)방식의 차세대형 태양전지를 생산하게 되며, 관련 제조장치인 '플라즈마 CVD'는 자체 개발

  □ 이탈리아 전력회사인 Enel社와 합작으로 유럽에서 태양광 발전사업을 전개

    • 태양전지도 일본 내 생산을 고집하지 않고, Enel社와 유럽에서 합작생산 계획

자료: "日本電子業體太陽電池ろ急旋回" (2009. 3. 21.), 《東洋經濟》.

II · IV 그룹 : 사업경쟁력 강화 추진

● 영업이익률은 상대적으로 선방했지만, 매출성장이 부진한 II그룹의 인텔, 노키아 등은 주력사업의 경쟁력 강화를 추진

---

[7] 2010년 봄 완공을 목표로 오사카(大阪) 사카이시(境市)에 건설 중이며, 1호 라인은 2009년 가을쯤 가동 예정
[8] 1996년 파나소닉과 도요타가 합작해 설립한 자동차용 전지회사

○ 선두기업의 지위를 유지하기 위해 R&D 및 차세대 투자를 지속

- 인텔은 향후 2년간 32나노 공정 업그레이드에 70억 달러를, 노키아도 심비안OS 개발에 3년간 5억 유로를 투자할 계획

○ 부진했던 사업 부문을 강화하고, 신제품 출시로 경쟁사를 압도할 전략을 구사

- 노키아는 고전하고 있는 미국사업을 강화하기 위해 퀄컴과의 특허분쟁을 합의종료하고 전략적 제휴를 체결

- 인텔은 네할렘 아키텍처[9] 기반의 서버 프로세서, 센트리노2 후속 플랫폼 등을 출시해 AMD를 압박

◉ Ⅳ그룹의 제조전문기업들은 감원, 가동 중단 등으로 불황에 대응하고, 일부 자체브랜드를 보유한 대만기업들은 저가격으로 시장을 공략

○ 세계 최대 제조전문기업인 혼하이는 2008년 말 중국, 헝가리 등의 공장에서 감원을 단행했으며, 일부 공장라인을 2주 이상 가동 중단

- 그러나 최근 중국 내에서 고용을 다시 늘리기 시작한 것으로 알려져 급감했던 수주가 일부 회복되고 있는 것으로 관측

○ 한편 세계 3대 PC기업인 에이서는 불황을 기회 삼아 가격경쟁력을 무기로 공세적인 전략을 전개

- 노트북PC 가격인하로 점유율을 확대하고, 넷북PC사업을 강화함으로써 향후 2년 내에 HP를 추월하겠다는 의지

- 최근 스마트폰을 출시한 데 이어, 중국 휴대폰시장 진출을 추진

---

[9] 네할렘 아키텍처는 복수의 CPU 코어가 각각 2개의 프로세스를 병렬 실행하고 동적소비전력관리 기술을 적용해 성능을 극대화하면서 전력소모는 최소화

Ⅲ 구조재편 전망

● 태풍이 지나면서 바다와 대기의 대순환이 발생하듯이, 불황기 이후 글로벌 IT업계도 많은 변화가 예상

○ 불황이 일반적으로 초래하는 변화와 現 불황의 특수성이 유발하는 변화의 관점에서 향후 구조재편의 방향을 전망

| 불황 이후 예상되는 흐름 |

불황 뒤 일반적으로 나타나는 변화	現불황기에 특수하게 예상되는 변화
• 불황 극복능력이 있는 기업만 생존하고, 한계기업은 퇴출 → 상위권 중심의 업계 재편 • 불황 이후 새로운 성장을 모색 → 신성장 분야에의 참여기업 수가 급증	• 컨버전스가 심화되며 소프트웨어가 핵심경쟁력으로 부상 → 플랫폼 경쟁이 심화 • 일본기업은 엔고와 수요급감의 2중고에 시달리며 구조조정을 강력히 추진 → 일본기업의 본원적 체질강화 • 엘피다+대만메모리(TMC) 제휴 등 → IT제조업은 동아시아 4국 중심으로 재편

상위업체 중심의 재편과 신성장 분야로의 러시(rush)

● 불황 이후에는 업종별로 상위업체의 시장지배력이 더욱 강화

○ 중·하위업체는 불황에 의한 타격이 크고 위기대응능력이 취약

• 최근 DRAM에서 중·하위업체 간 연합이 추진되고 있지만, 경쟁력은 산술적으로 더해지지 않기 때문에 파괴력이 크지 않을 것으로 예상

○ 선두기업은 불황기에도 투자를 줄이지 않아, 경기회복기에 실적 격차는 더욱 확대

• IT버블 붕괴 이후인 2002년 인텔의 영업이익은 2001년 대비 94% 증가한 반면 AMD는 손실규모가 20배 이상 확대

● 불황기에는 대부분 기업이 부진사업 투자를 억제하는 대신, 유망 신사업에는 투자를 확대하기 때문에 유망 분야 참여기업 수가 증가

○ IT버블 붕괴 이후 디지털 TV시장에는 HP, 델, 게이트웨이 등 PC업체는 물론 폴라로이드 등 TV와 무관했던 브랜드나 심지어 1인 기업까지 등장

- 게이트웨이는 한때 미국 PDP TV 월간판매 1위로 부상하기도 했으나, 경쟁에서 밀리면서 2007년 대만의 에이서에 합병

○ 최근에는 스마트폰, 태양전지 등에 참여하는 기업 수가 증가

- 스마트폰시장에는 휴대폰기업은 물론 HP, 델, 에이서 등 PC기업과 내비게이션기업, 스위스 시계기업인 율리스 나르당까지 가세

○ 특정 사업분야에 진출하는 기업들이 과도하게 많을 경우 불황 이후 조정기를 거칠 가능성

- IT버블 붕괴 이후 참여기업이 급증했던 디지털TV시장도 점차 전통적인 메이저 TV기업 중심으로 다시 재편

소프트웨어가 핵심경쟁력으로 부상하며 플랫폼 경쟁이 심화

● 모바일 및 가전기기로 IT컨버전스가 확대되면서 다양하고 품질이 우수한 콘텐츠 및 애플리케이션의 제공역량이 핵심경쟁력으로 부상

○ 휴대폰이 스마트폰, TV가 인터넷TV로 진화함에 따라 주로 PC 기반이던 콘텐츠 및 애플리케이션의 활용이 다양한 IT기기로 확대[10]

○ 휴대폰과 TV에서도 PC처럼 하드웨어 성능뿐 아니라 사용가능한 콘텐츠 및 애플리케이션의 양과 질이 구매의 결정적 요인

---

10 모바일·가전기기에서 인텔의 '아톰', 퀄컴의 '스냅드래곤' 등 저가의 소형 컴퓨팅칩의 활용이 확산

○ 휴대폰, PC, TV 등 이종(異種) 단말기 간 콘텐츠 및 애플리케이션의 원활한 공유가 새로운 경쟁의 원천으로 등장

- PC분야에서는 우월적 시장지위를 확보하지 못했던 애플이 맥 PC의 콘텐츠 및 애플리케이션을 아이폰, 아이팟 등 모바일기기에서 쉽게 공유할 수 있도록 제공하여 단숨에 모바일시장의 강자로 부상

개방형 모바일 애플리케이션 시장 경쟁의 심화

■ 애플은 개발자들에게 아이폰 및 아이팟용 애플리케이션의 개발도구를 지원하고 개발된 제품을 판매할 수 있는 '앱스토어'를 2008년 7월 개장

- 개장 9개월여 만에 25,000개 이상의 애플리케이션이 등록되고 다운로드 수가 10억 건에 육박

■ 애플이 가능성을 확인한 모바일 애플리케이션 시장에 휴대폰 제조기업, SW기업, 인터넷기업, 통신사업자 등이 가세

- 노키아(Ovi Store), MS(윈도 모바일 마켓플레이스), 구글(안드로이드 마켓), 버라이즌(허브) 등이 속속 참여

◉ PC, 인터넷, 휴대폰 등 부문별로 진화하던 IT산업이 상호 컨버전스되면서 부문별 시장지배기업들이 통합 플랫폼[11]을 선점하기 위해 치열한경쟁

○ 다수의 고품질 콘텐츠·애플리케이션을 확보하기 위해서는 표준 플랫폼 기반에서 타기업과 상생협력하는 생태계[12]를 조직하는 것이 효과적이므로 플랫폼 리더십을 확보한 기업이 산업 전반을 지배

- 과거 MS는 윈도우로 플랫폼 리더십을 확보함으로써 PC시장 전체에서 독점적 시장지위를 향유

○ PC, 인터넷, 휴대폰 등에서 선두기업인 MS, 구글, 노키아 등이 플랫폼 리더십을 차지하기 위해 경쟁

---

11 CPU, 운영체제, 포털과 같이 다양한 하드웨어 및 소프트웨어가 작동할 수 있는 공통 기반 환경을 지칭
12 커뮤니티와 같이 기업 및 개인들이 자발적으로 상생협력하는 느슨한 네트워크 조직

- 구글은 다양한 모바일 콘텐츠·애플리케이션이 생산될 수 있는 토양이 조성될 수 있도록 다수의 업체들과 'Open Handset Alliance'라는 수평적 협력체제를 구축하고 개방형 운영체제인 '안드로이드'를 개발

일본기업의 본원적인 체질강화

● 일본기업이 IT버블 붕괴 이후 2008년 다시 위기에 봉착한 것은 과거 단행되었던 구조개혁이 근본적인 체질개선으로 이어지지 못했기 때문

  ○ 구조조정이 비용절감 등 단순하고 소극적인 조치에 그치거나, 경기가 회복된 후 추진력을 상실한 경우가 다반사

  ○ 성장 분야에 대한 '선택과 집중' 등 전략적인 구조재편이 미흡

    • 도시바는 1995년 매출 5.1조 엔을 기록한 이후 10년 동안 매출이 5조 엔대에서 정체[13]될 정도로 성장 견인 사업이 부재

● 그러나 현재 위기를 배수의 진[14]으로 삼아 과거와는 다른 강력한 구조조정을 추진하고 있어 향후 경쟁력의 환골탈태가 예상

  ○ 2008년의 대규모 손실에는 인력삭감 등 구조조정 비용이 상당 부분 반영되어 있어 불황을 구조조정 계기로 활용하고 있음을 시사

    • 순손실 중 구조조정 비용이 차지하는 비중 : 파나소닉(91%),[15] 소니(40%), 샤프(50%) 등

    • 미증유의 위기상황을 기회로 성역 없는 구조조정을 추진[16]

---

13 도시바 매출은 1995년 5.1조 엔에서 2004년 5.8조 엔으로 연평균 1.5% 성장에 불과
14 소니 스트링거 회장은 "불황 이전부터 핵심사업인 일렉트로닉스 사업의 기반이 흔들리기 시작했다. 손상된 일렉트로닉스 사업구조를 이번에야말로 근본적으로 재구축하지 않으면 소니는 침몰할 것이다"라고 언급("崖っ縁のソニー" (2009. 1. 31.), 《東洋經濟》.)
15 파나소닉의 영업이익은 플러스지만 구조조정 비용 등이 포함되며 순손실을 기록. 파나소닉은 3,450억 엔에 이르는 구조조정 비용 가운데 70%를 TV부문에 할당하여 TV사업의 재건을 추진
16 과거에는 지역사회 반발 등으로 공장폐쇄, 인력감축 등이 쉽지 않았지만, 최근 소니가 자사 TV사업의 산실이었던 이치노미야 공장을 폐쇄한 데 이어, 파나소닉도 일본 내 13개 공장을 폐쇄할 방침

○ 기술력, 제품력, 브랜드력 등 기초체력이 여전히 우수하기 때문에 구조개혁 이후에는 경쟁력이 다시 강화될 것으로 전망

IT제조업은 동아시아 4국 간 치열한 경쟁이 전개

● 글로벌 IT업계가 재편되면서 반도체, LCD 패널 등의 분야에서 동아시아 4국 간 경쟁이 격화

○ DRAM은 대만기업들의 통합으로 한국(삼성전자,하이닉스), 일본(엘피다), 대만(TMC), 미국(마이크론) 등으로 재편되었지만 실질적으로는 동아시아 기업 간 경쟁구도

○ LCD 패널은 이미 한국, 일본, 대만 3국 간 경쟁체제

- 향후 중국기업들이 가세하여 4국 간 경쟁으로 확대될 전망

● 동아시아 4국(한국, 일본, 대만, 중국)의 IT업계는 주로 IT제조업에 기반하고 있어서 향후 경쟁심화가 불가피

○ 동아시아 4국에게 IT산업은 국가경제에서의 비중, 타산업으로의 기술파급 효과 등을 고려할 때 결코 포기할 수 없는 전략산업

- "DRAM은 일본의 전자기기산업에서 폭넓은 수요가 있으므로 엘피다의 경영 기반을 강화하는 것이 바람직"(일본 경제산업성 관계자)[17]

- 중국정부도 디스플레이 독자기술 개발, 차세대 이동통신망 구축 등을 목표로 한 '전자정보산업 육성책'을 마련해 추진

○ 한국기업을 견제하는 국가 간 연합 혹은 협력이 증가할 가능성

- 이미 DRAM에서는 對 한국연합이 가시화되었고, LCD에서도 중국과 일본 간의 협력이 확대될 것으로 예상

- 일본은 '일본-고가, 중국(대만 포함)-저가' 혹은 '일본-R&D·부품, 중국-조립·생산'과 같은 분업체계 구축을 추진 예상

---

[17] "業界再編を大予測-注目22業界の 機後の勢力地圖はこう變わる！"(2009. 4. 4.),《東洋經濟》.

Ⅳ 시사점

본격적인 대경쟁(Mega-Competition)이 시작

● 이번 불황으로 메모리 등에서의 경쟁은 일단락된 반면 신성장 분야에서 새로운 대경쟁이 본격화될 전망

  ○ 불황으로 기존 사업의 성장성이 둔화되면서 IT기업은 업종을 뛰어넘어 신성장 분야로의 진출을 가속화

   • 블랙베리 등 단말기에 내비게이션S/W를 공급하던 세계 최대 내비게이션기업 가민이 스마트폰시장에 직접 참여하는 등 예상치 못한 기업이 경쟁자로 부상

  ○ HP, 델 등 PC기업이 스마트폰에, 노키아가 노트북PC시장에 진출한 것은 PC·휴대폰 업종구분이 모호해지고 경쟁의 경계도 사라짐을 의미

  ○ 태양전지 분야도 샤프, 인텔, IBM 등 IT기업은 물론 철강, 석유, 전력기업 등이 참여하면서 산업 경계를 넘어선 경쟁이 가열

● 불황 이후의 경쟁은 이전보다 그 강도가 더욱 거세질 전망

  ○ 일본기업이 구조개혁으로 본원적인 체질을 강화하면서 공세적인 전략을 전개할 것으로 예상

   • 과거 대형투자 결정을 지연했던 일본기업은 전지, LCD 등 성장 분야에서는 이미 선제적이고 과감한 투자패턴을 보이고 있음

  ○ 중국기업도 정부의 육성정책, 광대한 내수시장, 외국기업과의 제휴 등을 배경으로 경쟁력이 크게 제고될 것으로 예상

   • SVA가 샤프와 LCD패널 6세대 생산라인에 대한 협력을 모색하는 등 중국기업은 한국, 일본, 대만기업과 합작투자, 기술이전 등을 적극 추진

한국 IT기업은 전열 재정비 및 경쟁력 강화에 더욱 박차

◉ 불황에서도 한국 IT기업은 나름대로 선전했지만 불황 이후를 대비해 전열 재정비와 경쟁력 강화에 박차를 가할 필요

  ○ 한국 IT기업은 경쟁국 기업에 비해 경영실적이 상대적으로 양호하며 시장점유율 측면에서도 상승세

  - 2008년 4/4분기 세계 TV시장 점유율 변화(전년동기 대비)[18]: 1위 삼성전자 3.4%p, 2위 소니 0.1%p, 3위 LG전자 2.1%p, 4위 파나소닉 0.3%p

  - 불황기에는 사업구조가 너무 방만하거나 특정 분야에 집중하는 것보다 몇 개 핵심 분야에 경쟁력을 갖추고 있는 기업이 유리

  ○ 하지만 IT산업은 기술·시장 트렌드가 급변하기 때문에 이에 효과적으로 대응하지 못하면 바로 경쟁에 밀리게 됨을 유념

  - 2004년 말 RAZR폰 출시로 점유율이 급상승했던 모토로라는 2007년 이후 터치스크린 등 변화에 대응하지 못해 점유율이 급락

  ○ 현재 불황 국면을 전략적으로 잘 활용하여 글로벌 선도기업으로 부상

  - 경영자산 효율화 등 기업체질을 강화하고, 경쟁기업이 투자를 억제하는 동안 R&D, 마케팅 등의 투자를 계속한다면 앞선 분야는 격차 확대, 뒤진 분야는 역전도 가능

◉ 새롭게 전개될 대경쟁에서의 성패가 향후 IT산업 주도권의 향방을 결정하기 때문에 미래경쟁에 대해 철저히 준비

  ○ 지금까지의 성공방식을 뛰어넘어, 기존의 하드웨어 강점에 소프트 역량을 접목시키는 새로운 방향설정이 필요

---

18 디스플레이서치 홈페이지. 〈http://www.displaysearch.com/cps/rde/xchg/displaysearch/hs.xsl/090218_global_flat_panel_tv_revenues_fall_for_first_time_ever%20.asp〉

○ 'IT + 환경·의료' 등 융합산업의 성장에 맞춰 솔루션, 서비스 등 '비욘드 하드웨어(Beyond Hardware)'를 준비

- 소프트웨어·애플리케이션 개발역량을 강화해 플랫폼 리더십을 배양함으로써 단순한 기기 공급자 역할을 넘어설 필요

산업 생태계를 활성화하고 차세대 성장 분야를 발굴 육성

◉ 국가 간 경쟁에서 밀리지 않기 위해서 한국 IT산업의 체질을 개선

○ 대기업은 물론 중소기업 경쟁력을 제고함으로써 산업 생태계를 강화

- 대기업은 불황으로 일시적 어려움에 처한 중소기업의 위기극복을 지원하는 등 상생협력을 추구
- 산학협력, 대기업의 기술·경영컨설팅 지원 등을 통해 중소기업의 기술 수준과 경쟁력을 업그레이드

○ 메모리, LCD패널, 휴대폰, 디지털 TV 등에 이은 차세대 주력 성장 분야를 육성

- 기업은 에너지 등 차세대 성장사업에 대한 투자를 확대
- 정부도 R&D지원, 법·제도 정비 등을 통해 정책적으로 태양광 발전, IT융합분야 등의 시장을 조기에 창출·확대하는 데 중점

정책지원으로 급성장한 독일 태양전지산업

■ 2007년 독일의 큐셀(Q-Cells)은 태양전지 생산량에서 거의 부동의 1위를 유지하던 샤프를 제치고 세계 1위로 약진

■ 1999년 4명으로 시작했던 벤처기업이 초고속으로 세계 1위로 성장했던 배경은 독일 정부가 '재생에너지지원법(EEG)'을 제정하고 정책적으로 산업을 육성했기 때문

□ 정부정책에 힘입어 2005년 독일은 일본을 제치고 태양전지 최대 설치국으로 부상

IT 컨버전스의 진화 | 15

I. IT 컨버전스의 확대와 경쟁 심화
II. 개인 중심 컨버전스로의 진화 모색
III. 개인 중심 컨버전스의 성공전략

SERI 경제포커스
≫≫ 2009. 2. 3.
이성호

I. IT 컨버전스의 확대와 경쟁 심화

● IT 컨버전스는 미디어, 통신, 인터넷이 각 영역별로 구축한 네트워크-단말기-콘텐츠의 수직적인 가치사슬을 수평적으로 융합

  ○ 아날로그 기술하에서는 네트워크-단말기-콘텐츠가 수직계열화

    • 미디어, 통신, 인터넷이 각 영역별로 케이블망-TV-방송콘텐츠, 공중통신망-전화기-음성통화, 인터넷망-PC-웹콘텐츠 등과 같이 수직계열화

  ○ 디지털 융합기술로 인해 네트워크, 단말기, 콘텐츠가 수평적으로 융합화

    • 네트워크는 IP 기반의 디지털 방식으로 수렴되며, 단말기는 컴퓨팅, 통신, 디스플레이 기능을 상호 융합, 콘텐츠는 웹 기반의 디지털 파일로 표준화

네트워크 컨버전스 : 실시간 IPTV 서비스 개시와 융합서비스 확산

● IPTV 서비스 개시로 네트워크 사업자 간 결합상품 경쟁이 심화될 전망

  ○ 2008년 11월 KT가 실시간 지상파방송을 포함한 완전한 IPTV 서비스를 시작하였고, IPTV 3사는 2009년 상반기 중 전국으로 서비스를 확대

  ○ IPTV의 보급은 디지털 콘텐츠의 공급 및 수요를 확대시키며 케이블TV를 포함한 디지털 미디어시장의 성장을 견인할 전망

    • 그러나 IPTV 사업자는 콘텐츠 확보와 망 고도화 비용 때문에 조기 수익 창출이 어렵고, 유선방송 사업자도 경쟁 심화로 수익이 하락할 전망

  ○ 결합상품 판매와 쇼핑 등 부가서비스 확장을 위한 공격적 마케팅이 예상

    • IPTV는 결합상품 중 차별화가 가장 용이한 마케팅 포인트이며, 데이터 전송량을 증가시켜 초고속 인터넷 서비스의 고도화를 유도

    • 후발사업자들이 디지털방송을 앞세운 결합상품으로 전환 및 초고속

인터넷 부문에서 선발사업자의 시장점유율을 잠식 가능

● IP 기반의 방송·통신·인터넷 융합서비스가 유무선에서 중단없이 제공

○ 결합서비스의 진화[1]: ① 단순 교차판매 (판매 촉진) → ② 결합판매 (사업자는 해지율 하락, 소비자는 요금 감소 및 통합고지서의 편리함) → ③ IP 기반의 융합서비스 (가입자당 매출 증대 및 고정비 절감)

- AT&T는 2006년부터 IPTV가 제공하는 방송콘텐츠를 PC와 휴대폰으로도 볼 수 있게 전송해주는 'Three Screen Service'를 제공

○ 유선 기반 결합서비스에서 향후 유무선 융합서비스[2]로 확대될 것으로 예상

- 통신사의 결합서비스에 대항하기 위해 타임워너와 컴캐스트는 2008년 스프린트, 인텔, 구글과 '와이맥스 합작회사'를 설립하여 무선통신을 보강

단말기 컨버전스 : 기능별 특화에서 공간별 특화로 진화

● PC, TV, 모바일기기를 통해 어디에서나 인터넷과 미디어 이용 가능

○ 텍스트, 음악, 동영상 등 모든 콘텐츠가 디지털 화면으로 전환

- 2007년 말 대중화되기 시작한 전자종이 단말기(아마존 '킨들' 등)는 자연광 화면과 휴대성을 앞세워 오프라인 인쇄물마저 디지털 화면에 편입

○ PC, TV, 휴대폰이 각각 컴퓨팅, 미디어, 통신기능을 강화하며 멀티미디어 PC, 양방향 디지털 TV, 스마트폰으로 진화

- 컴퓨팅 및 통신기능이 원칩화되어 모든 기기에 장착되고, 디스플레이 화면도 선명도가 증가하고 가격과 소비전력은 감소

● 인터넷 접속, 개인정보 관리 등 동일한 목적에 대해 공간별로 다른 기기를 활용함에 따라 중단없는 사용자 경험을 제공할 필요성이 증가

---

1 최남곤 (2008), "통신서비스 M&A Analysis-1" (산업분석리포트), 동양종합금융증권.
2 실외에서는 이동통신망, 실내에서는 무선랜으로 자동전환되는 서비스, 휴대폰·집전화·직장전화의 번호와 음성사서함을 통합하는 One Number 서비스 등의 융합서비스

○ 기능별로 특화되었던 단말기들이 상호 유사해지면서 디스플레이 화면 크기가 주요 차별화 요소가 되어 사용 공간별로 특화

| 단말기 컨버전스 |

기능＼형태	PC (사무실, 서재)	TV (강당, 거실)	휴대폰 (이동공간)
컴퓨팅			
미디어시청			
커뮤니케이션			

○ TV와 셋톱박스는 가정의 미디어 서버로 발전하고 스마트폰은 이동 중 정보기기로 진화, TV-스마트폰-PC 간의 연계가 중요해짐

콘텐츠 컨버전스 : 방송과 통신 콘텐츠가 웹 기반으로 융합화

● 웹의 멀티미디어 기능이 강화되고 적용되는 단말기도 확대

○ 텍스트 중심의 웹에서 '세컨드라이프' 등 3차원 가상체험 인터넷이 확대되고, 동영상을 검색·이용하는 '비디오 브라우징'도 등장할 것으로 예상

○ PC에서 사용되던 웹브라우저가 휴대폰과 TV로 적용 확대

● 개인화와 대중성을 조화시킨 실시간 양방향 콘텐츠 증가

○ 통신의 양방향성 및 개인화와 방송의 실시간 및 대중성의 장점을 융합

• 뉴스·시사토론의 실시간 여론조사, 시청자 참여 퀴즈, 스포츠 방송의 멀티 앵글 서비스[3] 및 승부예측 등 양방향 방송콘텐츠 증가

○ 교회, 학교 등 특정 커뮤니티가 회원 대상의 맞춤형 TV포털 운영 가능

---

3 이용자가 스포츠 프로그램의 카메라 앵글을 직접 선택하여 이를 다중화면으로 볼 수 있는 서비스

- ● 기존의 폐쇄형(Walled-Garden) 콘텐츠 서비스에 개방형 서비스가 도전
  - ○ NBC와 뉴스코프가 주도하며 다수의 미디어기업이 참여하는 hulu.com 은 최신 방송 콘텐츠를 광고수익에 기반해 인터넷에서 무료로 제공
  - ○ 통신·방송 사업자 주도의 폐쇄형 IPTV서비스에 야후의 TV위젯 서비스 등 포털사업자 주도의 개방형 인터넷 TV가 도전

컨버전스 확대로 기업 간 경쟁 심화

- ● IT 컨버전스가 인터넷을 기반으로 미디어와 커뮤니케이션을 통합함에 따라 통합 플랫폼을 선점하기 위한 기업 간 경쟁이 확대·심화
  - ○ 인터넷은 포털이, 미디어는 복합미디어기업이, 모바일은 통신사가 플랫폼을 장악해왔으나 디지털 컨버전스로 인해 플랫폼 경쟁구도가 확대
    - 애플, 노키아 등 제조업체도 새롭게 플랫폼 경쟁에 참여
  - ○ 영역별로 형성된 시장지배적 기업들이 결합상품을 놓고 서로 경쟁하게 되면서 IT시장 전체가 레드오션화

| 인터넷·미디어·커뮤니케이션의 대융합 |

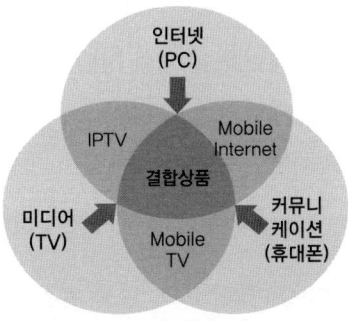

Ⅱ 개인 중심 컨버전스로의 진화 모색

개인 중심 컨버전스로 블루오션을 개척

● IT 컨버전스의 레드오션에서 탈피하기 위해 개별 소비자에게 맞춤형 융합서비스를 제공하는 신컨버전스 전략을 모색할 필요

  ○ 기술 중심 컨버전스는 결합상품을 대량판매하는 공급자 중심의 매스마케팅 전략인 반면, 새로운 컨버전스는 소비자 중심의 매스커스터마이제이션 전략

  ○ 개인 중심 컨버전스 서비스는 개별 소비자에게 적합한 IT자원, 콘텐츠, 광고 등을 맞춤형으로 선별해 유무선 네트워크를 통해 중단없이 제공

IT자원 : 패키지형 상품 → 네트워크 기반 서비스

● 네트워크 인프라와 웹기술의 발전으로 네트워크 기반 서비스의 경제성 개선

  ○ 네트워크를 통해 접속해 각종 IT자원을 사용자가 필요로 하는 만큼(On-demand) 서비스 형태로 제공하는 방식이 확대

    • 연산장치, 저장장치 등 하드웨어 자원을 필요한 만큼 빌려쓰는 방식으로 사용하거나, 소프트웨어를 웹 기반 서비스 방식으로 이용

  ○ 유무선 광대역 네트워크 인프라가 확산되고 웹 기반 애플리케이션 기술의 발전으로 네트워크 기반 서비스의 경제성이 개선

● 현재 경기침체를 겪으며 네트워크 기반 서비스의 비용절감 효과에 주목

  ○ 연산장치, 저장장치 등 IT자원을 효율적으로 공동사용하므로 총 소유 비용이 감소하며, 특히 규모의 경제 달성이 어려운 중소기업에 유리

    • 중소기업을 주 대상으로 주요 인터넷 기업들이 'Amazon Web Service', 'Microsoft Office Live', 'Google Apps' 등의 서비스를 제공 중

● 장기적으로는 유연성 제고와 일관된 사용자 경험 제공이 중요

○ 기기 및 소프트웨어를 패키지 제품으로 판매하는 경우보다 서비스 형태로 제공함으로써 다양한 소비자 요구를 충족

- 예를 들어 스마트폰의 메모리 옵션은 제품 차원에서는 한정적이지만 네트워크 서비스로는 무한히 다양해지고 필요에 따라 유연하게 조정 가능

○ 개인이 홈PC, 회사PC, 스마트폰, 디지털TV 등 다수의 정보기기를 이용함에 따라 상호 정보를 일치시키고 일관된 사용자 경험을 제공할 필요

- 데스크탑PC의 이용은 줄고, 노트북PC, TV, 휴대폰 등 컴퓨팅 성능이 다소 취약한 단말기를 공간별로 다양하게 사용함에 따라 네트워크 기반으로 중단없이 컴퓨팅 기능을 제공해주는 서비스 수요가 증가

| 노트북PC, TV, 휴대폰 등 저성능 정보기기의 이용공간 확대 |

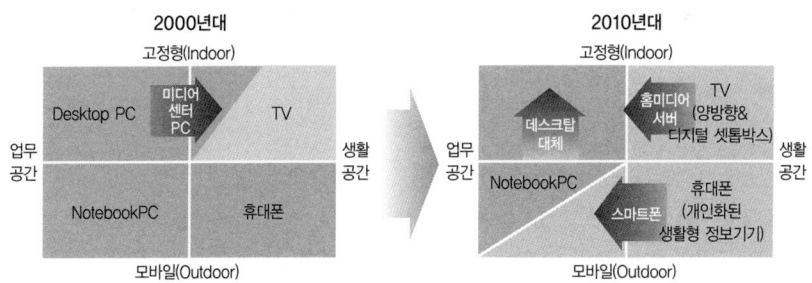

- 이메일, 주소록, 일정, 파일 등 다양한 개인정보를 유무선 네트워크를 통해 통합적으로 관리해주는 웹 기반 애플리케이션이 부상

| 애플과 MS의 웹 기반 개인정보 관리 서비스 |

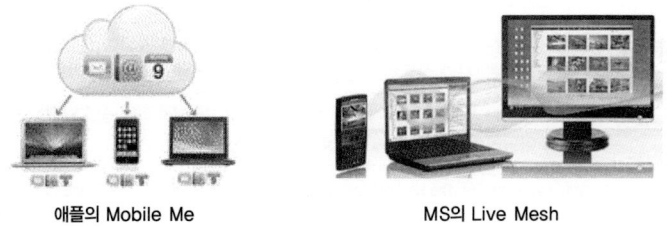

애플의 Mobile Me   MS의 Live Mesh

콘텐츠 : 대중미디어 → 라이프스타일 미디어

◉ 대중미디어, 틈새미디어의 성장 둔화 속에 개인미디어가 고성장

  ○ 대중미디어는 포화상태에 도달했고, 요리채널, 골프채널 등의 틈새미디어는 완만히 성장하는 반면, 개인미디어 수요가 고성장

   • 그러나 여전히 대다수 미디어 소비자는 수동적

| 대중미디어, 틈새미디어, 개인미디어의 특성 |

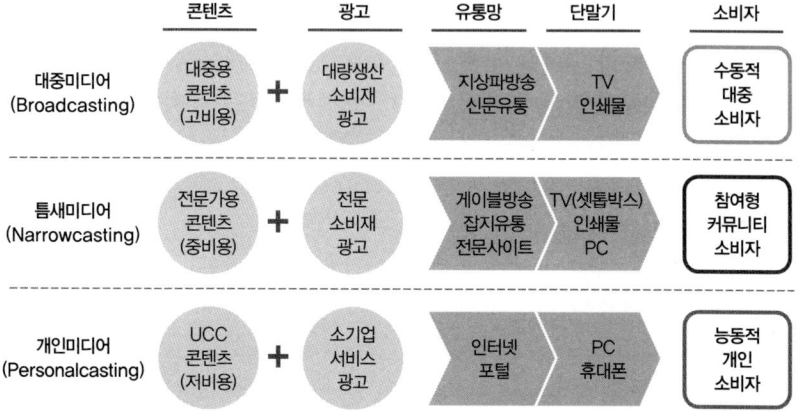

  ○ 자유, 참여, 역동성, 상호연결을 특성으로 하는 개인맞춤형·상호작용적인 '라이프스타일 미디어'가 신소비 모델을 창출하며 부상할 전망

| '라이프스타일 미디어'의 특성 |

특성	내용
자유	• TiVo, Slingbox 등의 유비쿼터스 TV나 Podcasting 등의 출현으로 시청자들은 시공간의 제약을 극복한 능동적 시청이 가능
참여	• 사회적 네트워크를 활용해 소비자의 코멘트, 창작, 협업, 공유를 유도
역동성	• 소비자 요구에 따라 실시간 동적으로 패키징되는 동영상 콘텐츠 등장 예) 시청자가 선호하는 선수 장면만을 패키징한 하이라이트 제공
상호연결	• 동영상 화면의 객체에 링크를 내재하여 이를 클릭하면 상호연결된 동영상으로 이동하여 흥미를 지속적으로 유지·확장

자료 : Baya, V. & Gauntt, J. D. P. (2006), The Rise of Lifestyle Media: Achieving Success in the Digital Convergence Era, PriceWaterhouseCoopers.

● 대다수 수동적 미디어 소비자도 쉽게 이용가능한 개인맞춤형 서비스 개발

  ○ 구글, MS 등은 개인맞춤형 포털서비스를 제공해왔으며, 국내에서도 NHN이 2009년부터 개인맞춤형 포털서비스를 시작

  ○ 대중미디어가 'One-Source Multi-Use'를 추구하는 반면, 개인맞춤형 미디어는 수많은 콘텐츠 중 소비자에게 적합한 것들만 선별하여 맞춤형 콘텐츠로 재구성하는 'Multi-Source Personalized-Use'를 추구[4]

  ○ 방송, 인터넷, 멀티미디어 등 다양한 콘텐츠 이용 이력을 확보해 소비자 선호에 대해 종합적으로 분석하고 개인맞춤형 멀티미디어 콘텐츠를 제공하는 개인미디어 서버에 대한 다양한 연구들이 수행 중[5]

    • 시청자의 콘텐츠 이용 정보를 축적·분석하여 개인맞춤형 방송채널[6]을 자동편성하거나 아마존 도서추천과 같이 적합한 주문형 비디오를 추천

| 개인맞춤형 멀티미디어 콘텐츠 |

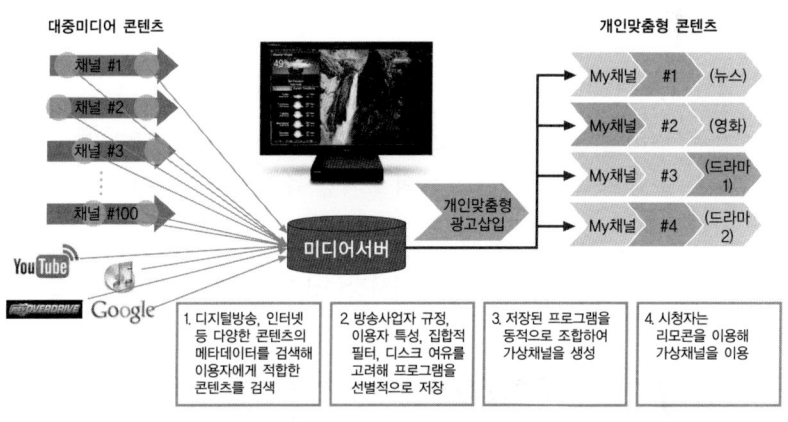

[4] 이성호 (2009), "개인미디어 플랫폼의 산업적 잠재력에 관한 시뮬레이션 연구", 《미디어 경제와 문화》, 7(1), forthcoming.

[5] Personal Video Recording(PVR)의 선도적 제품인 'TiVo'는 시청자의 시청행태를 분석해 선호하는 프로그램 유형을 판단하고 Eelectronic Program Guide 및 웹을 검색해 적합한 프로그램을 찾아서 자동녹화해주는 수준으로 진화 중 (Ardissono, L., kobsa, A. & Maybury M. (2004), *Personalized Digital Television: Targeting Programs to Individual Viewers*, Kluwer Academic Publishers, pp. 27~52.)

[6] Chorianopoulos, K., Lekakos, G. & Spinellis, D. (2003), The Virtual Channel Model for Personalized Television, *Proceedings of the European Conference on Interactive Television*, April 2-4, Brighton: UK, pp. 59~67.

광고 : 콘텐츠 → 이용자 기반

● 광고 비즈니스 모델의 진화 : ① 콘텐츠 기반 → ② 검색 기반 → ③ 이용자 기반

  ○ 모든 전통매체 및 인터넷 디스플레이 광고는 특정 콘텐츠 및 사이트에 광고를 접목하는 방식으로 제공

    • 구글이 블로그 등 비주류 사이트의 문맥을 자동으로 파악해 적합한 광고를 붙이는 시스템을 개발하여 시장 기반을 확대

  ○ 인터넷의 양방향성에 기반한 검색광고(구글의 'AdWords' 등)는 사용자 필요에 직접 대응하므로 최근 수년간 가장 고성장

  ○ 이용자의 특성을 파악해 가장 적합한 광고를 제공하는 이용자 기반 광고가 새롭게 부상[7]

    • 이용자의 특성을 파악하기 위해 성별, 연령, 직업 등 신상정보와 접속한 시간·위치 정보를 활용하거나, 과거 콘텐츠 이용 이력을 분석

● 소비자와 광고주가 원-원하는 '광고 거래시장'의 부상

  ○ 양방향 디지털시스템에서는 광고가 원하는 소비자에게 전달되었는지와 원하는 반응을 유도하였는지 등의 효과를 측정하기가 용이

  ○ IBM연구소는 광고산업에서 공급시장은 개방화되고 소비시장은 소비자 주도권이 강화되면서 '광고 거래시장(Ad Marketplace)'이 부상할 것으로 전망[8]

    • 소비자가 선호 및 혐오하는 광고 유형을 직접 선택함으로써 광고에 대한 거부감이 감소하고 광고주는 광고비용 대비 효과를 제고

    • 효과가 투명하게 공개되는 디지털 광고는 온라인 경매를 통해 거래 용이

---

7 예를 들어, 스포츠카 제조회사는 사용자가 스포츠카라는 키워드로 검색할 때 이용자가 과거 고소득자들이 주로 방문하는 프리미엄 사이트와 스포츠카 사이트를 자주 방문했는지 여부를 추가 조건으로 지정하면 구매가능성이 높은 이용자에게 선별적으로 광고 노출 가능 (Gillis, C., et al. (2008), Internet 3.0: The Invisible Layer drives improvements in relevance & portability, Canaccord Adams.)

8 Berman, S.J., Battino, B., Shipnuck, L. & Neus, A. (2007), The end of advertising as we know it, IBM Institute for Business Value.

○ 2008년 영국의 Phorm사는 BT 등 주요 네트워크 사업자들과 협력하여 '오픈 인터넷 익스체인지'라는 광고거래시스템을 출시[9]

- 인터넷 이용패턴을 분석해 소비자의 특성을 파악함으로써 광고주는 정밀하게 선별된 소비자에게 우선적으로 광고를 제공

◉ 이용자 기반 광고의 등장으로 광고시장에서 네트워크 사업자와 비주류 콘텐츠 제작자들의 수익 기반이 확대될 전망

○ 포털 및 방송채널 사업자가 주도하는 뉴미디어 광고시장에서 네트워크 사업자의 역할 확대 가능

- 네트워크 사업자는 사용자의 모든 콘텐츠 이용 이력을 추적할 수 있으며, PC, TV, 모바일기기 등 미디어 접속경로가 다양해지더라도 결합서비스 제공을 통해 사용자의 멀티미디어 콘텐츠 이용을 종합적으로 파악 가능

○ 콘텐츠의 평판이 아니라 콘텐츠를 소비하는 이용자의 가치에 따라 광고비가 책정되므로 과거 저평가되던 비주류 콘텐츠들의 수익이 확대

Ⅲ 개인 중심 컨버전스의 성공전략

개인정보 기반의 플랫폼 구축

◉ 개인정보 기반의 맞춤형 플랫폼을 선점

○ 이용자의 동의 하에 이용자의 특성에 대한 다양한 정보를 수집하고 분석하여 IT자원, 콘텐츠, 광고 등을 맞춤형으로 패키징하여 제공

○ 개인 중심의 컨버전스 플랫폼은 IT자원, 콘텐츠, 광고 등을 조달하는 역량보다 소비자 정보 확보가 중요한 역량으로 이를 바탕으로 소비자와 공급자 간의 중개 역할을 수행

---

[9] Phorm사 홈페이지. ⟨http://www.phorm.com⟩

| 개인 중심 컨버전스 서비스 플랫폼 |

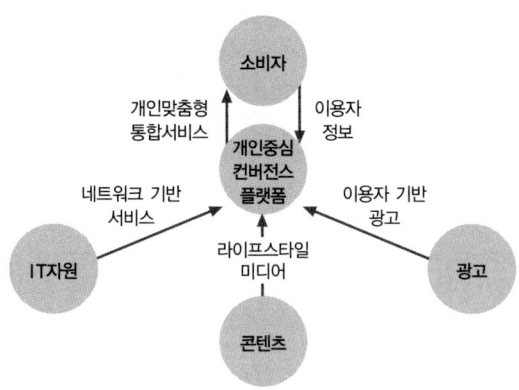

● 고객관계관리시스템의 고도화 및 소비자에 대한 인센티브 제공이 중요

  ○ 기술 중심의 컨버전스 상품개발에는 공급망관리(SCM)가 중요했다면, 개인 중심의 컨버전스 서비스개발에는 고객관계관리(CRM)의 역할이 중요

  ○ 개인의 선호에 맞는 방송 및 광고를 제공하는 등 구체적인 편익을 제공해 소비자의 자발적인 참여(opt-in)를 유도

    • 이메일 계정, 블로그, 미니홈피 공간 등을 무료로 제공해 소비자와 지속적으로 접점을 유지하는 인터넷포털을 벤치마킹할 필요

● 고객정보의 외부 유출을 차단하는 철저한 보안시스템과 소비자가 원하지 않는 용도로 정보가 유용되는 것을 방지하는 신뢰 구축이 선결조건

  ○ 휴대폰, 셋톱박스 등에 가입자 인증모듈로 내장되는 스마트 카드도 개인화 서비스를 활성화하는 데 기여

    • 인증된 이용자만 서비스를 사용할 수 있고, IC칩에 저장된 고객정보는 승인된 사업자만 접근가능해 개인맞춤 서비스를 안전하게 구현

● 금융, 의료, 교육, 미디어 등 다양한 전문기업 간 협력을 통해 시너지 창출

  ○ 다양한 전문기업들이 지식 및 생활 서비스 영역에서 획득한 개인정보를 소비자 동의 하에 활용해 교차 마케팅(Cross-Marketing) 모색

다양한 영역의 개인맞춤형 서비스 확대

● TV홈쇼핑과 인터넷 전자상거래를 융합한 개인맞춤형 전자상거래 제공

  ○ TV홈쇼핑의 밀어내기식 마케팅과 인터넷 전자상거래의 양방향 마케팅을 조합한 개인맞춤형 쇼핑채널을 개발, 모바일 상거래로도 영역 확대

    • 시청자의 기호, 필요, 지불능력에 적합한 제품들로 구성된 개인맞춤형 홈쇼핑 방송채널을 제공해 수동적인 소비자의 구매를 유도

  ○ 소비자의 콘텐츠 이용 내력 정보에서 광고주의 홈페이지 방문 및 온라인 구매시도 여부 등을 분석해 소비자의 제품 인지도 및 구입의사 수준을 파악하고 개인별로 적합한 광고 및 판촉활동(할인쿠폰 등)을 제공[10]

● 언제 어디서나 개인맞춤형 교육을 받을 수 있는 인프라 확대

  ○ 학생의 필요 및 수준에 따라 강의를 선별하여 편리한 시간과 장소에서 TV, PC, 모바일기기를 자유롭게 이용할 수 있도록 서비스 제공

  ○ 교육용 PC들을 네트워크로 연결해 학생과 교사 간 양방향 교육을 지원하고 전산자원을 원격으로 관리해주는 서비스를 제공

| KT의 교육용 서버 기반 컴퓨팅 서비스 개념도 |

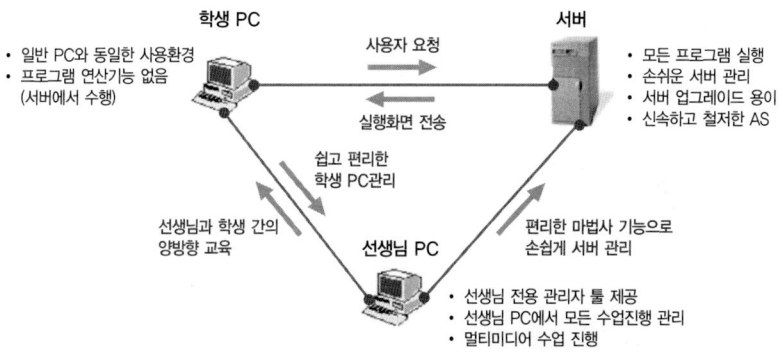

자료 : 한국소프트웨어진흥원 (2008. 8. 4.), "새롭게 주목받는 서버 기반 컴퓨팅(SBC)", 《SW산업동향》.

---

10 Gillis, C., et al. (2008), Internet 3.0: The Invisible Layer drives improvements in relevance & portability, Canaccord Adams

● 다양한 개인맞춤형 건강관리서비스의 기반인 개인건강기록시스템 구축

  ○ 유헬스 서비스의 플랫폼을 PC 및 모바일기기 중심에서 주 대상인 장년층 및 노년층이 선호하는 TV 등으로 확대하고 이를 웹 기반으로 통합

   • 필립스, 하니웰등 선진기업은 홈헬스케어 플랫폼으로 TV를 주로 활용

PHR (Personal Health Record) 서비스

■ 건강상태, 운동이력, 식사이력 등 개인의 건강기록정보를 웹서버에서 관리하면 사용자가 지정한 의사, 간호사, 트레이너,영양사 등이 허용된 정보를 접근해 개인맞춤형 건강서비스를 제공

■ 병원, 보험사 등 공급자 중심의 표준화가 진행 중인 EHR(Electronic Health Record) 시스템과 달리 개인건강기록인 PHR 시스템은 IT기업인 MS, 구글 등이 개발 및 보급을 주도

● 개인의 자산과 소비를 통합관리하는 자동화된 프라이빗뱅킹서비스 구현

  ○ 은행, 카드, 증권 등 다양한 금융기관의 개인계좌를 통합관리하여 자산 및 소비내역을 유무선으로 실시간 파악하고 투자 및 소비계획을 지원

   • 대다수 금융기관이 정보공유에 참여하도록 유도하는 것이 선결조건

| MS와 NTT의 **통합 금융관리서비스** |

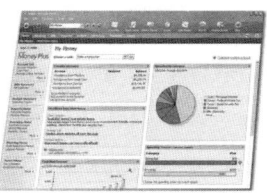

MS의 Money 소프트웨어

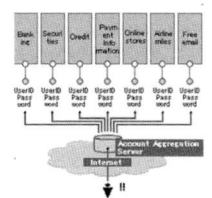

NTT의 Agurippa 서비스

전자산업의 화두로 등장한 사용편의성 16

I. 사용편의성이 제품의 성패를 좌우
II. 사용편의성 부상의 배경
III. 대응방안

SERI 경제포커스
≫≫ 2008. 3. 3.
최병삼

Ⅰ 사용편의성이 제품의 성패를 좌우

최근 히트제품의 공통점은 사용편의성

◉ 최근 히트한 전자제품들은 터치스크린이나 동작인식(motion tracking) 등 새로운 조작방식(사용자 인터페이스)을 채택했다는 것이 공통점

  ○ 버튼 대신 터치스크린으로 조작하는 애플 아이폰(휴대폰), 삼성 P2(MP3플레이어), 닌텐도 DS(게임기) 등의 판매가 급증

　　• 아이폰은 독특한 디자인을 바탕으로 2007년 6월 말 출시 이후 6개월 간 약 400만 대가 판매되었고 경쟁사 등 휴대폰산업의 혁신을 주도

  ○ 버튼이나 조이스틱을 사용하는 대신 리모컨을 흔들거나 카메라 앞에서 손발을 움직여서 조작하는 동작인식게임도 인기

　　• 닌텐도 위(Wii)는 2006년 말 출시 이후 2,000만 대 이상이 판매되어 소니 PS3, 마이크로소프트 Xbox360 등의 경쟁제품을 압도

  ○ 사용편의성(usability)을 강조한 제품들이 별다른 첨단기능 없이도 공전의 히트를 기록함에 따라 사용편의성의 중요성에 대한 인식이 제고

| 히트제품 순위와 사용편의성 |

선정 주체		사용편의성이 강조된 제품의 순위
타임(美)	2006년	① 닌텐도 DS(게임기) ④ 로지텍 VX(마우스)
	2007년	① 애플 아이폰(휴대폰) ② 삼성 P2(MP3플레이어) ⑦ 팜 센트로(PDA)
닛케이트렌디(日)	2006년	① 닌텐도 DS(게임기)
	2007년	① 닌텐도 Wii(게임기) ⑪ 애플 아이팟 터치(MP3플레이어)

주 : 타임(美)은 전자제품 순위, 닛케이트렌디(日)는 일반제품까지 포함한 순위

직관적인 사용법과 감성적인 경험이 장점

- 터치스크린이나 동작인식을 채택한 기기는 사용법이 직관적이어서 매뉴얼을 읽지 않고도 사용할 수 있을 정도로 간편
  - 메뉴에서 기능을 선택할 때 사전에 정해진 규칙에 따라 버튼을 누르는 기존 방식보다 터치스크린에서 직접 아이콘을 누르는 방식이 쉬움
    - 터치스크린은 상황에 필수적인 아이콘만 나타낼 수 있으므로 버튼보다 심플한 이미지
  - 권투게임을 할 때 어퍼컷, 훅, 잽 등의 동작을 하기 위해 버튼과 조이스틱을 사용하는 것보다 리모컨을 들고 실제로 휘두르는 것이 직관적
- 몸을 직접 움직여 조작할 경우 사용자들은 버튼에서는 느낄 수 없었던 현실감과 아날로그적 감성을 경험
  - 아이폰에서 이미지 목록을 훑어볼 때 손가락으로 책장 넘기듯 튕기는 동작(flick)은 방향키 조작보다 빠르고, 손가락 두 개를 벌리거나 좁혀서 이미지의 크기를 바꾸는 동작은 기존 방식으로는 구현이 곤란
  - 동작인식으로 조작하면 마우스나 조이스틱보다 현실감과 흥미가 배가
    - 닌텐도 Wii의 경우처럼 야구배트를 스윙하는 장면에서 마우스로 클릭하는 대신 실제로 리모콘을 들고 팔을 휘두름

| 기존 조작방식 대비 터치스크린 및 동작인식의 장점 |

심플한 디자인	쉽고 실감나는 조작	원하는 기능 신속 선택
• 키패드가 불필요 • 상황별로 아이콘 차별화 → 화면 아이콘 수 감소	• 화면에서 대상 직접 선택 • 손가락 두 개로 크기 조절 • 조작이 현실 동작과 유사	• 책장 넘기듯 리스트에서 아이템을 신속히 검색 • 버튼 대신 동작 → 버튼 누르는 횟수 감소

Ⅱ 사용편의성 부상의 배경

● 전자산업 내 거대 기술혁신 부재, 전자제품의 사용자 계층 확대 등으로 사용편의성의 중요성이 증대

　○ 고기능화, 차세대 제품 발굴 등 푸시(push)형 기술혁신이 점차 어려워짐에 따라 기업은 사용자 측면을 강조한 풀(pull)형 기술혁신을 추진

　○ 전자제품의 사용자 계층이 성별, 연령 등의 측면에서 확대됨에 따라 누구나 사용할 수 있는 제품에 대한 니즈가 증가

● 전자산업의 경쟁 차원이 공급자 중심에서 수요자 중심으로 전환

　○ 사용편의성 이슈는 단순히 현재 제품을 개선하는 차원의 일시적인 유행이 아니라 향후 제품혁신의 방향성까지 결정

　○ 사용자층 확대로 인해 제고된 사용편의성은 다시 새로운 용도를 창출하여 시장 확대로 이어질 전망

　　• 전자제품을 맨손 또는 간단한 도구만으로 조작할 수 있으면 벽면, 욕실, 공공장소 등 기존에 설치가 곤란했던 장소에서도 이용 가능

| 사용편의성 부상의 배경 |

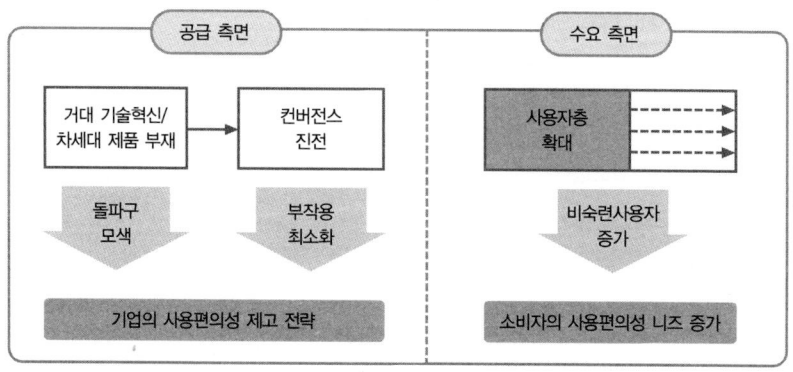

① **공급 측면 : 산업 성숙에 대응 & 컨버전스 촉진**

◉ 성숙기에 접어들기 시작한 전자산업 내 주요 품목에서 사용편의성을 제품혁신의 돌파구로 활용

  ○ 전자산업은 주요 전자제품의 기능 포화, 차세대 대형제품 부재 등의 과제에 직면

    • TV(화질/크기), 휴대폰(통화품질), 카메라(화소) 등 제품별 기능이 완성단계이고, 휴대폰, 디지털TV 이후 성장을 이끌 제품이 아직 불확실

| 휴대폰산업의 성장을 견인하는 요인 |

  ○ 후발기업이 새로운 조작방식을 무기로 경쟁을 촉발하여 산업의 경쟁 차원이 사용편의성으로 이동

    • 터치스크린(DS)과 동작인식(Wii)으로 승부한 닌텐도가 화질과 프로세서 성능에서 앞선 소니, MS에 승리

◉ 전자기기의 종류와 기기당 기능 수가 늘어남에 따라 보다 쉽고 보편적인 조작방식을 채택할 필요

  ○ 기업의 컨버전스 전략으로 인해 기기에 포함되는 기능이 늘고 있으나, 사용하기에 불편하고 복잡하여 소비자가 기능피로(feature fatigue)를 겪는 부작용이 발생

○ 하나의 기기에 포함되는 기능이 많아질수록 기존의 하드웨어 버튼방식으로만 설계하기에는 한계

- 버튼 하나에 하나의 기능만 지정하면 버튼 수가 많아져야 하고, 버튼 하나에 여러 기능을 지정하면 사용법이 복잡

② 수요 측면 : 대상 고객층의 확대

● 전자제품의 보급 확대로 인해 전자제품을 사용하는 사용자 집단이 계층별로 다양화되고 양적으로도 확대

○ 전자제품의 보급이 확대됨에 따라 남성, 아동·청년층, 얼리어답터 등이었던 전자제품의 주 고객층이 여성, 장년, 대중소비자 등으로 확대

- 주요 제품의 보급률(미국, 2006년) : 개인용 컴퓨터 80%, 휴대폰 79%, 디지털카메라 58%, 비디오게임기 38%, MP3플레이어 28%

○ 장기적으로 인구 고령화로 인해 전자제품의 사용연령이 향후에도 상승할 전망

● 다양한 사용자 집단에게 사용될 수 있으려면 단순한 사용법과 이에 맞는 콘텐츠 제공이 필수적

○ 닌텐도 DS와 Wii로 인해 과거 자기 방에서 혼자 즐겼던 게임기가 온 가족이 함께 즐기는 도구로 역할 변화

- '뇌 나이 측정(DS)', 'Wii 스포츠', 'Wii Fit' 등 누구나 즐길 수 있는 콘텐츠를 개발

- 닌텐도 Wii는 거실에 설치된 비율이 83%이고 여성 이용자 비율이 51%

○ 전자제품이 유아 또는 고령 사용자 등 기존 미사용 고객에게 어필하기 위해서는 버튼 감소, 생략, 크기 확대 등 다양한 방안이 모색될 필요

Ⅲ 대응방안

사용편의성으로부터 전자산업의 혁신기회를 발굴

◉ 사용편의성의 핵심은 터치스크린 등 특정한 기술을 사용하는 것이 아니라 사용자 관점에서 기존 상식을 깨는 것

 ○ 버튼을 사용하더라도 용도를 잘 설계하면 사용편의성을 획기적으로 개선

  • 2008년 CES에서 혁신상을 수상한 로지텍의 리모컨은 영화를 보고 싶을 때 버튼 하나만 누르면 TV, DVD플레이어 등 필요한 기기들을 모두 작동시킴

 ○ 기기 차원의 조작법 이외에도 사용자가 상품의 구매를 꺼리게 만드는 병목 요소를 찾아 해결

  • 애플 아이팟의 경우 전용 사이트 '아이튠스(iTunes)'에서 손쉽게 음악을 다운로드할 수 있었던 것이 성공한 이유

아마존의 전자책 '킨들(Kindle)'

■ 아마존이 2007년 11월 출시한 '킨들(Kindle)'은 책을 구매하는 방법이 혁신적

■ 단말기를 사서 버튼만 누르면 어디서나 책을 구매할 수 있고, 뉴욕타임스 등의 미디어 콘텐츠도 정기적으로 자동 다운로드

 □ 기존 전자책은 핫스팟(Wi-Fi)을 찾아가거나 PC에 연결해야 가능

■ 휴대폰 사용이 가능한 지역이라면 어디에서든지 책을 바로 구매하여 읽을 수 있고 통신사와의 정산 등 번거로운 과정은 모두 아마존이 담당

◉ 각 기업은 현재 자사 제품에 대해 사용자가 불편을 느끼고 있는 사항을 혁신의 기회로 활용

 ○ 사용되는 상황에 따라 제약조건이 서로 다르므로 기기별로 사용자의 행태를 파악하고 사용방법을 최적화

- 모바일기기는 주로 한 손에 들고 이용하므로 나머지 한 손이나 동작, 음성 등을 통해 정보입력이 이루어질 필요
- 마우스는 키보드 대비 진일보한 입력방식이나 기기당 하나밖에 연결되지 않고 마우스 패드를 올려놓을 공간이 필요하다는 점이 불편

○ 일반적으로 사용자는 기기에 포함된 모든 기능의 내용과 조작방법에 대해 잘 알지 못하므로 상황에 따른 자동인식 및 추천 기능이 점차 중요
- 마이크로소프트의 테이블형 PC '서피스(Surface)'는 카메라 등의 기기를 위에 놓으면 자동인식하여 블루투스 등 무선통신을 통해 자료를 교환

○ 사용자의 음성, 표정, 사물의 질감, 압력 등 다양한 정보를 활용할 경우 보다 정확하고 실감나는 기기 조작이 가능
- 2006년 10월 지멘스는 카메라로 운전자의 얼굴을 인식하여 졸음운전 시 경고메시지를 주는 시스템을 출시
- 촉감 기술(Haptic Technology)을 이용하면 터치스크린에서 실제 버튼을 누르는 느낌을 구현 가능

현장에서 소비자를 관찰

● 사용편의성이 높은 제품을 발상하기 위해서는 사용자가 실제로 제품을 사용하는 현장에서 잠재적인 욕구까지 포착할 필요

○ 제품이나 서비스는 그 자체가 아니라 이를 소비하면서 사용자가 얻는 경험(user experience)이 중요

○ 사용자가 제품을 사용할 때 자신도 알지 못하는 무의식적인 행태를 보일 수 있으므로 일반적인 인터뷰나 앙케트보다 현장에서의 관찰이 효과적

● 글로벌기업들은 사용자의 니즈를 현장에서 관찰하여 R&D나 제품기획 시 우선적으로 반영

○ 인텔은 제품개발 초기단계에 세계각국의 사용자들을 관찰하는 현장조사를 실시하여 이후 단계에 반영

- 사용자가 원하는 경험의 내용(Intel User Experience Assessment)을 정의하고 이를 만족시키지 않으면 최종적으로 제품 출하를 취소

○ 전통적으로 '경박단소' 등 기능혁신과 제조효율성을 중시했던 일본기업들도 소비자 조사를 강조하기 시작

일본 제조업체의 소비자 조사

■ 2007년 4월 소니는 TV를 구매하려는 소비자를 선정하고 구매동기, 실제 TV를 설치한 환경, 구체적인 이용행태 등에 대해 직접 가정을 방문해서 4개월간 관찰하고 인터뷰

□ 기술 중심의 개발을 추구했던 소니가 진행한 최초의 본격적인 소비자 조사

■ 마쓰시타는 2007년 8월 'Living in High Definition'이라는 조사를 시작

□ 공모로 선발된 100가구에 대형 PDP TV, 캠코더, 차세대 DVD 플레이어, PC 등 약 2만 달러 상당의 제품을 무료로 제공하고 시용행태를 관찰

센서 등 기반 기술을 축적

◉ 제품의 사용편의성과 감성적인 사용 경험을 제공하기 위해서는 센서 및 소프트웨어 기술의 역할이 중요

○ 대상물의 3차원적인 움직임을 파악하면 버튼 입력 대체, 실수나 낙하로 인한 고장 방지 등이 가능

- 휴대폰에서 통화 개시, 문자메시지 수신 등을 직관적으로 조작 가능

○ 주요 역학 센서들을 조합하여 사용하면 대상물의 구체적인 위치 및 자세, 대상물의 역학적 상태 등을 종합적으로 파악하여 기기 조작에 활용 가능

| 주요 역학(力學) 센서별로 구현가능한 기능 |

센서	구현 가능한 기능
3축 가속도 센서	대상물의 3차원적인 움직임을 감지
3축 자이로 센서	대상물의 회전, 비트는 동작 등을 감지
6축 역각(力覺) 센서	대상물에 가해지는 힘의 크기나 방향을 감지

⦁ 동작인식 등의 구현에 필수적인 센서 기술은 향후에도 활용범위가 확대되어 시장 규모가 지속적으로 성장할 전망

  ○ 세계 센서시장 규모는 과거 10년간 연평균 7% 성장하며 2005년 297억 달러를 기록(한국센서연구조합)

   • 현재 인텔, STMicroelectronics 등이 주도하고 있는 동작인식 센서시장은 2010년 100억 달러 규모로 성장할 전망

모든 산업에서 전자산업의 변화를 적극 활용할 필요

⦁ 보다 다양한 공간과 용도에 전자기기가 사용된다면 사용자에게 새로운 경험을 제공 가능

  ○ 터치스크린, 동작인식 등을 채택한 전자기기는 가정, 사무실, 공공장소 등 다양한 공간에서 별도의 도구 없이 사용이 가능

   • 필립스는 욕실에 설치되어 뉴스, 개인의 현재 건강상태 등을 보여주는 거울 디스플레이를 2004년 개발

  ○ 기존 일반제품이나 다양한 공간에 전자제품이 결합되면서 제품 간, 산업 간 컨버전스가 촉진될 전망(ubiquitous electronics)

⦁ 일하고 쉬고 노는 등 인간생활 전반에 걸쳐 전자제품의 혁신을 활용하여 신사업 아이템을 발굴할 필요

○ 여러 명의 공동작업 지원, 현실감 있는 가상환경 조성 등을 통해 업무를 효율화하는 분야가 유망

| 전자기술을 활용한 다양한 분야의 업무 효율화 |

업무 분야	효율화 내용	활용된 전자기술
일반사무	• 대형 스크린을 이용하여 공동으로 PPT 슬라이드를 제작 (제스처 스튜디오)	동작인식 (광학센서)
서비스	• 접수직원 대신 터치스크린 메뉴판을 통해 좌석, 메뉴, 요금제 등을 선택(레스토랑, PC방 등)	터치스크린
교육	• 가상공간에서 현장감 있는 영어회화나 실습 수행	터치스크린, 동작인식
공학설계	• 가상 시제품을 사용하여 설계작업을 수행(록히드마틴 등)	동작인식(카메라)
의료	• 공포증(고소, 폐쇄, 대인), 아동집중력장애(ADD) 등을 촉감을 활용한 가상현실로 치료	동작인식, 햅틱기술

○ 시간부족, 부상위험 등의 제약 때문에 직접 현실에서 하기 어려운 권투, 요가 등 레저스포츠를 간접 체험하도록 하는 동작인식게임이 최근 인기

 • 닌텐도는 전용 보드 위에서 요가, 에어로빅 등을 하면 운동 이력, 몸무게, 체질량 등을 분석해주는 게임인 위핏(Wii Fit)을 2007년 말 출시

레저스포츠와 비디오게임을 결합한 'v스포츠(virtual sports)'

■ v스포츠는 레저스포츠와 게임을 접목하고 현장감과 실제 운동 효과를 가미한 형태

■ 기존의 e스포츠(electronic sports)가 비현실적인 가상공간에서의 게임으로 경쟁하는 데 반해 v스포츠는 동작인식, 가상현실 등의 기술을 통해 현실감 있는 가상공간에서 경쟁

■ 골프, 마라톤, 사이클, 야구, 권투 등 다수 종목에 적용 가능

부상하는 위치기반서비스(LBS) 17

Ⅰ. 부상하는 위치기반서비스
Ⅱ. 주요 LBS사업별 동향
Ⅲ. LBS사업의 성공요인

CEO Information

≫≫ 2007. 8. 1.
이성호, 배영일, 최병삼, 권기덕

Summary

위치 및 지리정보를 활용해 다양한 서비스를 제공하는 위치기반서비스(이하 LBS : Location-based Service)가 새롭게 부상하고 있다. 처음 군사용으로 출발한 LBS는 그 효용성이 입증되면서 교통·치안 등 공공 부문에서 널리 활용되고 있다. 특히 GPS수신칩의 가격 하락, 지리정보 축적, 정부정책 등에 힘입어 2004년 이후 내비게이션을 중심으로 LBS의 상업화가 급진전되었고, 노키아, 구글, 야후 등 글로벌기업들도 본격적으로 사업을 확대하고 있다. 위치정보의 효과적인 활용은 단순히 하나의 사업 분야에 그치지 않고 국가 전반의 가치를 높일 수 있는 전략적 자산으로 변화하고 있다.

LBS사업은 수요자(소비자, 기업, 공공) 및 서비스 성격(靜的, 動的)에 따라 6가지 유형으로 구분되며, 각각의 대표적 사업으로는 위치기반 생활정보 제공, 텔레매틱스, 지도기반 웹사이트 제작, 물류·자산관리시스템, 위치기반 지리정보시스템, 지능형 교통시스템 등을 들 수 있다. ① 위치기반 생활정보 제공사업(구글맵 모바일 등)은 특정 장소에 대한 정보 등 '나만의 지도'를 인터넷에 만들어 타인과 공유하거나 지역업체 정보를 검색할 수 있게 하는 것이다(소비자·靜的). ② 차량 운행정보 및 관리서비스를 제공하는 텔레매틱스사업(GM의 온스타 등)은 자동차 제조업체, 보험사 등 다양한 업체들이 참여하면서 시장 규모가 가장 크고 성장속도도 빠르다(소비자·動的). ③ 기업의 상품정보를 지도와 연계·제작하는 지도기반 웹사이트 제작사업(윙버스의 여행지도 등)은 부동산중개·여행업체 등에서 주로 활용되고 있으며(기업·靜的), ④ 물류·자산관리시스템사업(Pay-As-You-Drive 보험 등)으로는 위치추적을 통해 물류비를 절감하는 분야와 고객의 차량 사용량 등에 따라 요금을 책정하는 보험서비스 분야가 부상하고 있다(기업·動的). ⑤ 위치기반 지리정보시스템사업(구글어스 등)은 특정 지역을 통과하는 개인에게 교통사고, 범죄 빈도 등의 정보를 제공하는 것이고(공공·靜的), ⑥ 지능형 교통시스템사업(통행료 징수시스템 등)은 차량의 위치정보를 활용하여 도로교통, 차량안전, 대중교통 등을 효율적으로 관리하는 것이다(공공·動的).

LBS사업은 위치 및 이동경로에 기반하고 초기 인프라 구축비용이 크다는 점에서 여타 비즈니스의 성공요인과 차별화된다. LBS사업 활성화를 위해서는 첫째, 위치 및 지리정보 인프라를 임계규모(Critical Mass) 이상으로 확보하기 위해 위성 관련 인프라의 국제적 협력을 모색하고 지능형 교통시스템의 투자를 확대해야 한다. 둘째, 프라이버시 침해를 최소화하여 소비자 신뢰를 확보하고, 편리한 유저 인터페이스 및 유용한 서비스 제공 등을 통해 소비자 저변을 확대할 필요가 있다. 셋째, LBS는 이동성이 강한 다양한 비즈니스와 유기적으로 연계해 사업을 확대하고 통합 솔루션을 제공해야 한다. 넷째, 정부도 부처·지역별로 산재된 지리·위치정보를 통합하고 부처 간 협조를 강화하며, LBS사업이 활성화될 수 있도록 해상도 규제 등 관련 제도를 정비할 필요가 있다.

I 부상하는 위치기반서비스

위치기반서비스의 진화

● 위치 및 지리정보를 활용해 다양한 서비스를 제공하는 위치기반서비스 (이하 LBS : Location-based Service)가 새롭게 부상

  ○ 인류의 3대 발명품 중 하나로 나침반이 꼽힐 정도로 위치정보는 인류문명에 지대한 영향을 미쳐 옴

  ○ 1940년대 레이더로 출발한 위치인식기술은 1970년대 후반 GPS(Global Positioning System)[1], 2000년대 초반 이동통신망기술로 발전했으며, 최근에는 유비쿼터스 센서네트워크를 활용한 기술까지 등장

| 주요 위치인식기술의 비교 |

구분	시스템 구성	오차범위	지리적 가용성
GPS	인공위성, 지상관제국, GPS 수신기	13~20m	실내와 건물 밀집지역에서 수신율 저하
이동통신망 기반	기지국, 위치인식 서버, 단말기	수백m 이상	이동통신망 가용지역
센서네트워크 기반	근거리 무선통신망, 전자태그	1~99m	근거리 무선통신망 가용지역

● 초기 군사용으로 출발했던 LBS가 점차 공공서비스로 영역을 확장

  ○ 美 국방부는 GPS시스템을 구축한 후 전쟁 수행능력이 획기적으로 향상

   • 대량 폭격 위주였던 걸프전과 다르게, 이라크전에서는 위치정보에 기반한 정밀타격이 가능해져서 최소 자원으로 최대의 효과를 거두었다는 평가

---

[1] GPS는 세계 어디서나 항법위성 신호를 이용해 자신의 위치를 측정하는 시스템으로 1978~1994년에 구축

| 걸프전과 이라크전의 비교 |

구분	걸프전(1991년)	이라크전(2003년)
투입병력	68만 명	30만 명
전쟁기간	43일	27일
정밀유도미사일 사용 비중	8%	80%
표적촬영→위치확인→폭격에 걸린 시간	80분~2일	12분

자료 : 서정해 (2006. 7.), "NCW의 기본개념 및 구현전략", 한국국방연구원.

○ 국방 부문에서의 효용성이 입증되면서 일반 행정 부문에서도 위치정보가 널리 활용되기 시작

- 교통·환경·토지·도시시설물 관리·재난대응·치안 등 지방행정 업무의 70% 이상이 지리 및 위치정보와 관련[2]

LBS의 상업화도 급진전되는 추세

● 내비게이션을 중심으로 LBS가 급속히 대중화되면서 국내외적으로 LBS 시장이 빠르게 성장하고 글로벌기업들이 본격적으로 참여하기 시작

○ 한국의 내비게이션 판매량 : 2004년 20만 대 → 2006년 120만 대(6배)
세계 판매량 : 2004년 800만 대 → 2006년 1,700만 대(2.1배)

○ 2007년 이후 휴대폰, PDA 등 모바일기기에 GPS기능이 본격적으로 탑재

- 애플은 2007년에 구글맵 서비스에 연동되는 GPS기능을 내장한 아이폰을 출시

- 노키아도 2007년 GPS를 탑재한 스마트폰과 내비게이터를 출시[3]

- 퀄컴의 GPS솔루션을 탑재한 휴대폰이 2006년 말 2억 대를 돌파[4]

---

2 O'Looney, John (1997), *Beyond Maps: GIS and Decision Making in Local Government*, International City/County Management Association.
3 노키아는 2006년에 독일의 GPS업체인 게이트5를 인수하고 미국의 트림블과 특허사용계약을 체결하는 등 LBS사업에 대한 준비를 마치고, 2007년부터 본격적으로 시장공략에 나섬
4 한국은 2005년 말 기준으로 총 3,900만 대의 휴대폰 중 GPS기능 내장 휴대폰이 630만 대로 16%를 차지; 2006년 전 세계에 판매된 휴대폰 중 GPS내장 휴대폰의 비율은 12%

○ 미국의 맵퀘스트, 구글, 야후, AT&T, 버라이즌 등과 한국의 NHN, 다음, SK커뮤니케이션즈 등 인터넷포털 및 통신사업자의 지도기반 지역정보 서비스도 증가

◉ LBS의 상업화를 촉진하는 3大 동인은 GPS수신칩 가격 하락, 지리정보 축적과 정부 정책임

○ 민간의 GPS기술 이용이 허용된 1996년부터 10여 년에 걸친 기술개발로 GPS수신칩이 소형화되고 가격도 대폭 하락

- GPS수신칩 가격[5]: 200~300달러(1990년대 말) → 40~50달러(2004년) → 5~10달러(2009년)

○ 민간기업들은 정부가 구축해놓은 지리정보에 교통량 등 정보를 추가하고 호환성을 높여서 상업화를 시도

○ 선진국에서는 공공안전을 위해 개인용 휴대폰에 GPS채택을 의무화

- 미국은 2006년부터 모든 통신사업자에게, 일본은 2007년 4월부터 3세대 이동통신사업자에게 위치정보 제공을 의무화

---

5 ZDNet.com ; *Nikkei Electronics Asia* (2007.5.)

Ⅱ 주요 LBS사업별 동향

⦿ LBS사업은 수요자(소비자, 기업, 공공) 및 서비스 성격(지역정보 제공, 위치추적)을 기준으로 크게 6가지 유형으로 구분

| LBS의 6가지 유형별 대표적 사업 |

서비스 성격 수요자	지역정보 제공(Static)	위치추적(Dynamic)
소비자	① 위치기반 생활정보 제공	② 텔레매틱스
기업	③ 지도기반 웹사이트 제작	④ 물류·자산관리시스템
공공	⑤ 위치기반 지리정보시스템	⑥ 지능형 교통시스템

① 위치기반 생활정보 제공

⦿ 2005년 등장한 구글의 인터넷 지도서비스 '구글맵'이 큰 인기를 끌면서 특정 장소에 대한 사진·정보 등 '나만의 지도'를 인터넷에 만들어서 타인과 공유하며 즐기는 지도서비스가 등장

ㅇ 포스트맵(NHN), 이야기지도(SK커뮤니케이션즈), 라이프맵(야후코리아) 등이 대표적인 국내 지도서비스

개인이 작성한 '생활정보지도'

■ 직장인 K씨는 회사 근처의 맛집 리스트를 정리한 인터넷 지도 커뮤니티를 개설해 동료들에게 큰 인기

ㅁ 주변 음식점의 위치를 한눈에 볼 수 있을 뿐만 아니라 음식점을 클릭하면 사진과 자세한 메뉴까지 알 수 있어 동료들에게 '방황하지 않는 점심시간'을 선물

○ 美 지도 전문 포털사이트 'Platial.com'에는 일반인들에 의해 작성된 1만 5,000여 종의 지도가 등록되어 있을 정도

● 소니는 디지털카메라로 사진을 찍으면 위치정보가 자동적으로 기록되는 휴대용 GPS수신기를 2006년 출시

소니의 휴대용 GPS수신기

- 디지털카메라에 부착하는 액세서리
- 기기 내부에 GPS모듈이 장착되어 있어 촬영지의 위치정보가 사진 파일에 저장
- 인터넷 지도 위에 촬영지의 사진을 올려 자신만의 인터넷 앨범 제작이 가능

● 지역에 따라 맞춤형 서비스를 제공할 수 있는 '지역검색서비스'도 확산되는 추세

○ 운전 중 근처 주유소 가격 비교, 여행지 맛집 찾기, 택시 호출 등 이동 시 발생하는 소비자의 다양한 니즈를 충족

구글맵 모바일(Google Maps on Mobile)

- 교통상황 실시간 체크
  - 미국 30대 도시지역의 혼잡구역, 예상 지연 시간 등 확인
- 시각적인 위치정보 제공
  - 모바일 기기에 상세지도가 표시, 입체적 위치 파악 가능
  - 지도의 확대, 축소, 여러 방향으로 돌려보기 가능
- 통합검색결과 제공
  - 로컬업체 위치, 연락처 등을 지도 위에 제공

● 인터넷 지도 및 지역검색서비스의 주요 수입원은 지역광고

  ○ 지역광고는 이용자가 찾고자 하는 지역정보와 밀접하게 연관되어 있어 고객 니즈에 부합할 뿐만 아니라 광고비용도 저렴

    • 예를 들어 특정지역 극장정보를 검색하는 이용자에게 인근 레스토랑 광고를 함께 제공하는 방식

| 인터넷 지도서비스의 사업 모델 |

  ○ 현재 오프라인 위주인 지역광고는 향후 온라인으로 빠르게 대체될 것으로 전망

    • 미국의 온라인 지역광고시장은 2006년 기준 45억 달러로 오프라인 지역광고시장 규모(370억 달러)의 12%에 불과하나 10년 내에 전체 시장의 70%인 250억 달러 규모로 확대될 것으로 예상[6]

② 텔레매틱스

● 운전 시 필요한 정보를 운전자에게 제공하는 텔레매틱스는 동적(dynamic) 위치정보에 기반한 가장 대표적인 서비스

  ○ 운행정보(최단경로, 교통상황 등), 차량관리(차량 자동점검, 도난방지), 긴급출동지원 등의 기능뿐만 아니라 뉴스 등 부가정보도 제공

    • 현 위치에서 목적지까지의 최단 경로를 안내해주는 내비게이션은 가장 대중화된 텔레매틱스 서비스

---

6 Piper Jaffray Investment Research (2007. 2.), The User Revolution.

○ 위치정보는 차량의 위치에 따라 특화된 정보를 제공하고 보험사 및 정비업체가 차량을 쉽게 찾을 수 있도록 하는 데 주로 활용

GM의 온스타(OnStar)

■ 차량 위치정보를 기초로 운전, 사고처리, 유지보수 등과 관련된 토털 솔루션을 제공

  □ 위성신호를 수신한 내장 GPS 수신기가 차량위치를 인식하여 길을 안내하고, 사고 시 자동으로 중앙센터에 통보하며, 차량도난 시 위치를 알려줄 뿐 아니라 키를 분실할 경우 문을 열어주는 기능을 보유

  □ 1996년 차량안전서비스로 출발하여 2006년 400만 명 이상의 가입자가 이용 (매월 약 10만 건의 긴급지원, 400여 건의 차량도난을 처리)

● 자동차 제조업체, 이동통신사, 보험사 등 다양한 업체들이 자사 주력상품에 텔레매틱스를 결합하는 추세

○ GM(OnStar), 도요타(G-Book) 등은 자동차 출고 시 텔레매틱스 기능이 내장된 단말기를 탑재[7]

○ SK텔레콤, KTF 등 이동통신사와 삼성화재, 현대해상 등 보험사는 자사 가입자에게 휴대폰 또는 별도 단말기를 통해 서비스를 제공

○ 텔레매틱스 서비스의 가치사슬에는 주 사업자를 비롯해 단말기(GPS수신기 내장), 전자지도, 콘텐츠, 정비업체 및 보험사 등이 포함

---

[7] 단말기의 판매 형태에 따라, 자동차 제조업체가 출고 전 차량에 단말기를 내장하여 판매하는 before-market과 소비자가 개별적으로 단말기를 구입해 차량에 설치하는 after-market으로 구분

| 텔레매틱스서비스의 사업 모델 |

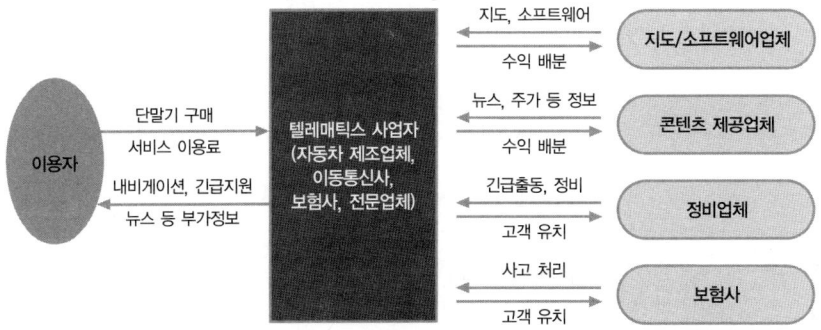

- 다양한 응용기능이 추가되면서 텔레매틱스를 차량에 탑재하는 비율도 지속적으로 증가할 전망
  - 향후 연료 잔량 및 부품 상태를 고려한 주유소·정비업체 추천이나 인근 주차장의 주차요금 안내 등 지역검색 기능이 추가
  - 미국의 텔레매틱스 가입자는 2011년에 1,200만 명에 달할 전망[8]
    - GM은 거의 모든 차종에 온스타를 기본 사양으로 제공

③ **지도기반 웹사이트 제작**

- 부동산중개·여행업체 등의 경우 지역정보를 활용해 자사 웹사이트의 편의성과 가치를 제고하고 그 결과 판매가 촉진되는 효과를 기대
  - 부동산중개사이트에 매물로 나온 집의 주변환경, 교통여건, 주변시설 등을 사전에 확인하는 것이 가능

---

8 Telematics Research Group (2006. 8. 30.), 언론보도자료.

○ 방문자들이 직접 찍은 사진과 느낀 소감을 인터넷 지도 위에 기록한 여행사 사이트는 단순하게 관광명소만을 나열한 타 여행사 사이트와 달리 고객에게 생동감 있는 여행정보를 제공

윙버스와 월드시티의 여행지도서비스

■ 윙버스와 월드시티는 구글맵을 이용해 지도를 작성하여, 사용자들이 스스로 여행계획을 세우고 실제 찾아갈 수 있는 가이드를 제시

　▫ 윙버스(http://wingbus.com)는 유럽, 일본, 아시아의 13개 도시의 여행 관련 블로그 내용을 여행지 위치(관광명소, 맛집 등)별로 지도화

　▫ 월드시티(http://worldct.com)는 사용자가 지도 위에 '맵포인트'를 정한 뒤 여행 평점을 매기며, 다른 사용자들도 해당 맵포인트의 평점을 조절할 수 있음

● 지역정보가 가미된 기업의 웹사이트는 전문업체에 위탁하거나, 공개된 지도서비스를 활용할 수 있어 저비용으로도 개발 가능

○ 웹사이트 개발업체들은 기업들을 대상으로 지도기반 검색 사이트를 구축하는 사업을 전개하는 것이 가능

○ '구글맵' 같은 개방형 지도서비스를 활용할 경우에는 저렴한 비용으로 지도기반 웹사이트를 제작하는 것이 가능

　• 구글은 기본 지도서비스는 무료로, GPS를 이용하는 부가서비스도 연간 20달러의 저렴한 수준에 제공

④ 물류·자산관리시스템

◉ 물류와 관련해 위치추적 정보를 활용해서 공차율(空車率)을 낮출 경우, 상당 수준의 물류비 절감이 가능

  ○ 한국의 화물차 공차율(공차 운행거리/총 운행거리)은 38.4%[9]

   • 2004년 한국의 도로 부문 물류비[10] 68조 원 중 공차율을 감안할 경우 26조 원의 낭비가 발생하고 있어 공차율을 1%p를 낮추면 약 7천억 원의 물류비 절감이 가능하다는 계산

  ○ 위치추적을 통해 선박이나 화물차량의 현황을 모니터링할 수 있고, 최적경로 설정이 가능해지면서 물류비 절감이 가능

   • 내비게이션을 사용할 경우 길을 잃어 낭비하는 시간이 50% 감소하고, 연료 및 운행거리는 각각 10%, 8% 절감(Frost&Sullivan)[11]

  ○ 위치추적 정보는 기업의 내부 효율성을 높이는 한편 고객서비스 증진에도 기여

   • FedEx, UPS 등 택배업체들은 인터넷을 통해서 발송물의 위치를 실시간으로 알려주는 'Tracking' 서비스로 고객의 편의를 도모

◉ 물류·유통뿐만 아니라 리스·보험 등의 자산관리기업도 위치추적 정보를 활발히 이용

  ○ 미국의 경우 렌트카의 약 25%에 GPS를 장착하여 도난방지뿐만 아니라 운전자가 주(州) 경계를 이탈해 운행하는지 파악

  ○ 고객의 차량 사용량, 이용 행태에 따라 요금을 책정함으로써 효율적인 자산·고객 관리가 가능

---

9 2005년 현재 적재효율(적재중량×적재운행거리 / 적재능력×총 운행거리)은 42.6%. 이를 감안할 경우 비효율은 57% 수준까지 상승 (자료: 신동선 (2006. 9.), "화물차 공차율 저감 및 적재율 증진방안", 한국교통연구원)
10 2004년 기준 한국의 총 국가물류비는 92.4조 원으로서 그중 도로 부문 수송비가 68조 원으로 가장 큰 비중을 차지 (자료: 신동선 (2006. 12. 28.), "2004년도 국가물류비 산정결과 발표", 한국교통연구원)
11 Surfing the Earth on GPS Date (2007.4.30), *EPN* 에서 재인용

> ### 英 Norwich Union의 'Pay-As-You-Drive' 보험
>
> ■ 영국 Aviva금융그룹의 Norwich Union은 위치추적을 통해 자동차 운전행태에 따라 요금을 차별적으로 부과하는 보험상품을 판매
>   □ 가입하면 GPS를 무료로 장착해주어 이를 기반으로 운전자의 시간별 운행경로 및 속도를 모니터링
>   □ 운전자의 운행거리·시간·경로·속도에 따른 개인별 보험료를 계산
>   □ 장착된 GPS를 활용한 응급 시 구조서비스도 함께 제공
>
> 자료 : http://www.norwichunion.com/pay-as-you-drive

● 위치기반서비스가 점점 다양화되고 복잡해지면서 위치추적 및 관리를 전문기업에게 위탁하는 비즈니스 모델이 늘어나는 추세

  ○ 에스원은 동해안 선박의 입출항 및 안전운항을 관리하는 LBS시스템의 개발 및 운영 프로젝트를 해양경찰청으로부터 수주

   • 과거에는 SI(System Integration)업체가 LBS시스템을 납품하면 해당 기업이 이를 소유하고 운영하는 것이 보편적

● 차량 및 이동근무자를 관리하는 기업용 LBS의 세계시장 규모는 2004년 10억 달러에서 2010년 38.8억 달러로 증가할 전망(연평균 25% 성장)[12]

  ○ 교통·물류·의료·유틸리티 등과 관련된 세계적인 탈규제화 추세로 동 부문의 효율적 활용을 위한 LBS사업이 부상

---

12 Canaccord Capital Corporation (2005. 9.), Location Technologies.

⑤ **위치기반 지리정보시스템**

◉ 위치정보를 지리정보시스템과 결합하여 지역 내 개인에게 공공정보를 제공하는 비즈니스도 출현

  ○ 해당 지역의 지도, 인구, 교통사고, 범죄 빈도 등 공공정보를 분석해 이용자들에게 제공

   • 오하이오 주립대는 2007년에 교통사고 자료를 분석하여 도로·시간대별 사고발생 확률을 지도상에 표시하는 프로그램을 개발

  ○ GPS, 센서 네트워크를 활용하여 주의지역 내에서의 준수사항을 차량 스스로 인지할 수 있도록 안내

   • 불법주차지역, 버스 전용차로, 승용차 전용도로, 어린이 보호구역 진입 여부 및 도로 제한속도 등을 안내

에스원의 '스쿨존' 안전시스템

■ 초등학교 앞 어린이보호구역(스쿨존)에서 운전자가 제한속도를 준수하도록 안내

  □ 차량이 스쿨존에 진입하면 속도를 감지해 제한속도를 초과한 운전자에게는 감속하라는 메시지를 전송하고 위반차량을 단속

  □ 과속, 불법 주정차 차량의 사진을 촬영한 후 경찰청에 실시간으로 전송

■ 경찰청은 2007년 서울과 경기에서 시범운영 후 2008년부터 전국으로 확대 중

  ○ 미국은 주택과 거리의 정확한 위치를 입력하기 위해 GPS를 내장한 PDA를 이용해 '2010년 인구센서스'를 수행할 계획

◉ 기초 지리정보를 활용하여 다양한 응용서비스도 개발 가능

  ○ 美 연방정부는 지방정부가 축적한 방대한 지리정보를 하나로 통합한 포털사이트 'geodata.gov'를 구축해 모든 이용자에게 개방

○ 구글 등 민간기업들도 과거에는 정부만이 제공할 수 있는 공공재로 인식되던 기초 지리정보를 일반에게 무료로 제공하고, 공공 부문이 이를 다시 활용하는 사례도 확산

- 유엔환경프로그램(UNEP), 美 국립공원관리국 등은 '구글어스'를 기반으로 환경정보, 국립공원 길안내, 자연여행 동영상 등 다양한 공공정보를 제공

| '구글어스'에 기반하여 제공되는 공공 정보 |

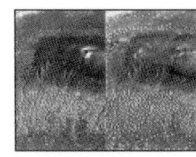

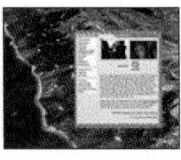

| 킬리만자로 만년설 비교 | 침팬지 서식지 정보 | 국립공원 산책로 | 자연, 여행 정보 |

⑥ **지능형 교통시스템**

● 효율적인 도로교통 관리를 위해 운행 중인 차량의 대수 및 위치정보를 활용

○ 교차로 등에서 교통량을 감지해 신호의 길이나 간격을 조절함으로써 교통정체를 최소화

- 교통혼잡 및 사고로 인한 사회적 비용은 2004년 기준 37.6조 원으로 경상GDP의 4.8%에 해당 (혼잡비용 23.1조 원 + 사고비용 14.5조 원)[13]

- 고양~수색 구간의 주요 교차로 및 도로변에 '교통량 감지센서'를 설치함으로써 신호간격을 교통량에 따라 조절

○ 위치추적을 통해 개별 차량의 운행거리를 계산하여 통행료를 징수

---

13 조한선, 심재익 (2006. 1.), "2004년 전국 교통혼잡비용 산출과 추이분석", 교통연구원. ; 심재익, 성낙문 (2006. 3.), "2004년 교통사고비용 추정", 교통연구원.

- 독일 아우토반에서는 화물차에 한해 GPS로 운행거리 및 속도를 자동적으로 계산하여 통행료나 과속 범칙금을 부과(톨 콜렉트의 '통행료 징수시스템')
- 런던은 2015년부터 혼잡도와 운행거리에 따라 도심 통행료를 차등 징수할 계획

○ 미국, 일본 등에서는 현재 도로주행 중인 차량 간 사고, 교통상황 등에 관한 정보를 교환하는 시스템을 개발 중

◉ 버스 등 대중교통의 효율성을 제고하기 위해 실시간 위치를 바탕으로 도착시간 안내 및 배차 관리

○ 버스 도착예정시간 및 노선 등을 실시간으로 안내하고, 교통수단의 실시간 위치정보를 종합하여 배차관리에 활용

서울시의 '실시간 버스운행정보시스템'

■ 서울시는 승객과 운전자에게 실시간 정보를 전송하는 시스템을 2004년 7월 도입
  □ 종합상황실은 버스의 위치를 GPS 장비로 파악·분석하여 이를 다시 버스운전자, 버스회사, 이용자에게 전송
  □ 버스운전자는 앞뒤차와의 간격 등의 정보와 돌발사고 시 경고메시지를 수신하고 버스회사는 자사 버스들의 위치를 실시간 모니터링하면서 효율적으로 배차
  □ 이용자들은 휴대폰이나 인터넷 등을 통해 버스 도착예정시간 등을 조회

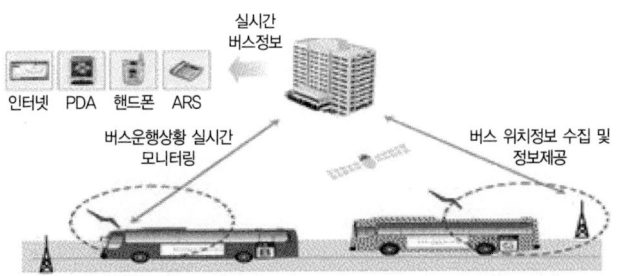

자료 : http://bus.seoul.go.kr

● 정부가 주도하는 지능형 교통시스템 시장은 주로 교통관리, 화물관리 및 차량안전 등을 중심으로 확대될 전망

  ○ 미국, 일본 등은 1990년대 초반부터 지능형 교통시스템 및 응용시스템 개발(R&D)을 추진

    • 미 연방정부는 1992년부터 2003년까지 총 25억 달러를 투자했으며, 그 이후에도 매년 1.1억 달러의 R&D 투자를 지속

  ○ 한국도 2007년부터 2020년까지 지능형 교통시스템 구축을 위해 교통관리, 전자지불 분야 등을 중심으로 총 3조 원을 투자할 계획

    • 2001~2005년 중 지능형 교통시스템 구축을 위해 약 8,600억 원을 既 투자

| 요약 : LBS 유형별 대표적 사업 사례 |

수요자 \ 서비스 성격	지역정보 제공(Static)	위치추적(Dynamic)
소비자	① 위치기반 생활정보 제공 • 구글의 '구글맵 모바일' • 소니의 '휴대용 GPS수신기'	② 텔레매틱스 • GM의 '온스타' • 도요타의 'G-Book'
기업	③ 지도기반 웹사이트 제작 • 윙버스의 '여행지도서비스' • 월드시티의 '여행지도서비스'	④ 물류·자산관리시스템 • Norwich Union의 'Pay-As-You-Drive' 보험 • Fedex의 'Tracking' 서비스
공공	⑤ 위치기반 지리정보시스템 • 에스원의 '스쿨존 안전시스템' • 구글의 '구글어스'	⑥ 지능형 교통시스템 • 독일 톨 콜렉트의 '통행료 징수시스템' • 서울시의 '실시간 버스운행정보시스템'

Ⅲ LBS사업의 성공요인

● LBS는 단순히 하나의 사업 분야에 그치지 않고 국가 전반의 효율성을 높일 수 있는 전략적 자산
  ○ 위치에 관한 정보의 정확도는 교통 및 물류 개선, 자산관리의 효율화, 예산운용의 효율성 제고 등 다양한 측면에서 국가경제에 기여
● 따라서 LBS사업을 활성화시킬 수 있는 체계적인 전략이 요구
  ○ LBS사업은 본질적으로 위치 및 이동경로에 기반하고, 초기 인프라 구축 비용도 크다는 점에서 여타 비즈니스의 성공요인과 차별화
  ○ LBS사업은 전략적으로 먼저 핵심요소인 위치 및 지리 정보 투자를 확대하고, 다음에 관련 시장을 키우는 것이 바람직
    • 위치 및 지리 정보 인프라는 한 번 구축되면 무한히 재활용이 가능하고 다양한 응용서비스를 창출하는 것이 가능
    • LBS에 통신, 방송 등 다양한 비즈니스를 유기적으로 연계시켜 사업을 확대하고 통합 솔루션을 개발

① **전략적인 투자로 위치 정보의 임계규모(Critical Mass)를 확보**

● LBS시장이 활성화되기 위해서는 임계규모[14]를 넘는 위치 및 지리 정보의 확보가 선결과제
  ○ 기반 인프라 구축을 위한 투자 확대를 통해서 위치 및 지리정보의 임계규모를 확보하고 서비스의 정확도, 가용성, 안정성 등을 제고
● 실제로 EU, 중국 등 주요국들은 미국의 GPS로부터 탈피해서 독자적인 항법위성시스템을 구축하기 위해 치열하게 경쟁 중

---

14 임계규모(Critical Mass)란 핵분열 연쇄반응을 유지할 수 있는 최소질량에서 유래된 용어이나 일반적으로 어떤 변화를 일으키기 위해 필요한 최소한의 규모를 가리키는 의미로 사용

주요 강대국들의 '항법위성 구축' 경쟁

- EU는 GPS보다 성능이 우수하고 품질도 보장하는 '갈릴레오' 사업을 2003년부터 추진
  - 미 국방부가 운영하는 GPS는 민간서비스의 정확도와 안정성이 낮고, 도심지역에서 수신율이 50%에 불과하여 LBS수요 확대를 제약
  - 갈릴레오 사업자는 일반인 대상의 '공개신호', 기업 대상의 안정성 높은 '상용신호', 공공기관 대상의 '긴급 구조신호' 등 3가지 서비스를 제공
  - 총 34억 유로가 소요되는 인프라 투자가 EU 참여국의 공공투자와 민자유치 등을 통해 2010년 경에 완료될 전망
- 일본과 중국의 동아시아 내 항법위성 주도권 경쟁
  - 일본은 미국과 협조 하에 GPS를 보완하는 '준천정위성(準天頂衛星)' 구축을 추진
    - 준천정위성은 일본의 수직상공을 지나며 향상된 측위 정확도를 제공
  - 중국은 갈릴레오 프로젝트에 참여하는 한편, 독자적 지역항법시스템인 '북두위성(北斗衛星)'을 2000년부터 구축하기 시작

◉ 선두기업들도 이미 대규모 투자를 통해 기회를 선점하는 분위기

  ○ 구글은 2004년 3차원 위성사진서비스업체인 키홀을 인수한 후 2005년에 전 지구표면 이미지를 DB(60TB[15] 규모)화한 구글어스를 구축

  ○ 지리정보업체인 NAVTEQ는 7.5억 달러를 투자해 주소·경로 정보를 구축했고, 디지털글로브도 5억 달러를 투자해 위성영상이미지를 제작

◉ 위치 및 지리 관련 인프라의 구축에도 선택과 집중이 필요

  ○ 항법위성 인프라 구축은 단독으로 하기보다 EU, 일본 등과 전략적 제휴를 강화

    - 한국은 2006년 9월 500만 유로를 분담하기로 하고 EU와 갈릴레오 협력협정을 체결

---

[15] TB(Tera Byte)는 1,000GB를 의미

○ 텔레매틱스 및 물류시스템 관련 기초정보를 제공하고 교통 관련 사회적 비용을 크게 감소시킬 수 있는 지능형 교통시스템에 대한 투자를 확대

- 가장 기초적인 수준의 교통관리시스템도 2005년 말 현재 고속도로를 제외한 여타 도로에 대한 보급은 미흡(국도 11%, 도시 내 도로 7%, 지방도 0%)[16]

② 소비자의 저변 확대 및 고착화가 LBS사업 성패를 좌우

◉ LBS는 일반인들이 가장 우려하는 '프라이버시 침해'를 최소화함으로써 소비자의 신뢰를 확보하는 것이 사업추진의 기본전제

○ 개인의 위치정보 등에 대한 철저한 보안대책을 마련하고, 소비자의 불안해소에 제반 노력을 경주

- 본인 명의로 구입한 휴대폰을 타인에게 줄 경우 그 사람에 대한 위치추적이 가능할 정도로 프라이버시 보호에 많은 허점이 존재

◉ LBS 이용자의 저변을 확대하고 고착화시켜 안정적인 수익기반을 마련

○ '구글어스'와 '갈릴레오' 등은 기본서비스를 일반인들에게 무상으로 개방하는 전략을 채택

- 旣 확보(Lock-in)된 수요기반을 바탕으로 상업용 이용자들에게 유료화된 고급서비스를 제공하여 수익을 창출

○ 소비자에게 광고수익 중 일부를 돌려주거나 이용료를 할인

- 구글의 애드센스는 사이트 내 광고접속을 유도한 정보제공자에게 광고수익의 일부를 공유

- Norwich Union의 위치기반 보험상품인 'Pay-As-You-Drive'는 자동차 운행거리에 따라 보험료를 최대 30% 할인

---

16 박상조 (2006. 12. 27.), "지능형교통체계 기본계획(안)", 지능형교통체계 기본계획(안)에 대한 공청회.

○ 기존의 텍스트 기반 웹보다 사용하기 편리한 유저 인터페이스 제공과 지속적으로 이용할 수 있는 서비스 제공 등으로 고객의 고착화 유도

- 휴대폰 기반 LBS의 경우 작은 화면 문제를 해결할 방안을 모색하고, 내비게이션은 운전 중 사용 가능하도록 음성인식 기능을 부가할 필요
- LBS에서도 블로그, 미니홈피처럼 개인들이 지도 위에 삶의 흔적을 시·공간적으로 기록하는 서비스 등을 제공

③ 다양한 비즈니스를 결합시킨 통합 솔루션을 제공

● LBS에 다양한 비즈니스를 유기적으로 연계시킴으로써 궁극적으로는 통합 솔루션을 제공하는 것이 핵심

○ 이동성이 높다는 공통점을 가질 경우 LBS와 여타 사업 간에 연계 가능

- 현재 LBS사업자와 이동통신사업자 간에 연계를 모색
- 내비게이션과 실시간 교통정보를 제공하는 DMB 방송을 연계해 혼잡 도로 우회 등과 같은 새로운 서비스를 창출

○ LBS 통합 솔루션에서는 하드웨어 경쟁력보다는 콘텐츠 경쟁력을 갖춘 기업이 주도권을 확보할 전망

- 설문결과[17]에 의하면, 내비게이션을 선택할 때 가장 중시하는 고려사항은 콘텐츠(응답비율 51%), 가격(17%), 확장성(15%), 화면크기(7%) 등의 순

---

17 데이코 D&S (2006), "2006 내비게이션 실태와 전망". (팅크웨어 2007년 경영설명회 자료에서 재인용)

④ **정부 차원에서도 대승적 안목에서 상호협력할 필요**

◉ 지역별로 산재되어 있는 지리 및 위치 관련 정보를 통합하고 부처 간의 유기적 협조를 강화

- 현재 유사한 대중교통 안내 사이트가 중복 운영되고 있어 예산낭비는 물론 이용자의 불편을 초래
  - 버스와 지하철, 고속도로와 지방도로 등 교통수단별로 관할기관이 다르고, 시군 지자체들도 교통정보를 각각 운영
- 광역생활권 노선정보를 통합해 제공하고, 이를 실시간 버스·지하철 위치추적시스템과 연계
  - 현재 건설교통부가 운영하는 '알고가(http://www.algoga.go.kr)' 사이트는 수도권에 한정하여 버스와 지하철의 노선정보를 제공

◉ LBS사업이 활성화될 수 있도록 관련 제도를 조속히 정비할 필요

- 법적으로 제정되지 않은 지리정보에 대한 개인정보 보호 및 저작권 관련 규정을 조속히 명문화
- 위성영상지도의 해상도 규제를 선진국 수준(1m)으로 완화
  - 아리랑2호(2006년 발사)는 1m 수준의 고해상도 영상사진을 제공하고 있으나 민간의 경우 보안상 이유로 4m 이하의 해상도 이용은 불가능

차세대 저장장치 SSD의 부상과 시사점 | 18

I. 차세대 저장장치 SSD의 부상
II. SSD의 향후 전망
III. 시사점

SERI 경제포커스
》》》 2008. 1. 7.
장성원

I. 차세대 저장장치 SSD의 부상

낸드플래시의 '킬러-앱'으로 기대되는 SSD

◉ 최근 SSD(Solid State Drive)가 차세대 저장장치로 부상

  ○ 1980년대 등장한 SSD는 지금까지 고도의 안정성이 요구되는 군수, 항공, 선박 등 특수 분야에서 일부 시장을 형성

  ○ 최근 SSD가 서버, 초슬림 휴대용 노트북PC 등 고급제품을 중심으로 기업용 및 일반소비자 시장으로 채용이 확대

    • HP, IBM 등은 서버에 SSD 탑재를 본격화하고 있고, 삼성전자, 애플, 델, 소니 등은 SSD를 장착한 프리미엄 노트북PC를 잇따라 출시

◉ SSD의 높은 제품 안정성과 함께 최근 메모리 가격하락 및 대용량 제품의 출시가 채용 확대의 배경

  ○ SSD는 경쟁매체인 HDD에 비해 안정성이 높고 데이터 전송속도가 빨라 차세대 저장장치로 주목받아왔음

    • HDD는 디스크(플래터)와 모터 등 기계적 구동장치를 사용하는데, 이를 두고 디지털 시대의 마지막 "아날로그 기기"라고도 함

SSD(Solid State Drive)

■ 메모리(D램, 낸드플래시 등)[1]와 컨트롤러를 결합해 만든 저장장치

　□ 메모리 방식이기 때문에 데이터 접근속도가 빠르고 소비전력이 낮으며 기계적 소음이 없고 충격에 강함

---

1 SSD는 메모리로 D램을 이용하기도 하는데, D램은 처리속도가 빠른 반면 휘발성 메모리이기 때문에 전력공급에 이상이 있을 때를 대비해 백업 디스크와 배터리를 포함해야 함. 이러한 이유로 현재는 대부분 비휘발성 메모리인 낸드플래시 기반의 SSD가 주류를 이루고 있음

○ 최근 메모리의 용량 증가 및 가격 하락으로 SSD의 채용 분야가 확대

- 64·128·256GB(기가바이트) 등 대용량의 다양한 제품이 출시
- 128GB 가격은 2008년 말 약 500달러에서 2009년 200달러대로 하락 전망[2]

◉ SSD 수요는 1GB 환산 기준으로 2008년 약 13억 대에서 2011년 628억 대로 증가할 전망

○ SSD 탑재 노트북PC 수요는 2008년 80만 대에서 2011년 4,000만 대로 확대될 전망

- 노트북PC 중 SSD 탑재 비율도 2008년 1% 미만에서 2011년 24%까지 늘어날 전망

| SSD 수요 전망 | (단위 : 백만 대, %)

	2008년	2009년	2010년	2011년
노트북 PC	128	131	150	168
SSD 탑재 노트북 PC	0.8	5.2	17.0	40.3
(비중)	(0.7)	(3.9)	(11.4)	(24.0)
낸드플래시 총 수요(1GB 환산)	32,721	54,865	98,339	177,011
SSD 총 수요(1GB 환산)	1,271	8,508	27,153	62,812
(비중)	(3.9)	(15.5)	(27.6)	(36.5)

자료 : 대우증권 (2009. 4. 20.), "반도체 산업".

◉ SSD는 낸드플래시 메모리의 주요 응용 분야 중 하나로 성장할 전망

○ 2011년 낸드플래시 수요의 20%를 SSD가 차지하여 메모리카드(38%), 휴대형 음악 플레이어(20%)와 함께 주요 시장을 형성할 전망[3]

---

[2] 삼성전자 기업설명회 (2009. 2. 13.)
[3] *Nikkei Microdevices* (2007. 12.)

저가격화 및 시장선점이 관건

- SSD의 본격적인 실용화를 위해서는 HDD와의 가격 차이를 극복해야 함
  - SSD는 단위 용량당 가격이 HDD와 비교했을 때 아직 10배 이상 차이
    - GB당 가격 : HDD 0.5달러 이하, SSD 4~5달러
- 초기 성장 분야인 SSD시장을 놓고 전 세계 50여 개 기업들이 경쟁
  - SSD시장에는 메모리 및 비메모리 반도체기업을 비롯해 PC 및 주변기기, 서버·스토리지, 유통 등의 기업들이 활발히 진출 또는 계획 중[4]

Ⅱ SSD의 향후 전망

SSD가 우수한 특성으로 HDD를 대체

- SSD는 안정성, 소비전력, 속도 측면에서 HDD보다 우수한 특성을 보임
  - SSD는 반도체 기반의 저장장치로 소음, 충격, 내구성 및 소비전력에서 HDD보다 우수

| SSD와 HDD의 비교 |

	SSD(2.5", 64GB)	HDD(2.5", 80GB)
노이즈	0dB	0.3dB
내충격성	1,500G/0.5ms	170G/0.5ms
내구성(평균 고장시간)	200만 시간 이상	70만 시간 이하
유효전력소비	1W	3.86W

자료 : 삼성전자

---

4 삼성전자·하이닉스·엠트론(이상 한국), 마이크론·인텔·샌디스크·시게이트(이상 미국), MOSIAD(캐나다), 도시바·히타치 초LSI 시스템즈·TDK(이상 일본), PQI(대만) 등

○ SSD는 데이터를 읽는 속도가 빠르고 PC의 소프트웨어 기동시간을 단축할 수 있어 시스템 성능 증대 효과를 가져올 수 있음

| SSD와 HDD의 속도 성능 테스트 비교 |

	SSD(64GB)	HDD(64GB)
PC 부팅 속도	00:36:29	01:03:00
데이터 읽기 속도 - PDF, 25MB - 포토샵, 40MB	 00:04:04 00:13:24	 00:12:04 00:20:01
PC 끄기 속도	00:09:03	00:13:02

자료 : samsungssd.com

● 앞으로 저장장치시장은 HDD가 대용량급(수 TB[5]급), SSD는 중소용량급(수십~수백 GB급)으로 양분될 전망[6]

  ○ HDD업계가 대용량화를 추진하는 이유는 저코스트화

   • 소용량에서는 자기헤드 및 구동부로 인한 고정비 비율이 높아지기 때문에 대용량화할수록 단위 용량당 코스트가 저렴해짐

   • HDD는 자기디스크 및 자기헤드 기술의 개량으로 대용량화를 진전시키고 있음

  ○ 한편으로는 HDD와 SSD의 장점을 취합한 하이브리드 HDD도 일정 부분 시장을 형성할 것으로 예상

   • 내장된 낸드플래시를 읽기·쓰기의 임시저장소로 활용하여 디스크의 회전 수를 줄임으로써 소비전력, 안정성 등을 향상

   • 삼성전자, 시게이트, 후지쓰, 히타치, 도시바 등은 하이브리드 스토리지 활성화를 위해 "Hybrid Storage Alliance"를 결성(2007년 1월)

---

5 테라바이트 : 1TB=1012바이트(1GB=109바이트)
6 Nikkei Microdevices (2007. 12.)

기업·개인용으로 활용 분야 확대

◉ 현재까지 SSD 채용이 활발한 분야는 군수, 항공, 선박 등 특수용도

  ○ 이들 분야에서는 기업·소비자용보다 월등히 빠른 읽기·쓰기 속도와 내충격성, 내열성과 같은 높은 안정성과 신뢰성이 보장되는 SSD를 채용

  ○ 이러한 특징으로 인해 가격은 수백~수천만 원에 이름

◉ SSD는 2009년을 전후해 기업·인프라용으로 활발하게 채용될 전망

  ○ SSD는 저가격화와 함께 고신뢰성, 저소비전력 등의 특징으로 인해 사무용기기, 서버, 기업용 PC 등에 2008년부터 채용되기 시작

    • 최근 IDC(인터넷데이터센터) 데이터 양이 많아지면서 발열, 전력소모가 화두가 되고 있고, 저장장치의 안정성과 관리가 중요시되고 있음

  ○ 특히 기업·인프라용 저장장치는 단품가격 외에 보수비용을 포함한 COO(Cost Of Ownership)가 더 중시되기 때문에, SSD 가격이 HDD에 비해 다소 높더라도 채용가능성이 큼

    • 예를 들어, SSD는 발열량이 적어 시스템 냉각용 공조의 전력소비를 절감할 수 있음

| SDD의 특징과 활용 분야 |

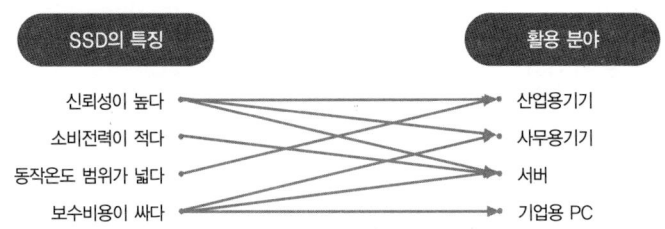

- ● 2009년 이후에는 SSD가 일반소비자용으로 본격 채용될 전망
  - ○ 노트북PC, PMP, MP3플레이어, 디지털캠코더 등 일반 소비자용 기기들은 산업·기업용에 비해 가격 민감도가 훨씬 큼
  - ○ SSD 가격이 HDD 수준으로 떨어지면 SSD가 일반소비자 시장에도 본격적으로 채용될 전망
  - ○ 프리미엄 노트북PC나 모바일 제품용 SSD 수요는 2009년부터라도 얼리어답터를 중심으로 점차 늘어날 전망

멀티레벨셀(MLC) 기술 도입이 진전

- ● SSD 채용 확대를 위한 필수조건은 MLC(Multi Level Cell) 기술의 진전
  - ○ MLC는 낸드플래시의 셀 세분화를 통해 비트 밀도를 높이는 기술
    - 트랜지스터 전극(게이트)을 다수의 전압 레벨로 변화시켜 셀 하나에 다수의 비트를 저장
    - 미세공정화와 더불어 메모리 용량 확대의 핵심기술
  - ○ MLC는 SSD와 HDD의 가격차이를 줄이기 위해 반드시 필요
    - 기존 1비트/셀인 SLC(Single Level Cell) 제품에 비해 가격을 30~40% 낮출 수 있음
    - 2009년 7월 초 8기가비트 MLC 낸드플래시 고정거래가격은 3.52달러로 같은 용량의 SLC의 4.68달러보다 25% 저렴[7]

7 DRAMeXchange.com

● MLC 도입에 따른 과제인 성능저하를 방지하기 위해 기술개발이 활발

　○ MLC는 SLC에 비해 Rewrite 횟수감소, 쓰기/읽기 속도저하, 데이터 보존기간 열화 등이 문제

　　• 이러한 문제로 MLC는 낮은 가격에도 불구하고 SSD에 채용이 저조

　○ SSD 각사는 MLC 성능저하 문제를 개선할 기술개발에 박차를 가하면서 2008년 이후 양산체제에 돌입

　　• D램을 캐시(임시저장)로 탑재하고, 쓰기/읽기를 여러 칩으로 병렬화하며, 디바이스 구조를 개량하는 등 기술적 문제를 해결 중

　　• 삼성전자, 엠트론, 인텔, 샌디스크, 도시바, 히타치 초LSI 시스템즈, TDK 등은 성능을 개선한 MLC 탑재품을 양산할 계획

업계의 시장선점 경쟁이 본격화

● SSD 수요가 본격 형성되고 고성장이 예상되면서 시장을 둘러싼 업계의 경쟁도 점차 치열해질 전망

　○ 기존 SSD업체들은 사업을 강화하고 있고, 새롭게 SSD사업 진입을 계획하는 업체가 증가

　○ 메모리 및 비메모리 반도체, PC 및 주변기기, 서버·스토리지, 유통 등 사업 참여업체도 다양

● 현재 SSD시장은 삼성전자, 샌디스크, 인텔 등 글로벌 메모리 반도체업체가 주도

　○ 삼성전자는 2006년부터 자사 노트북PC에 SSD를 탑재하였고, 2008년 말부터 256GB SSD 양산을 개시

　○ 샌디스크는 CES 2009에서 32GB SSD를 같은 용량의 HDD와 동일한 가격대로 설정한다는 전략을 발표

- ○ 인텔은 34나노미터 공정기술을 기반으로 한 SSD 제품(80, 160, 320GB)을 2009년 하반기에 출시할 계획
- ○ 하이닉스, 마이크론, 도시바 등 메모리업체들도 2008년부터 제품을 출시하며 SSD시장에 본격 참여

◉ 이외 다양한 분야의 기업 등이 SSD시장에 참여 중

- ○ 비메모리업체인 엠트론, 히타치 초LSI 시스템즈, TDK 등은 자사제 콘트롤러에 외부에서 조달한 낸드플래시칩을 탑재하여 SSD를 판매
- ○ 시게이트, BiTMICRO, MOSAID, PQI 등 서버·스토리지업체와 Super Talent와 같은 유통업체도 특수·산업·기업용 중심으로 제품을 출시

Ⅲ 시사점

가격경쟁력 확보를 통해 대중화 앞당겨야

◉ 높은 성능과 안정성을 보장하는 SSD는 저가격이 이루어진다면 예상보다 빠른 시기에 수요 확산이 가능

- ○ SSD는 높은 가격으로 인해 아직 고급형 노트북PC에 부분적으로 탑재되거나 검색용 서버 등에 사용되는 수준
    - • SSD 가격이 하락하고는 있지만 타 저장매체의 가격도 빠르게 하락
- ○ MLC 기술의 도입, 제품의 다양화, 원가절감 등으로 저가격을 적극 추진
    - • 현재 HDD와 가격이 최소 10배 이상 차이가 나지만, 수배 정도로 격차가 줄어들면 소비자 구매욕구를 충분히 자극할 수 있을 것으로 예상

- ● 세계 최대 낸드플래시 생산국으로서의 이점을 SSD 저가격화로 연결

  - ○ SSD의 주요 부품인 낸드플래시는 한국이 최대 생산국(2008년 54% 점유)으로서, 가격경쟁력의 이점을 충분히 살릴 수 있음

  - ○ 낸드플래시 생산 측면에서도 새로운 응용시장으로서 SSD를 적극 대응할 수 있음

브랜드 신뢰도, 영업망 확보로 초기시장에 대응

- ● 글로벌기업들과 경쟁에서 이길 수 있는 기술력 및 영업력 확보에 중점

  - ○ 기업 및 일반 소비자용 제품 풀 라인업 구축, 보다 빠른 성능을 지원하는 2세대 콘트롤러 개발을 적극 추진

    - 고성능 SSD 제품과 콘트롤러 및 솔루션 분야에서 기술력을 갖춘 중소기업들을 적극 육성

  - ○ 인텔, 샌디스크와 같은 글로벌기업들과의 경쟁에서 성공하기 위해서는 강력한 브랜드 신뢰도와 폭넓은 영업망 확보가 절대 필요

초선명 디스플레이의 개발 동향과 시사점 │ 19

Ⅰ. 개요와 필요성
Ⅱ. 기술개발 및 업체 동향
Ⅲ. 시사점

SERI 경제포커스
≫≫≫ 2008. 7. 7.
이치호

I 개요와 필요성

초선명 디스플레이의 개요

◉ 초선명 디스플레이는 Full HD에 비해 4배 또는 16배 해상도의 초고화질을 뜻함

  ○ 초선명 디스플레이는 해상도에 따라 QFHD(3840×2160)[1], 디지털 시네마(4096×2160), 수퍼 하이비전(7680×4320)으로 구분할 수 있음

  ○ 해상도를 단순하게 비교하면 Full HD에 비해 QFHD와 디지털 시네마는 4배, 수퍼 하이비전은 16배 높은 해상도를 가짐

| 방식별 비디오 해상도의 비교 |

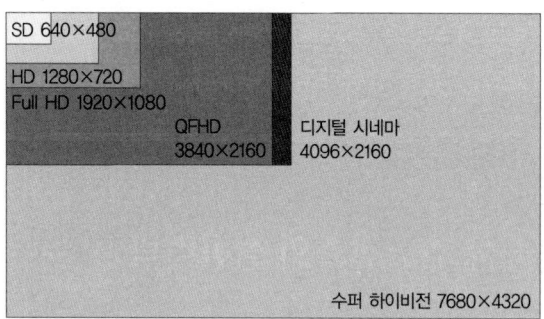

주 : 1. 각 숫자는 가로와 세로의 화소 개수를 의미
　　2. SD는 Standard Definition

  ○ 오디오시스템도 기존 HD 방식의 5.1채널[2]에 비해 수퍼 하이비전은 22.2채널로 변화됨

　• 5.1채널은 5개의 스피커와 1개의 우퍼로 음향을 내는 것에 비해 22.2채널은 22개의 스피커와 2개의 우퍼를 사용하여 보다 입체적인 소리 제공

---

1 Quad Full High Definition. (3840×2160)은 가로 화소수가 3,840개, 세로 화소수가 2,160개임을 의미
2 청취자의 전방의 왼쪽, 중간, 오른쪽과 후방의 왼쪽, 오른쪽 5개의 스피커와 저음을 내는 서브 우퍼로 구성된 방식

대화면화 지속으로 초선명 디스플레이의 필요성 대두

- LCD·PDP의 화면이 커지면서 초선명 디스플레이 개발의 필요성이 증가하고 있음
  - 화면이 커지면 기존의 해상도로는 화질이 떨어지는 문제가 발생하기 때문에 고해상도의 디스플레이 방식이 필요함
  - 평면 TV의 크기는 지속적으로 증가해왔고, 향후에도 증가할 전망임
    - LCD TV의 경우 40″급과 50″급 수요가 2008년에 각각 25%, 3%에서 2012년에는 29%와 7%로 증가할 전망
    - 2015년 전체 평판 TV시장에서 60″이상의 수요는 1.7%를 차지할 것

| LCD TV의 크기별 수요 변화 전망 |

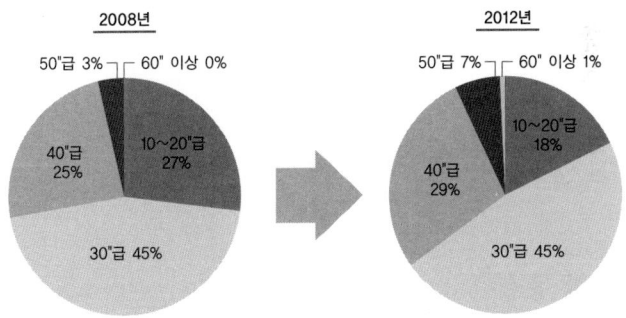

주 : 2012년 자료는 삼성경제연구소 전망치임

- 초선명 디스플레이로 상영하는 대화면 TV에서는 실제와 같은 현장감을 느낄 수 있으며 몰입 효과를 가져옴[3]
  - 화면이 커지면서 시야각이 커지기 때문에 극장에서 보는 것과 같은 효과가 나타남

---

[3] Masaoka, K., Emoto, M., & Sugawara, M. (2007), The Sense of Presence When Viewing Super Hi-Vision Images, *The Journal of The Institute of Image Information and Television Engineers*, 61(5), pp. 599~602.

- HDTV의 최적 시거리[4]와 수평방향 시야각은 각각 3.0H와 30°이고, 디지털 시네마의 경우 1.5H와 55°, 수퍼 하이비전의 경우 0.75H와 100°임

| 화면 크기에 따른 시야각 및 최적 시거리의 차이 |

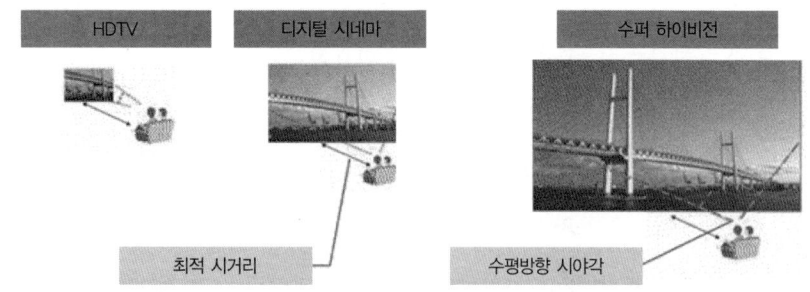

구분	HDTV	디지털 시네마	수퍼 하이비전
수평방향 시야각	30°	55°	100°
최적 시거리	3.0H	1.5H	0.75H

자료 : NHK / digital, Ultrahigh Definition TV. (2008. 7. 3.)〈http://www.nhk.or.jp/digital/en/super_hi/〉

Ⅱ 기술개발 및 업체 동향

1. 기술개발 동향

● 초선명 디스플레이 영상을 방송하기 위해서는 촬영-압축-전송-디스플레이의 단계를 거치게 되며 각각의 단계에서 기술개발이 필요
  ○ 관련 기술이 개발되어 수퍼 하이비전이 방송되는 시기는 2025년경으로 예상
    - 일본의 공영방송인 NHK는 2015년 시험방송 후 2025년 수퍼 하이비전의 본 방송을 목표로 하고 있음

---

4 최적 시거리 : 시청자가 작은 점 같은 화소의 경계를 느끼지 않고 시청할 수 있게 되는 거리로서, 화면 높이(H)의 배수로 나타낸다.

| NHK의 슈퍼 하이비전 개발을 위한 로드맵 |

자료 : Maeda, M., et al. (2006), Steps Toward the Practical Use of Super Hi-Vision, *National Association of Broadcasters 2006 Proceedings*, Apr. 26, Las Vegas : Nevada, USA, pp. 450~455.

○ 수퍼 하이비전의 방송 이전에 디지털 시네마 방식이 등장할 전망

- 소니와 샤프 등은 디지털 시네마급 LCD를 개발 중

① 촬영 기술

● 초선명 디스플레이 영상을 촬영할 수 있는 카메라의 개발이 진행 중

○ NHK는 2005년 3,300만 화소의 8k×4k급[5] 이미지 센서를 개발하였음[6]

- 8k×4k급 카메라의 고성능화 및 소형, 경량화가 진행 중

② 압축 기술

● 초선명 디스플레이는 해상도가 높아 압축 상태의 전송이 필요하기 때문에 효율적인 압축과 전송 기술이 필요

○ 압축하지 않은 상태로 전송할 경우 초선명 디스플레이는 24Gbps가 필요한데, 이는 HDTV의 1.5Gbps에 비해서 16배의 데이터 속도임[7]

---

[5] 8k×4k급의 영상은 수퍼 하이비전의 규격인 7680×4320 해상도를 의미하고, 4k×2k급의 영상은 QFGD와 디지털 시네마급의 해상도를 의미함

[6] NHK (2007. 7. 31.), "차세대 방송 서비스 목표 3,300만 화소 CMOS 센서 개발", 《전자엔지니어》. 〈http://www.eetkorea.com/ART_8800473903_480503_NT_2b74bb6f.HTM〉

[7] NHK demos UHD TV broadcast (2006. 5. 26.), 《EE Times》. 〈http://www.eetimes.com/news/latest/showArticle.jhtml?articleID=188500682〉

○ NHK는 Fujitsu Laboratories사와 함께 MPEG-4 AVC/H.264[8] 기반의 실시간 압축 및 비압축 시스템을 개발하였음[9]

③ 전송 기술

● 초선명 디스플레이 데이터의 전송을 위해 전송속도가 빠른 위성주파수 대역이나 초고속 인터넷을 활용한 전송 기술을 개발 중

○ 현재의 지상파나 케이블로는 초선명 디스플레이 영상의 전송이 현실적으로 불가능

○ NHK는 방송용 위성을 이용하여 21GHz의 위성주파수 대역으로 초선명 디스플레이의 방송을 시도하고 있음

○ 또한 브로드밴드[10] 네트워크의 개발 상황으로 미루어 유선연결을 통하여 초선명 디스플레이 영상이 전송될 수 있을 것으로 예상

④ 디스플레이 기술

● 초선명 디스플레이 영상을 제대로 실현하기 위해서 대형 디스플레이 장치가 필요함

○ 2008년에 삼성전자와 소니는 3840×2160 해상도의 82″ LCD TV를 개발하였고, 파나소닉은 4096×2160 해상도의 150″ PDP TV를 같은 해에 개발하였음

○ 화소 간의 간격을 줄이면서 소모전력을 줄이기 위한 개발이 진행 중[11]

---

8 H.264는 매우 높은 데이터 압축률을 가지는 디지털 비디오 코덱 표준으로 MPEG-4 파트 10 또는 AVC(Advanced Video Coding)라 부르기도 한다. (위키백과, 〈http://ko.wikipedia.org/wiki/H.264/AVC〉)
9 NHK (2007. 9. 20.), " '수퍼 하이비전'에 차세대 TV 사활 걸다", 《전자엔지니어》. 〈http://www.eetkorea.com/ART_8800480278_480703_NT_8ff86777.HTM〉
10 주파수 분할 다중화 기법을 이용하여 하나의 전송매체에 여러 개의 데이터 채널을 제공하는 방식으로 초고속 인터넷이란 말로 통칭됨
11 안충현 (2008. 6. 19.), "UHD TV - Technology trend beyond HDTV", 한국전자통신연구원.

- 초선명 디스플레이 영상의 재생과 녹화를 위해 저장용량이 증대된 차세대 Optical Storage의 개발이 진행 중
  - 디지털 시네마급의 영상을 저장하기 위해서 블루레이 디스크[12]의 다층화 개발이 이루어져야 하고 수퍼 하이비전급의 영상은 근접장 저장기술[13] 같은 차세대 저장방식의 개발이 이루어져야 함
    - 2.5시간 영화 1편 기록 시, HD는 10GB, 디지털 시네마는 45GB, 수퍼 하이비전은 400GB 필요

2. 해외업체 동향

일본은 정부 주도로 관련 단체가 공동개발 중

- 일본 총무성은 수퍼 하이비전 개발을 서둘러 2015년에 일반 가정을 대상으로 방송을 개시할 계획이며 국제 표준을 선점하겠다는 방침[14]
  - NHK를 중심으로 가전 메이커와 통신·방송 사업자 등을 대상으로 공동 프로젝트 참가자를 모집하여 민간기술 결집을 통해 조기 실용화 목적
  - 2007년 8월부터 수퍼 하이비전을 "정보통신기술 국제경쟁력 강화를 위한 중점 육성기술"로 선정하여 집중투자하고 있음
- NHK가 주도하는 수퍼 하이비전의 표준화는 SMPTE[15]에서 잠정 규격으로 승인되어 장비의 개발이 가속화될 것으로 전망됨[16]

---

12 디지털 비디오 디스크(DVD)에 비해 파장이 짧은 청자색의 레이저를 이용하여 기록하는 광디스크 규격으로 DVD보다 약 10배 저장할 수 있다.
13 NFR(Near Field Recording) - 기록 헤드로부터 디스크 기록 면까지의 거리를 100nm 이하로 매우 근접시켜 빛의 퍼짐을 억제시킴으로써 기록 정보의 크기를 최소화해 초고밀도로 정보를 저장할 수 있는 차세대 정보저장기술. "근접장 저장기술 개발경쟁 뜨겁다" (2007. 6. 22.), 《디지털타임스》
14 "일본, 민관합동 차세대 초고화질TV 개발 착수"(2008. 1. 15.), 《전자신문》
 〈http://www.etnews.co.kr/news/detail.html?id=200801140141〉
15 Society of Motion Pictures and TV Engineers. 미국 영화 TV 기술자협회로서 영화, TV의 기술 표준을 책정하는 민간 표준화 단체
16 NHK(경영정보)기술정보) (2007. 11. 21.) 수퍼 하이비전 SMPTE 잠정 규격으로 승인. 〈http://www.nhk.or.jp/pr/marukaji/m-giju192.html〉

○ 영상 포맷은 2007년에 완료되었고, 음향과 인터페이스 등에 관한 확장 포맷은 진행 예정

미국은 디지털 시네마 방식으로 기술개발 및 표준화 진행 중

● 미국 7대 영화사가 설립한 DCI(Digital Cinema Initiatives) 사를 중심으로 디지털 시네마의 기술개발 및 표준화가 진행 중[17]

○ 35mm 필름 화질의 디지털 시네마 재생 및 디스플레이가 목표임
- 영화 배급방식이 디지털로 바뀔 경우 배급비용을 절감할 수 있음[18]

○ 영상, 음향 등의 규격을 정의한 DCI 최초 표준안을 2005년 7월에 발표

국내업체 동향

● 초선명 디스플레이와 직접 관련된 연구 및 기술개발은 아직 추진되지 않았음[19]

○ 전자통신연구원에서 차세대 디지털TV 핵심기술개발 과제를 2008년 3월부터 추진 중

○ 지식경제부에서 주관하는 신사업발전전략 기획 중에서 실감미디어를 추진하고 있음
- 2008년 5월 실감미디어산업협회가 발족하여 업체 간의 연합을 꾀함

○ 문화관광부가 주관하는 '디지털 시네마 비전 2010'에서는 2009년까지 디지털 시네마 구축을 위해 490억 원, 방송용 영화와 온라인 영화제작지원을 위해 240억 원을 투입할 예정

---

[17] 강남오 외 (2007), "디지털시네마 기술 동향", 《한국통신학회지》, 24(4), pp. 76~82.
[18] 박두식 (2007. 6. 2.), "이보다 더 선명할 수는 없다", 《조선일보 위클리 비즈》. 〈http://news.chosun.com/site/data/html_dir/2007/06/01/2007060100743.html〉
[19] 안충현 (2008. 6. 19.), 앞의 글.

● 디스플레이 장치는 기술적으로 국내업체가 선도하고 있음

  ○ 삼성전자는 120Hz, 82″의 4k×2k급 디스플레이를 2008년에 발표한 바 있으며 240Hz의 4k×2k급 디스플레이를 발표할 예정임[20]

● 초선명 디스플레이의 표준화를 추진하기 위한 움직임도 있음

  ○ 차세대 방송표준포럼 내의 3DTV 분과 아래 UDTV Working Group을 발족하여 이를 중심으로 표준화에 관한 협의를 진행 중임.

  ○ UDTV Working Group에는 삼성전자, 삼성종합기술원, LG전자, KBS, 광주과기원, 한양대, 광운대, ICU, KETI, 경희대 등이 참여하고 있음

    • 국내 초선명 디스플레이 서비스 및 기술개발을 위한 표준연구 수행 중

III 시사점

디지털 시네마급의 디스플레이·저장장치는 조기기술 확보 필요

● 디지털 시네마(4k×2k)급 디스플레이는 방송시스템의 전환에 앞서 저장매체 및 초고속 인터넷에 의한 전송을 바탕으로 2010~2012년에 등장할 가능성이 높음

  ○ 이미 많은 콘텐츠들이 디지털 시네마급의 영상으로 제작되고 있어 콘텐츠의 고해상도로의 전환이 어렵지 않음

  ○ 4k×2k급의 대형 디스플레이, 다층 블루레이 디스크 기록·재생장치 및 초고속 인터넷을 통한 디지털 시네마급의 영상 전송 기술개발이 필요

  ○ 디지털 시네마급 디스플레이시장이 보급되면 보다 크고 선명한 초선명 디스플레이에 대한 소비자의 욕구가 출현할 것으로 예상

---

20 "LCD TV 해상도 종착지는 UD급"(2008. 5. 23.), 《디지털 타임스》.
〈http://www.dt.co.kr/contents.htm?article_no=2008052302012069614002〉

- 디지털 시네마급 디스플레이의 시장 파급 효과로 수퍼 하이비전의 시장 진입 가능성을 예측할 수 있을 것임

전후방산업의 시장 성장의 모멘텀

◉ 방송장비와 전송망 등 전방산업시장은 물론, 디스플레이 및 저장장치 등 후방산업까지 시장 성장의 모멘텀으로 작용 예상

  ○ 수퍼 하이비전을 목표로 개발되고 있는 초선명 디스플레이가 실현되기 위해서는 방송시스템을 비롯하여 전송, 디스플레이 장치 등의 개선 및 교체가 필요

  ○ 현재 한국이 우위를 보이고 있는 디스플레이 이외의 방송시스템, 압축 및 전송 등의 분야에 대한 대응전략이 필요

정부 주도의 유관기관 기술협력 필요

◉ 수퍼 하이비전급의 초선명 디스플레이의 구현은 2025년 경으로 예상되어 많은 시간이 필요할 것으로 보이나, 표준화에서 주도권을 확보할 필요가 있고, 정부 주도로 유관기관이 협력하여 기술개발을 가속화할 필요가 있음

  ○ 현재 일본에 비해 카메라, 전송 기술 및 표준화에서 경쟁력이 낮은 상태이며 특히 일본은 정부의 주도 하에 세계 표준을 주도하여 향후 시장 선점을 목표로 하고 있음

  ○ 표준화에 적극적으로 참여하여 최신 정보 및 개발 동향을 모니터링할 필요성 있음

PC시장의 새로운 트렌드, 넷북

20

I. 초저가 미니노트북PC '넷북'이 부상
II. 업계 동향
III. 향후 전망 및 시사점

SERI 경제포커스
≫≫≫ 2008. 11. 17.
정동영

Ⅰ 초저가 미니노트북PC '넷북'이 부상

노트북PC 시장의 새로운 성장동력으로 기대되는 넷북

● 2008년부터 저가 미니노트북PC '넷북(Netbook)'이 노트북PC의 새로운 성장카드로 등장

  ○ 화면 7~10인치의 기존 미니노트북PC는 노트북PC를 소형 및 경량화하였으나 고기능·고성능을 유지하며 1,500~2,500달러의 고가제품에 포지셔닝해왔음

    • 2007년 시장 규모는 미니노트북PC를 포함한 노트북PC 전체 시장 1.1억 대의 0.7%인 72만 대로 미미

  ○ 2008년 대만 PC제조업체 아수스의 'Eee PC' 등 500달러 내외의 넷북 출시를 계기로 미니노트북PC 시장이 급성장

    • 수요는 2007년 70만 대에서 2008년 1,600만 대 이상 급증

    ※ '넷북'은 인텔이 개발도상국 PC 수요 확대를 목표로 기획한 저가의 노트북PC를 말하며, 저가 데스크톱PC 개념의 '넷탑'도 제안

  ○ 넷북, 넷탑용 CPU와 플랫폼을 개발 및 제안

넷북(Netbook)

■ 인텔에서 출시한 저가·저전력 CPU 'ATOM N270'을 탑재한 저가 미니노트북PC

  □ 8~10인치의 화면에 무선랜 기능을 가지며, 인터넷 검색과 문서작업이 가능한 정도의 성능을 보유

  □ 가격은 400~800달러

넷탑(Netop)

■ 인텔의 Atom 230 CPU를 채용하며, 인터넷 검색, 문서작성이 주 용도인 데스크톱PC

  □ 저가·저전력소모·작은 크기가 특징

  □ 가격은 400~750달러

저가격화가 수요 확대의 배경

● 기존 노트북PC의 성능과 기능을 낮춰 저가격화한 것이 수요 확대의 배경

  ○ 기존 노트북PC는 뛰어난 그래픽 성능, 고화질 디스플레이, 대용량 HDD 등 고기능을 갖추었으나 고가에 무거우며 배터리 사용시간이 짧은 단점 보유

  ○ 반면, 넷북은 CPU 성능/메모리 용량/화면 사이즈를 줄여 제품의 소형, 경량화 및 저가격화를 동시에 실현

    • 가장 빈번히 사용하는 인터넷 검색·워드프로세스 등으로 기능을 제한함으로써 저가화와 동시에 적정 기능·적정 성능을 실현

| 넷북과 기존 노트북PC의 비교 |

	넷북(Eee PC 1000H(아수스))	노트북PC(VAIO SR26(소니))
CPU	Intel Atom N270 (1.6GHz)	Intel Core 2 Duo(2.26GHz)
RAM(최대)	2GB	4GB
저장장치 및 용량	HDD 80GB, ODD 옵션	HDD 320GB, DVD RW 기본
Display	10" (1024×600)	13.3" (1280×900)
OS	Windows XP	Windows Vista
무게	1.45Kg	1.96Kg
배터리 사용시간	3.2~7시간	3~4.5시간
가격	$549	$1,195

자료 : 각 사 홈페이지

● 인텔의 아톰(ATOM) 프로세서 출시가 넷북 출현의 계기

  ○ 아톰 CPU는 인터넷 전화, 이메일, 검색 등 인터넷 사용에 중점을 둔 간단하고 저렴한 넷북과 넷탑용 프로세서로 2008년 3월에 출시

    • 그동안 '실버손(Silverthorne)'이나 '다이아몬드빌(Diamondville)'이라는 개발명이 붙었던 제품들을 '아톰'이란 이름으로 통합

○ 기존 노트북용 CPU 대비 크기는 2.5배 작고 전력소모는 1/10 수준이며 가격은 1/4 수준

- 간단한 하드웨어로직 및 45나노 제조 공정을 적용하여 저전력소모, 소형화 및 저가화를 모두 실현

○ 인텔에 이어 프로세서 2위인 ARM사도 수개월 내 넷북용 프로세서를 출시할 계획이며, 이들의 경쟁에 따라 넷북의 저가격화는 지속될 전망

| 아톰과 기존 노트북PC용 CPU 비교 |

	아톰(Atom N270)	셀러론(Celeron M)
제조 공정	45㎚	65㎚, 90㎚, 130㎚
트랜지스터 수	4,700만 개	1억 5,100만 개
클럭스피드	800M ~ 1.86GHz	1.06 ~ 2GHz
최대 전력소비량	0.65 ~ 2.4W	5.5 ~ 31W
사이즈(패키지 포함)	22㎜ × 22㎜	35㎜ × 35㎜
가격	$44	$161

자료 : 삼성전자

Ⅱ 업계 동향

아수스 등 대만업체가 선도, HP·델이 추격

● 대만의 아수스사가 미니노트북PC 'EeePC 701'과 넷북 'EeePC 901'을 출시하면서 미니노트북PC시장을 선도

○ 아톰 CPU 출시 전인 2007년 10월부터 판매된 'EeePC 701'은 펜티엄M CPU를 채용했으며 290달러 내외의 가격으로 8개월 만에 250만 대를 판매

○ 저가PC에 대한 소비자 니즈 확인 후 2008년 3월 출시된 아톰 CPU를 채용한 넷북 'EeePC 901'을 2008년 6월에 출시

- ○ 아수스의 성공에 자극받은 에이서 등 기존 PC업체들이 2008년 6월 대만 IT 전시회인 '컴퓨텍스 2008'을 계기로 경쟁에 가세
  - 아수스 외 에이서(臺), MSI(臺), 기가바이트(臺), ECS(臺), 고진샤(日), 인텔(美) 등 대만업체들을 중심으로 아톰을 채용한 넷북 전시

● 미니노트북PC 제품의 패러다임이 소형·경량·고부가에서 저가·소형·적정 성능으로 바뀌면서 업계 1, 2위 업체도 본격 참여

- ○ 旣 판매 중인 노트북PC와의 충돌을 우려한 HP, 델 등은 넷북시장 참여를 주저했으나 미니노트북PC 시장의 대세 이동에 따라 시장 진입을 본격화
- ○ 업계 1위인 HP(美)는 2008년 5월 미니노트북PC 'HP2133'을 499달러에 출시한 데 이어 2008년 말에는 아톰을 채용한 넷북 '미니 1000'을 출시하면서 노트북PC 시장에서의 점유율을 21%로 끌어올려 1위를 유지
- ○ PC시장점유율 2위인 델(美)도 2008년 9월 넷북 '인스피론 미니9'을 출시하면서 넷북 경쟁에 참여

국내 브랜드 업체도 가세

● 2008년 상반기 대만업체가 주도했던 국내 넷북시장에 삼성전자 등 국내 업체들이 하반기부터 본격 참여했으며, 최근에는 국내업체가 경쟁을 주도

- ○ 성장가능성에 대한 의문, 기존 노트북PC와의 충돌 등을 우려해 대응하지 않던 국내업체들도 9월부터 넷북을 출시하면서 적극 대응
- ○ 삼성전자와 LG전자는 '아톰'을 채용한 넷북 'NC10'과 'X110'을, 삼보컴퓨터는 '에버라텍 버디'를 9월에 출시
- ○ 델은 '인스피론 미니9'을 지난해 9월, HP는 'HP MiNi'를 12월에 출시하면서 국내업체와 대만업체, 구미업체들 간 본격적인 경쟁이 전개
- ○ 2009년 1/4분기 국내 넷북 판매량은 11만8,557대였으며, 삼성전자가 이 중 5만7천 대로 48%를 차지했으며, LG전자가 2만6천 대, 아수스가 1만3천 대, 삼보가 7천 대, HP가 6천 대 순으로 국내업체가 시장을 주도

제조사 간 출시제품의 차별화 미흡

◉ 넷북은 기존 노트북PC 대비 저가·소형화·경량화가 특징인 반면, 제조사 간 차별성은 부족

  ○ 제조사 모두 인텔이 제안한 CPU와 플랫폼을 따름으로써 저가화를 이루었으나 성능 차별화에는 한계를 가짐

  • CPU, OS, 메모리, 저장용량, 디스플레이 등이 모두 유사

| 넷북 출시 현황 및 성능 비교 |

업체명	아수스	MSI	Acer	삼성전자	LG전자
제품명	Eee PC 1000H	WIND U100	Aspire One AOD250	N310	X120
CPU	Atom N270	Atom N270	Atom N270	Atom N270	Atom N270
OS	Windows XP	Windows XP	Windows XP	Windows XP	Windows XP
메모리	최대 2GB	최대 2GB	1GB	1GB	1GB
저장장치, 용량	HDD 160GB	HDD 80GB	HDD 160GB	HDD 160GB	HDD 160GB
디스플레이	10인치 (1024×600)	10인치 (1024×600)	10.1인치 (1024×600)	10.1인치 (1024×600)	10인치 (1024×576)
무게	1.45kg	1.27kg	1.1kg	1.23kg	1.26kg
가격	$549	$549	$298	₩899,000	₩849,000

자료 : 각사 홈페이지

Ⅲ 향후 전망 및 시사점

노트북PC는 성장, 데스크톱PC는 정체

◉ 데스크톱PC 수요의 성장이 정체된 가운데 노트북PC가 성장을 주도

○ 2008년 데스크톱PC 수요는 전년 대비 5% 감소하였으며, 2009년에도 마이너스 성장이 예상

○ 반면, 노트북PC는 2004~2008년 동안 연평균 32%씩 성장

- 2007년에는 1억 8백만 대로 PC 수요의 40%를 차지했으며, 2008년 하반기부터는 노트북PC의 수요가 데스크톱을 추월

| PC 수요 및 노트북PC 비중 추이 |

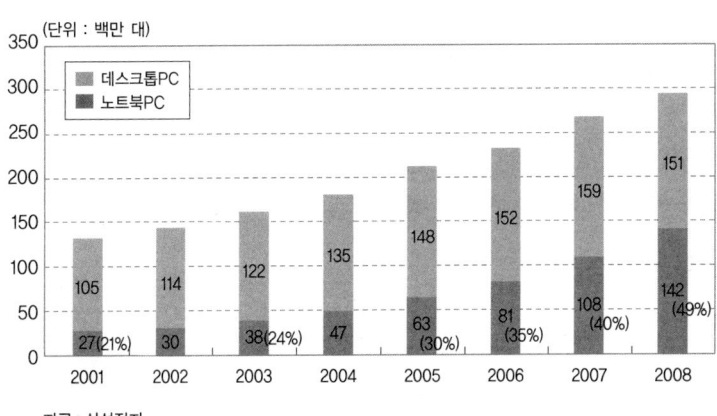

자료 : 삼성전자

저가의 넷북이 노트북PC 수요를 자극 전망

● 저가 노트북PC는 1인 1PC 욕구 확대로 인한 신흥시장 잠재수요를 충족시키는 역할을 할 전망

○ 1인당 PC 보급률이 50%를 넘은 선진시장과는 달리 10% 내외에 머물고 있는 아태지역 등 신흥시장의 PC 신규 수요잠재력이 큼

○ 반면, 1인당 연소득이 2~5천 달러 이하인 경우가 대부분임을 감안할 때 제품가격을 소비 여력에 맞게 조정한 넷북으로 수요의 쏠림 현상이 심화될 것으로 예상

| 주요 지역의 1인당 PC 보급률 및 1인당 GDP(2007) | (단위 : %, US$)

지역	미국	서유럽	일본	아태	기타
보급률	82.2	51.6	59.4	6.7	11.7
1인당 GDP	46,000	41,000	34,000	2,400	4,600

자료 : SERI ; ITU (2007), World Telecommunication / ICT Indicators DB 2007.

● 저가의 넷북이 신흥시장의 신규 수요는 물론 선진시장의 교체 수요와 추가구매 수요를 자극하면서 미니노트북PC 시장이 급속히 확대될 전망

  ○ 경기침체로 선진시장에서도 소비자의 가격지향 심화

  ○ 2007년 72만 대에 불과하던 미니노트북PC 시장은 2010년에는 3천만 대 이상으로 증가하여 노트북PC 시장의 14%를 차지할 것으로 전망

| 미니노트북PC 수요 및 노트북PC 내 비중 전망 |

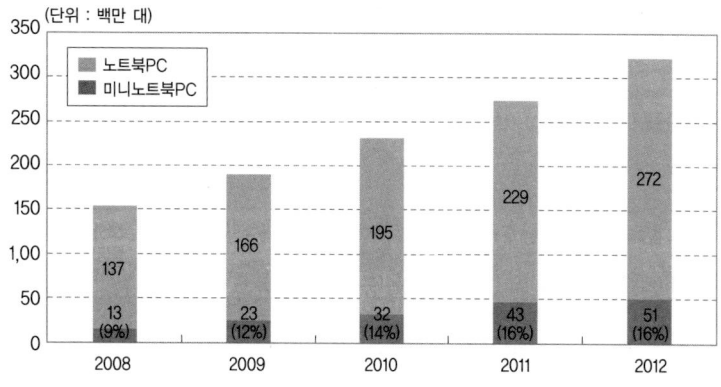

자료 : DisplaySearch ("News & Analysis" (2008. 8. 9.) ; 《週刊Diamond》, 96(31), p16. 에서 재인용)

시사점 1. 넷북의 기존 노트북PC 시장 잠식

● 넷북이 새로운 저가시장을 창출할 것으로 기대했으나 기존 노트북PC 시장을 잠식할 가능성이 높아지고 있음

- ○ 선진시장의 2nd, 3rd 수요를 기대했으나 경기침체로 소비자의 가격민감도가 높아지면서 넷북은 2nd 수요가 아닌 교체 수요 대상이 될 가능성이 큼
- ○ 고성능 그래픽, 게임, 고속 무선랜 등 일부 성능을 제외하면 소비자 입장에서는 기존 넷북과 기존 노트북PC의 경계가 모호

● 저가 PC는 오히려 노트북PC 전체의 저가화를 유발할 수도 있음

- ○ 소비자들의 PC에 대한 적정 성능·적정 가격 의식이 고조되는 경향
    - • 신규 OS 윈도 비스타가 고기능을 가졌으나 소비자는 적정 성능의 윈도XP를 선호
- ○ 저가 PC에서 적정 성능을 경험한 소비자들은 다시 비슷한 가격에 더 높은 성능을 요구할 것으로 예상

시사점 2. 저코스트 경쟁력이 성공의 Key

● 디자인을 제외하면 성능에서 업체 및 제품 간 차이가 거의 없어 가격경쟁이 불가피하며 저코스트 경쟁력이 중요

- ○ 인텔 Atom CPU, 8~10인치 디스플레이, 최대 메모리 2GB, 무게 1~1.4kg, 가격 400~900달러 내외로 업체별 차별성이 미미
- ○ 저가임에도 무선랜과 인터넷 검색, 오피스 작업, 동영상 재생 등 적정 성능을 가져야 하므로 저코스트 제조능력이 필수

● 저가화 기술력을 기반으로 한 본질적인 저코스트 경쟁력 확보 필요

- ○ SoC(원칩 기술), 저가 플랫폼 개발 등 제품설계나 생산 공정 설계단계에서 저가화를 추진하여 수익성 확보

- 휴대폰의 경우 최고의 경쟁력을 보유한 노키아는 6개 플랫폼으로 50개 모델을 출시하며, 同社의 저가폰인 '1100'은 판매가 44달러에 원가 29.5달러

○ 노트북PC와 같이 표준화 정도가 높은 제품의 경우 외부 자원을 활용하는 것도 저가화 해법

- 1990년대 노트북PC 1위였던 도시바는 High-end, 자사 생산체제를 고수한 결과 4위로 추락한 반면, HP, 델은 EMS 활용한 Volume Zone 공략으로 2002년 이후 업계 선두권으로 부상

- 현재 노트북PC 산업은 ODM, EMS 등 아웃소싱 비중이 75%

■ ODM(Original Development Manufacturing 또는 Original Design Manufacturing) :

개발/설계/제조 능력을 가진 제조업자가 발주업자의 요구대로 기술·제품을 개발·제조하여 제공하는 사업방식

■ OEM(Original Equipment Manufacturing) :

제조 능력을 가진 제조업자가 발주업자의 설계도에 따라 제품을 제조하여 제공하는 사업방식

■ EMS(Electronic Manufacturing Service) :

기본적으로는 OEM과 같은 의미이나, OEM이 발주업자와 생산업자 사이의 수직적 관계의 개념이라고 한다면, EMS는 거대 물량으로 규모의 경제를 통한 생산 효율성을 달성하여 여러 OEM과 거래하는 생산전문방식

e-book 신성장의 주역, 아마존 | 21

I. 다시 주목받는 e-book
II. e-book을 둘러싼 시행착오
III. 최초의 성공자, 아마존
IV. 시사점

SERI 경영노트
≫≫≫ 2009. 5. 28.
이정호

Ⅰ 다시 주목받는 e-book

● 1990년대 말 잠시 확산되는 듯하다 IT버블이 꺼지면서 함께 위축되었던 e-book[1]이 최근 다시 주목받기 시작
  ○ e-book의 세계시장 규모는 2008년 18억 달러에서 2013년 89억 달러로 연평균 37.2% 성장할 것으로 전망(PwC 예측)
  ○ '아날로그 미디어의 최후의 보루'로 일컬어지던 서적의 디지털화가 본격화되었다는 견해도 대두
    • "오랫동안 e-book은 전망만 무성했을 뿐 실체가 없었지만, 마침내 종이책을 대신해 일반적인 대안으로 쓰일 시점에 도달"[2] (美 경제학자 폴 크루그먼)
● e-book의 대중화에는 기술, 산업, 문화적 환경변화가 크게 기여
  ○ **기술** : 단말기에 쓰이는 전자종이의 화면전환 속도나 밝기가 소비자의 기대치에 근접했으며, 6인치 전자종이의 가격도 60달러 이하로 하락

---

e-book 단말기 등장의 최대 공헌자 : '전자종이'

■ 2000년 미국 E Ink社가 상용화

□ 마이크로 캡슐 속 투명한 유체 속에 떠 있는 흑백의 입자가 전류변화에 따라 이동하고, 수많은 캡슐들이 모여 흑백의 영상을 구현

□ 전원을 끊어도 영상이 사라지지 않고 화면을 전환할 때 말고는 전기가 소모되지 않아 한 번 충전으로 수천 페이지를 볼 수 있음

□ 백라이트가 필요없어 일반 종이처럼 오래 들여다봐도 눈이 피로하지 않다는 장점

---

1 electronic book의 약자로서 도서, 신문 등을 디지털화해 전용 단말기나 휴대폰, PC를 통해 읽도록 한 전자책을 의미
2 Krugman, Paul (2008.6.7), Bits, bands and books, *International Herald Tribune*.

○ **산업** : 기존 사업의 잠식을 우려해 e-book에 대해 수비적이던 신문·출판 업계가 원자재가 급등 및 성장정체에 직면하자 돌파구를 모색

- 신문업계의 경우, 광고수입 급감으로 2008년 12월 LA타임스(발행부수 4위)와 시카고 트리뷴(발행부수 8위)이 파산했고, 뉴욕타임스는 본사 건물을 담보로 2억 2,500만 달러를 대출받는 등 위기에 봉착

○ **문화** : 인터넷신문, 블로그 등 디지털 문자콘텐츠가 10년 전에 비해 크게 늘었고 독자층도 디지털 텍스트에 이미 익숙해진 상태

- 아마존의 e-book 단말기 '킨들' 사용자 중 40세 이상 비중이 70%로 가장 높음(2009년 4월 자체 설문조사)

● 10여 년간 정체된 시장성장의 캐즘(chasm)을 돌파해 e-book 대중화의 디딤돌을 놓은 것은 2007년 '킨들'로 시장에 진출한 아마존

○ 당시까지 제조사가 주도했던 비즈니스 모델과 달리 아마존은 온라인 유통사가 중심이 되는 플랫폼 비즈니스를 시도

○ 고객, 저작권자, 유통사 및 통신업체 모두가 이득을 보는 'win-win 수익구조'는 애플의 '아이팟 + 아이튠즈' 수익모델과 유사

- 독자는 저렴한 가격에 다양한 콘텐츠를 구입하고, 저자와 출판사는 도서판매 확대로 인세 및 판권 수입이 증가

- 아마존은 당장은 기기판매로 수익을 거두지만, 콘텐츠의 박리다매로 시장이 커질 경우 유통수수료 수익도 획득 가능

- 음성통화시장의 포화로 실적악화를 고민하던 통신업체 스프린트는 e-book이라는 고성장 신규 수익원을 확보

| 아마존의 e-book 비즈니스 모델 |

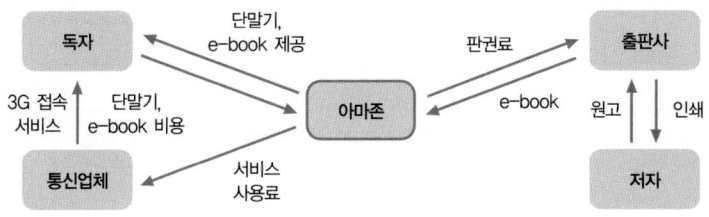

● 아마존의 성공에 자극받은 전자업체, 출판사, 통신사 등은 시장진출을 위한 행보를 가속화하면서 합종연횡식 경쟁구도가 전개

  ○ 전자업체(소니, 애플 등), 출판·유통업체(아마존, 반스앤노블 등) 및 이동통신·인터넷 포털업체(AT&T, 버라이즌, 구글 등) 등이 제각기 자신을 중심축으로 한 비즈니스 모델을 모색

---

e-book 관련 이종업체 간 협력사례

- **구글(콘텐츠) + 소니(단말기)**
  - 구글이 전 세계 도서관에서 디지털화한 자유이용저작물 50만 권을 소니에 제공
  - 구글은 소니 외 e-book 단말기, 스마트폰 업체와도 콘텐츠 협력 예정
- **애플(단말기) + 버라이즌(통신) + 사이먼앤슈스터 등(콘텐츠)**
  - 아이폰으로 e-book을 읽을 수 있는 소프트웨어를 앱스토어에서 제공
  - 버라이즌은 애플이 개발 중인 e-book 대응 신제품에 대한 협력 검토
  - 사이먼앤슈스터 등 출판사들은 10만 편 이상의 콘텐츠를 애플에 제공
- **반스앤노블(콘텐츠) + 플래스틱로직(단말기) + AT&T(통신)**
  - 반스앤노블은 70만권 이상의 e-book을 공급
  - 플래스틱로직은 대형 터치스크린에 무선인터넷 기능까지 갖춘 단말기를 출시할 계획
  - AT&T는 단말기에서 Wi-Fi를 사용할 수 있도록 지원할 예정
- **삼성전자(단말기) + 교보문고(콘텐츠)**
  - 삼성전자는 A4 절반 크기에 무게 200g인 단말기를 출시
  - 교보문고는 e-book 콘텐츠를 제공하며, 매달 1,000권 이상 추가할 예정

Ⅱ e-book을 둘러싼 시행착오

1. 1차 시행착오(1990년대 말) : 공조 미흡과 기술표준 난립

● 1990년대부터 日·美 전자업체들은 e-book의 가능성을 타진

  ○ 일본에서는 소니가 1991년에 휴대용 독서단말기 '북맨'을, NEC가 1993년에 플로피디스크와 5.6인치 화면을 장착한 '디지털북'을 발표

  ○ 미국에서는 벤처기업인 누보미디어가 '로켓e북'(1998년)을 최초로 출시한 이래 '소프트북', '밀레니엄 리더' 등 LCD디스플레이를 채용한 전용단말기들이 등장했으며, 포켓PC, PDA 등도 한때 유력한 e-book 단말기로 거론

● 출판사, 소프트웨어업체들도 e-book 콘텐츠사업을 야심차게 전개

  ○ 2000년 반스앤노블을 필두로 타임워너, 랜덤하우스, 사이먼앤슈스터 등 대형출판사들이 앞다퉈 e-book 유통시장에 진출

  ○ 어도비, 매크로미디어, 마이크로소프트는 e-book의 파일 포맷으로서 PDF, 플래시, XML을 각기 제안

● 혁신적 뉴미디어로서 얼리어답터들의 관심은 끌었으나, 제조사와 출판사 간 공조 미흡과 기술표준 난립으로 대중소비자들의 마음을 사로잡기에는 역부족

  ○ 결국 시장 수요를 촉발하지 못한 채 IT버블 붕괴로 업계 전체가 위축

    • 2000년 누보미디어와 소프트북은 경영난을 이기지 못해 매각되었으며, 반스앤노블, 랜덤하우스, 타임워너도 2001년 이후에 e-book 사업을 축소하거나 중단

2. 2차 시행착오(2000년대 중반) : 충분한 콘텐츠 확보에 실패

◉ 독서문화가 발달한 일본시장을 겨냥해 단말기와 콘텐츠 판매가 결합된 사업 모델이 본격적으로 도입(단말기 제조사가 주도)

ㅇ 파나소닉은 2003년 4월 전자종이를 채택한 흑백단말기 '시그마북'을, 2006년 9월에는 컬러단말기 '워즈기어'를 출시

- 파나소닉, 도시바 등 제조사와 일본 대형출판사 72개사가 참여하는 컨소시엄 'e-book 이니셔티브 재팬'이 주체가 되어 전자서적 판매사이트 'ΣBook.jp', '最强☆讀書生活'을 운영

ㅇ 소니는 2004년 4월 E Ink, 필립스, 토판인쇄와 함께 개발한 문고판 사이즈의 e-book 전용단말기 'LIBRIe'를 출시

- '하드웨어와 소프트웨어, 인터넷을 융합해 세계적으로 앞선 제품을 만든다'는 것이 당시 소니의 전략

- 이미 2003년 11월 소니의 주도로 고단샤·신초샤(출판), 다이닛뽄인쇄(인쇄) 등 관련 15개사가 '퍼블리싱 링크'를 설립해 'LIBRIe' 출시와 함께 월정액 회원제 도서서비스를 개시

- PC로 다운받은 도서를 메모리스틱이나 USB로 단말기에 옮기는 방식

| 시그마북 |

| LIBRIe |

- 기술적 우수성에도 불구하고, 충분한 콘텐츠를 확보하지 못했던 탓에 까다로운 일본 독자들을 끌어들이는 데에는 실패
  - 파나소닉, 소니 모두 1만 대 미만의 저조한 판매실적을 남기고 2007년 이후 일본시장에서 철수
  - 소니는 실패 원인을 'e-book에 대한 시장조사가 불충분해 소비자에게 종이책과의 차이를 명확하게 보여주지 못했기 때문'이라고 분석
    - 단말기(약 4만 엔)가 비싼 데다 콘텐츠 가격(400~700엔)도 종이책과 비슷
    - 콘텐츠의 종류도 출시할 당시 1천여 권에 불과해 '집 근처 책방에도 못미치는 구색이라 읽고 싶은 책이 없다'는 것이 소비자들의 반응

Ⅲ 최초의 성공자, 아마존

1. '킨들'의 히트

- 2007년 11월 전자상거래업체인 아마존이 전용단말기 '킨들'을 출시해 히트시킴으로써 침체된 e-book 비즈니스에 신성장의 계기를 마련
  - 2005년 '모든 언어로 된 서적과 인쇄물을 60초 내에 구해볼 수 있게 한다'는 장기비전으로부터 '킨들' 프로젝트가 시작
    - 지금까지 하드웨어를 제조한 적은 없었으나, 비전을 바꾸기보다는 역량을 보강하는 편이 낫다고 생각한 CEO 제프 베조스는 애플과 팜 출신 엔지니어들을 불러모아 자회사인 Lab126을 설립
  - 3년간의 개발과정을 거쳐 탄생한 '킨들'은 판매개시 다섯 시간 반 만에 매진되었고, 연말연시에는 공급부족에 시달렸을 정도로 인기

e-book 시장에 불을 지핀 '킨들'

- 킨들(Kindle)은 '불을 켜다', '타오르게 하다'는 의미
- 6인치(600x800픽셀)의 흑백 전자종이 디스플레이 장착
- 단행본 크기(두께 1.8cm)에 무게는 290g
- e-book 200권을 저장할 수 있는 256MB 메모리를 사용하며 메모리 카드를 통한 확장도 가능
- 배터리는 1주일 이상 사용(무선접속 시에는 이틀)
- 신간 및 베스트셀러는 9.99달러, 구간은 1.99달러에 판매
- 월간 구독료 : 신문은 5.99~14.99달러, 잡지는 1.25~3.49달러, 블로그는 0.99달러
- 단말기 가격 : 399달러 → 349달러(2008년 5월)

○ 디자인과 인터페이스에 대한 개선요청을 반영해 2009년 2월 출시한 '킨들 2'는 2달 만에 30만 대 이상 판매

- '킨들 2' 출시 후 2달 동안 e-book 콘텐츠 판매량은 같은 내용의 종이책 판매량의 13%에서 35% 수준으로 급증

2. '킨들' 4大 성공요인

① CEO의 리더십 : 미래에 대한 비전을 끊임없이 소통

● 독서광이자 부인이 소설가인 제프 베조스(아마존 CEO)는 e-book을 책의 대체품이 아닌 '전혀 새로운 정보전달 수단'으로 만들고 싶다는 의지를 수차 피력

○ "'킨들'이 책을 넘어서는 일은 없을 것이다. 그러나 우리는 기술을 이용해 책이 할 수 없는 일을 가능하게 만들었다"(2007년 11월 《파이낸셜 타임스》와의 인터뷰)

- ○ "'킨들'은 결코 책과 같은 향기를 낼 수도 없고, 책과 같은 촉감을 제공하지 못할 것이다. 그러나 책과 똑같이 독자들을 이야기 속으로 빠져들게 만들 것이다"(2009년 5월 BBC TV와의 인터뷰)
- ◉ 이를 위해 제품이나 서비스에 대한 고정관념에서 과감하게 탈피
  - ○ 베조스는 '킨들'이 '단말기가 아닌 서비스'라고 이야기하는가 하면, 아마존 웹사이트를 온라인 서점이 아닌 애플의 '아이튠스'와 같은 플랫폼이라고 재정의

② 기술적 단순성 : 전문지식 없이 쉽게 사용할 수 있도록 배려

- ◉ 美 이동통신업체 스프린트와 제휴해 '위스퍼넷'이라고 불리는 무료 3G 서비스를 제공함으로써, PC 없이는 e-book 구입이 불가능했던 과거의 사업방식을 혁신
- ◉ 문서 포맷이나 다운로드 방법 등에 대한 고민 없이 즉시 독서삼매경에 빠질 수 있도록 구입 및 조작 방법을 단순화·직관화
  - ○ '킨들' 개발자들이 가장 역점을 둔 것은 '어떻게 하면 독자들이 책을 읽을 때 전통적인 도서와 마찬가지로 이야기만 남고 '킨들' 자체는 사라지게 할 것인가?'였다는 후문

③ 다양한 콘텐츠 : 단말기의 활용가치를 극대화

- ◉ 2000년대 초의 e-book 유통사업 경험과 세계 최대의 인터넷 서점이라는 이점을 활용해 '킨들' 출시 당시 이미 8만 8,000여 종의 e-book을 확보
  - ○ 2006년 소니가 e-book 단말기 '소니리더'를 앞세워 미국시장에 진출 시 스트링거 회장이 "콘텐츠 확보를 최우선시하라"는 지시가 있었음에도 고작 1만여 권이 확보되었던 것과 비교하면 압도적인 동원력
- ◉ 서적뿐만 아니라 잡지·신문·블로그까지 '킨들'로 볼 수 있게 하는 등 취급하는 콘텐츠의 범위를 디지털 텍스트 전반으로 확장

④ **Win-Win 전략 : 장기적 이익을 위해 당장의 손해도 감수**

● 아마존은 자사 플랫폼의 경쟁력 강화를 위해 잠재적 경쟁자와의 제휴나 출혈을 감수한 파트너십까지도 불사

  ○ 아마존은 2009년 3월 '킨들' 용으로 제공되던 e-book 콘텐츠를 잠재경쟁사인 애플의 아이폰과 아이팟 터치를 통해서도 공급하기 시작

    • 자사 e-book 콘텐츠의 저변을 확대시켜 영향력을 확대한다는 복안

  ○ 2009년 5월 신문·잡지·대학교재 시장을 겨냥한 대형화면의 '킨들 DX' 발매를 예고하면서 신문·잡지사(뉴욕타임스·워싱턴포스트 등) 및 대학교재 출판사(피어슨, 와일리 등)와 협력계약을 체결

● 한편 아마존은 시장잠식에 대한 출판사들의 우려를 불식시키고 신간서적 부문에서의 우위를 확보하기 위해 파격적인 인센티브를 제공

  ○ 9.99달러로 팔리는 e-book에 대해서도 종이책과 같은 10달러 이상의 판권을 보장함으로써, 취급 e-book 수를 2007년 말 8만 8,000권에서 2009년 초 27만 5,000권으로 3배 이상 증가시킴

| 아마존과 애플의 수익배분구조 비교 |

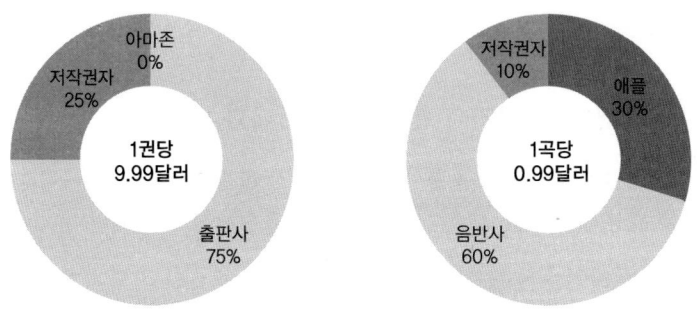

※ 현재 음반사·저작권자에 70% 수익을 배분하는 애플 역시 아이튠스 사업 초기에는 판매수익 전액을 음반사·저작권자에 양보한 바 있음

Ⅳ 시사점

● 사업의 장기적인 변화를 꿰뚫어 볼 수 있는 CEO의 통찰력이 중요

  ○ 기존 사업영역이나 고객, 경쟁방식의 고정관념에 사로잡히지 않고 새로운 업을 개척하는 기업이 주도권을 선점

  ○ 제프 베조스는 기존 역량의 연장선상에서 '무엇을 할까?'를 생각하는 'Skills-forward' 보다 고객 니즈로부터 출발해 '무엇이 필요한가?'를 고민하는 'Working backwards'에 입각해 e-book 사업진출을 결정

● 자신뿐 아니라 경쟁자들의 실패까지도 反面敎師로 자산화

  ○ 거듭된 실패에 낙담하기보다는 시행착오의 원인을 면밀히 분석하고 개선하는 것이야말로 불확실한 시장에서 성공하기 위한 최선의 보험

    • "우리는 경쟁자들을 관찰한다. 그들의 성공과 실패로부터 배우고, 고객을 위해 그들이 무엇을 해왔는지를 살펴본 다음 최선을 다해 모방한다" (제프 베조스, 아마존 CEO)

● 불확실하나 잠재성장성이 높은 사업으로서 초기 시장형성이 더딘 경우, '적을 최소화하고 우군을 늘리는 것'이 사업 규모(파이)를 키우는 지름길

  ○ e-book처럼 기기, 콘텐츠, 통신 등 다양한 영역이 중첩된 사업일수록 고객들은 기기의 품질이나 서비스 모두 완벽한 제품을 찾게 되므로 제휴를 통한 동반 업그레이드 전략이 캐즘 돌파에 효과적

    • 최근의 e-book 비즈니스가 각개약진식 시장개척보다 이(異)업종 기업 간 합종연횡방식으로 전개되고 있는 것이 이를 뒷받침

게임산업의 신조류, 기능성 | 22

I. 게임산업의 신조류, 기능성
II. 기능성게임의 5大 분야
III. 시사점

SERI 경영노트
》》》 2009. 6. 25.
이원희

I 게임산업의 신조류, 기능성

급부상하는 기능성게임

- ● 게임 본연의 오락적 요소에 교육·의료·훈련 등 다양한 기능을 접목시킨 기능성게임(Serious Game)에 대한 관심이 대두
  - ○ 기능성게임이란 용어는 1977년 클라크 앱트(Clark Abt)[1]의 저서인 *Serious Game*에서 유래
    - "당초 보드게임도 의사결정 교육의 성과를 높이려고 시도했던 것"이라고 소개
  - ○ 2002년 Woodrow Wilson Center 주관 'Serious Game Initiative'에서 컴퓨터게임에 다양한 기능을 접목시키는 문제가 본격 논의
- ● 닌텐도 'Wii'와 'DS'의 상업적 성공은 기능성게임의 성장가능성을 입증
  - ○ 신체운동을 게임에 접목한 'Wii(2006년 11월)'를 출시함으로써 이전 모델인 '게임큐브'의 실패를 만회하고 소니의 '플레이스테이션'을 추월

| 비디오게임기(콘솔형) 판매량 |

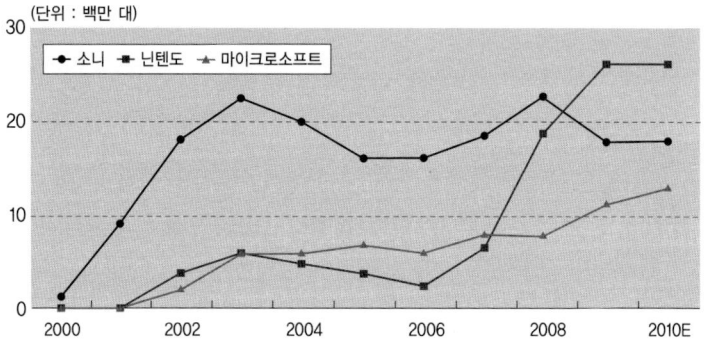

자료 : Haley, Robert (2009. 5. 28.), Video Games - E3 Preview: June 2-4, 2009, Gabelli & Company, Inc.

---

1 1970년대 초반 기업의 사회적 책임을 강조한 '사회적 회계기법(Social Accounting)'을 도입하여 Abt Association이라는 컨설팅회사를 설립한 인물로 다방면에 관심을 가진 특이한 이력의 소유자

● 기능성게임의 시장 규모는 아직 틈새시장 수준이나, 향후 게임산업의 성장을 주도할 것이 확실시

○ 게임산업이 성숙됨에 따라[2] 향후에는 여성, 장년층 등 비전통적인 게이머들이 게임산업의 성장을 이끌 전망

- 기능성게임의 시장 규모(美) : 2007년 15억~20억 달러 → 2011년 90억~110억 달러(전망치)[3]

○ 중소 게임업체가 주도하던 기능성게임 시장에 대형업체들이 최근 적극 참여하면서 '기능성으로의 진화'가 더욱 촉진되는 분위기

- Electronic Arts社는 카네기 멜론大와 합작으로 자사의 히트게임인 'The Sims'를 이용한 교육용 프로그램을 개발
- 마이크로소프트는 2008년 'Games for Learning Institute'를 설립, 뉴욕大 등 학계와 공동으로 기능성게임을 연구

기능성게임의 부상 배경

● 청소년들의 전유물이었던 게임의 대상 고객이 전 연령층으로 확대

○ 어려서부터 디지털 기술의 영향을 받고 자란 '디지털 네이티브' 세대는 성인이 된 이후에도 비디오게임을 즐기는 것으로 조사

- 일본의 경우 25~39세 연령대가 15~24세에 비해 약 2배 정도 많은 비디오게임 구매비용을 지불[4]

○ 컴퓨터에 익숙하지 않은 장·노년층 사이에서도 새로운 디지털 환경에 적응하려 애쓰는 소위 '디지털 이주민(Digital Immigrant)'이 늘면서 디지털 게임에 대한 거부감이 감소

---

[2] 게임산업진흥원에 의하면 전 세계 게임시장은 2007년과 2008년에 전년 대비 각각 22.3%, 15.8% 급성장했지만 2010년에는 시장 규모가 1,180억 달러로 전년 대비 1.1% 성장에 그칠 것으로 예상

[3] Alhadeff, Eliane (2008. 4. 8.), Reconciling Serious Games Market Size Different Estimates, Future-Making Serious Game. 〈http://elianealhadeff.blogspot.com/2008/04/reconciling-serious-games-market-size.html〉

[4] 한국게임산업진흥원 (2008), 《2008 대한민국 게임백서》.

- ● 가상현실(Virtual Reality) 기술의 발전으로 게임의 현실감이 극적으로 향상
  - ○ 닌텐도 'Wii'는 디지털 게임기에 가속도를 측정하는 아날로그 방식의 센서를 결합하여 스포츠게임에 현실감을 부여
  - ○ 마이크로소프트 'Project Natal'은 3차원 카메라를 통해 동작인식을 함으로써 게임 인터페이스 기술의 새로운 지평을 열었다는 평가

마이크로소프트 'Project Natal'

- ■ 조이스틱이나 키보드 등 인터페이스 도구 없이 인간의 동작과 목소리만으로 게임기를 조작
  - □ 'Natal'은 '탄생한' 이라는 사전적 의미대로 완전히 새로운 게임방식을 뜻하는 동시에 프로젝트 담당자의 고향인 브라질의 도시 이름
  - □ 적외선 카메라로 사람의 움직임을 3차원으로 인식
  - □ 'Milo'라는 가상인물과 대화하는 형식으로 게임을 진행

'Project Natal'의 게임 장면과 동작인식용 카메라

- ● 공익적 측면에서 사회문제 해결에 활용하기 위하여 국제기구 및 각국 정부 차원의 지원도 활발
  - ○ 청소년들이 폭력적, 선정적인 게임에 빠지는 것을 방지하고 게임이 교육 등 유익한 목적에 사용되는 것을 기대
  - ○ 평소 사회문제에 무관심한 청소년들이 기아·환경 문제 등에 관심을 갖도록 유도하는 데에도 활용(게임의 중독성을 이용)

Ⅱ 기능성게임의 5大 분야

1. 교육

- 교육 분야는 'Edutainment(Education + Entertainment)'라는 신조어를 만들어낼 정도로 게임과의 접목이 가장 활발한 분야
  - 초기 교육용 게임은 교과서를 단순히 그래픽으로 전환시킨 수준으로, 교육방식이나 콘텐츠가 기존과 차별성이 없어 시장 확대에 실패
  - 최근에는 MMORPG[5]기술 등 오락게임의 요소를 적극 활용해 가상현실에서 미션을 수행함으로써 지식을 습득하고, 이를 통해 대인관계와 사회생활을 배우는 새로운 학습방식을 시도
    - 'Roller Coaster Tycoon', 'Civilization' 등 청소년에게 인기가 높은 상업용 게임을 교육 목적으로 응용
    - 국내에서도 온라인게임 형식을 취한 한자 학습게임 '한자마루', '천자문 카드 시스템', '만화 천자문' 등이 성공

| 온라인 롤 플레잉 한자게임 |

- 다양한 연구를 통해 기능성게임의 학습 효과가 속속 입증되고 있으며, 교육 효과를 증진시키기 위한 연구도 활발하게 진행 중
  - 구미와 일본 등에서 정규 교육시간에 다양한 기능성게임을 도입하여 학습 효과를 측정하고 제고시키기 위한 연구를 수행
    - 국내에서도 수원 某고등학교에서 온라인게임을 활용해 영어수업을 진행한 결과, 교과서만 사용할 때보다 성취도가 높은 것으로 측정

---

[5] MMORPG(Massively multiplayer online role-playing game, 다중접속온라인 롤 플레잉 게임)는 다수의 사용자가 동시에 게임에 접속하여 온라인 상에서 상호소통하면서 주어진 임무를 수행하는 게임

2. 스포츠

● 시공간적인 제약에서 벗어나 '언제, 어디서나' 스포츠를 즐기고자 하는 욕구와 결합해 기능성게임 중 가장 빠르게 상업화되고 있는 분야

  ○ 사용자가 실제 경기와 똑같이 몸을 움직이도록 해 운동 효과를 거두는 닌텐도 'Wii 스포츠'와 'Wii 피트'는 상업적으로도 대성공

    • 존 무어스大(英 리버풀 소재) 케이블 교수는 "'Wii 스포츠'를 했을 때 일반 게임기보다 운동 효과가 40% 이상 높다"는 연구결과를 발표

  ○ 자전거, 러닝머신 등 실제 운동기구에 연동시켜 현실과 똑같은 운동을 할 수 있도록 한 게임들이 최근 큰 인기

    • 'eXerBike'라는 게임은 실제 페달을 밟는 속도와 게임의 자전거 속도를 연동시켜 게임을 하면서 실제와 같은 운동 효과를 얻을 수 있음

    • 美 웨스트버지니아州는 학생들의 비만해소를 위해 765개 학교에 댄스게임을 설치 (55만 달러 투입)

| eXerBike |

● 장애인 등 실제로는 스포츠를 즐기기 어려운 계층을 대상으로 스포츠의 재미와 함께 운동 효과도 줄 수 있는 스포츠게임을 개발

  ○ 美 DARPA(Defense Advanced Research Projects Agency)는 'Guitar Hero'라는 게임을 장애인들도 쉽게 즐길 수 있게 수정하여 재미와 함께 재활기능도 부가

    • 사지절단 환자의 경우 기타를 연주하는 게임을 통해 근육을 지속적으로 훈련하도록 함으로써 근육퇴화를 방지

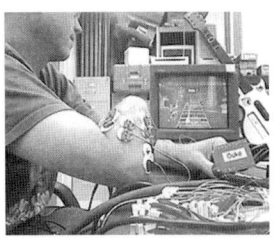

| Guitar Hero |

3. 의료

◉ 게임을 통하여 치료 효과를 확신시키고 치료에 따른 불안감과 공포감을 극복하기 위한 게임이 주류

- ○ 항암제의 치료 효과에 대해 교육하는 HopeLab(美)의 'Re-Mission'이 대표적인 사례
    - • 국내에서도 서울아산병원과 한국게임산업진흥원이 소아암 환자를 위한 기능성게임을 개발
- ○ 게임의 효과성이 확인되면서 보험회사들도 관심을 보이기 시작
    - • 美 보험사 Humana는 어린이 환자의 불안감을 덜기 위해 'Project ER'이란 게임을 카네기 멜론大와 공동개발

◉ 전문의료진의 교육과 질병관리 및 치료를 위한 게임도 본격적으로 개발에 착수

- ○ 터프츠大는 유명 온라인게임인 'World of Warcraft'에 대규모 유행병을 접목시켜 실제상황 발생 시 정부 및 의료기관의 대처방안에 활용

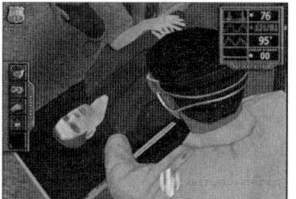

| 3DiTeams |

- ○ 美 육군 TATRC(Telemedicine & Advance Technology Research Center)는 응급처치법을 가르쳐주는 '3DiTeams' 게임을 개발해 군의관의 교육훈련에 사용
- ○ 美 국립보건원(NIH)과 UC 샌프란시스코大는 게임업체인 Red Hill Studios와 공동으로 파킨슨병 환자의 신체균형과 거동증진을 위해 'PDWii'라는 게임을 2008년 개발

4. 국방

● 국방용 게임은 현실환경을 그대로 재현하는 High Fidelity[6] 기술이 필수적

  ○ 많은 비용이 소요되거나 숙련도 부족 등의 문제로 제약을 받을 수밖에 없는 전투기, 탱크, 함정 등의 훈련을 대체하기 위하여 사용

   • Laminar Research社가 만든 비행 시뮬레이션게임 'X-Plane'은 美 연방 항공청(FAA)으로부터 비행교육용으로 공식 인정

  ○ Bohemia Interactive Austrailia社에서 개발한 'VBS(Virtual Battle Space)' 라는 군사용 게임은 미군과 NATO 등을 비롯하여 다수 국가에서 군사훈련용으로 사용

   • 현실감 높은 그래픽 기술과 실제와 동일한 병기 시스템을 사용해 훈련 효과가 높으며, 여러 명이 동시 접속해 분대 단위의 전술훈련까지도 가능

| VBS |

● 국방용 게임업체들은 게임을 단순화시켜 상업용으로도 확장 판매함으로써 높은 인기를 거둠

  ○ 'VBS'의 상업용 버전 'ArmA'를 비롯해 'DARWARS Ambush', 'Harpoon' 등 다수의 국방용 게임이 상업용 게임으로 변신

  ○ 특히, 美 육군에서 신병모집 홍보용으로 개발한 'America's Army'는 최근 다운로드 수가 가장 많은 전쟁게임으로서 기네스북에 등재

   • Ubisoft(美)社가 Xbox용 게임타이틀로도 전환하여 59.99달러에 판매

---

6 High Fidelity란 모든 상황을 가능한 실제와 똑같이 재현하는 것으로 비용 대비 효율성이 높은 국방 분야에서 주로 사용. 반대는 Low Fidelity로 현실을 단순화해 특정 부분만 강조하는 것

5. 공공 부문

● 인권, 정책, 공공보건, 빈곤, 환경, 국제분쟁 등 다양한 주제를 게임화

  ○ 'Serious Game Initiative' 프로그램의 소그룹인 'Games for Change'에 약 110종의 공공부문 게임이 등록

| 공공부문 기능성게임 현황 |

인권	경제	공공정책	공공보건	빈곤	환경	국제분쟁
14	19	16	10	15	20	16

자료 : Games for Change 〈http://www.gamesforchange.org〉

  ○ 'Food Force'는 공공부문 기능성게임 중 가장 대표적인 게임

세계식량계획기구(WFP)에서 제작한 'Food Force'

■ 'Food Force'는 기아에 허덕이는 가상의 섬에서 WFP의 구호활동에 대한 모의체험을 시킴으로써 기아문제의 심각성을 환기

  □ 헬기로 구호가 필요한 집단을 직접 찾아내고, 식량조달과 배분 등 WFP의 모든 구호활동을 게임으로 수행
  □ 한국어를 비롯, 16개 언어로 제작되어 300만 건 이상 다운로드

● 국내에서도 게임산업진흥원을 중심으로 공익 목적의 기능성게임 발굴사업을 진행

  ○ 베토인터랙티브와 서울大가 협력하여 개발한 '스타스톤'은 학교폭력의 원인 및 문제점을 게임으로 해결할 수 있도록 해 학교폭력을 예방

  ○ 이엠브릿지와 숭실大가 개발한 '리틀소방관'은 게임을 통해 화재예방지식을 습득하고 다양한 상황의 반복학습으로 대처능력을 향상

Ⅲ 시사점

게임의 역할에 대한 인식전환이 필요

- 게임의 기능이 오락 위주에서 벗어나 교육, 훈련, 건강 등으로 확대
  - 다양한 기능성게임의 효과를 극대화시키기 위해선 현실세계의 지식을 게임과 적절히 융합시켜 새로운 재미를 찾아내는 콘텐츠 개발이 중요

- 게임산업이 의료, 스포츠 등 타 산업과의 연관성이 높아지면서 기술의 파급 효과가 커지고 있다는 점에 유의
  - 게임이 고기능화되면서 사용자의 동작이나 의도를 정확하게 파악하기 위한 센서기술이나 햅틱기술[7]과의 융합이 절대적으로 필요
    - 닌텐도의 가속도 센서를 이용한 모션 컨트롤러나 마이크로소프트의 3차원 동작인식 카메라 등에서 보듯이 게임이 첨단기술과 융합될 때 재미와 영향력이 배가

- 게임의 사회적 영향력이 확대되면서 각종 사회문제를 해결할 수 있는 도구로도 활용 가능
  - 학습 효과가 입증된 교육용 게임 콘텐츠가 개발되면 연간 12조 원[8]에 달하는 사교육비의 상당 부분을 줄일 수 있을 것으로 예상
  - Kellogg Creek사의 대통령선거게임 'Power Politics'는 실제 사회의 이슈를 게임의 주제로 삼아 사회문제에 대해 여론을 청취하는 도구로 활용

---

7 햅틱(Haptic)기술 : Haptic의 어원은 촉감이라는 그리스어인 Hapticos로 햅틱기술이란 촉감을 통하여 기계와 인터페이스할 수 있는 기술을 의미
8 국가통계포털의 사교육비 조사통계에서 개인·그룹과외, 학습지, e러닝, 예체능 교육을 제외한 초중고생의 일반교과목 학원수강비만을 대상으로 조사(통계청, KOSIS.)

기능성게임을 국내 게임산업의 새로운 돌파구로 활용

● 오락성 온라인게임에 편중된 국내 게임산업의 방향전환을 통해 정체된 국내 게임산업의 재도약을 위한 기회로 활용

  ○ 온라인게임시장은 전체 게임시장의 8.4%에 불과[9](한국은 세계 온라인 게임시장의 34.5%를 점유)

  ○ 한국은 온라인게임시장이 전체 게임시장의 75.1%를 차지[10](2007년)

● 기능성게임은 아직 절대강자가 없는 산업 초기단계로, 한국의 강점을 결합시킨 기능성게임을 개발할 경우 세계시장을 주도하는 것도 가능

  ○ 美, 日, 中 등에서 호평을 받으면서 세계 실내골프 시장을 주도하고 있는 골프존의 '스크린 골프'가 전형적인 성공사례

세계로 진출하는 스크린 골프게임

■ 국내 최대 스크린 골프게임업체인 골프존은 2002년 매출 10억 원에서 매년 2배 이상 성장하면서 2008년에는 매출 1,000억 원을 달성

  □ 뛰어난 그래픽, 탄도와 스핀까지 잡아내는 실제 골프 같은 현장감이 성공의 비결

● 기술개발 지원과 시장 확대를 위한 정부의 적극적인 지원도 필요

  ○ 정부가 직접적인 수요자인 교육, 국방, 공공 부문에서의 수요 창출을 통해 시장을 확대하고 기술개발을 유도하는 것이 선결과제

---

9 게임산업진흥원 (2008), 앞의 책.
10 PC방과 아케이드 및 비디오 게임장 등 소비시장을 제외한 게임제작시장 규모임